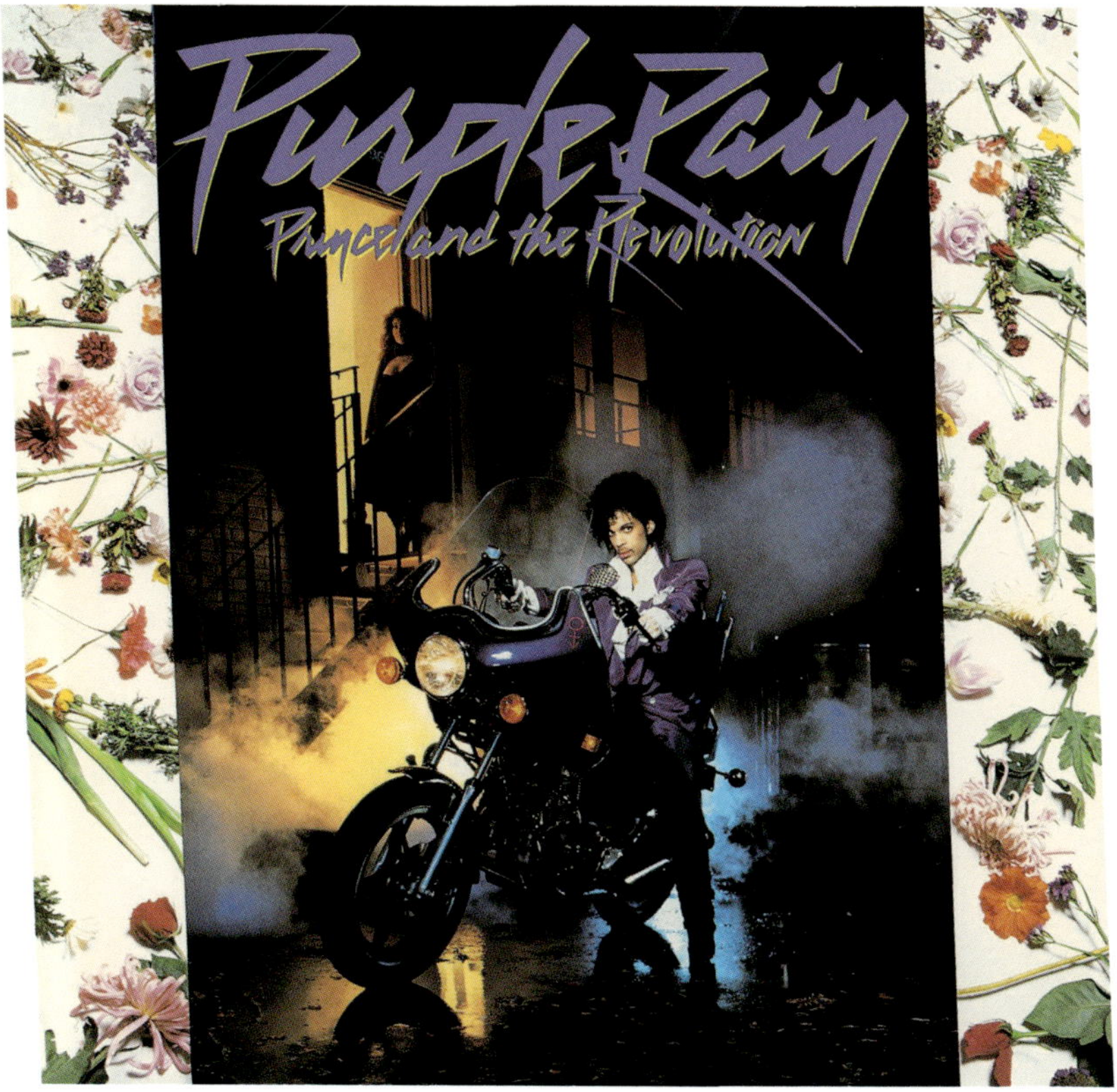

写真提供：ワーナーミュージック・ジャパン

Prince and the Making of Purple Rain

プリンスとパープル・レイン

アラン・ライト

川村まゆみ［訳］

DU BOOKS

LET'S GO CRAZY: Prince and the Making of Purple Rain by Alan Light
Japanese translation published by arrangement with Alan Light c/o Sarah Lazin Books through The English Agency (Japan) Ltd.
Translated by Mayumi Kawamura
Published in Japan by Disk Union Co., Ltd.

We Are Gathered Here Today

Chapter 1

僕たちは今日ここに集まった

暗いステージにコードが鳴り響く。

聞き慣れないコードだ——B♭の3度を2度に置き換え、ベース音はD。1年後、このサウンドは観客を熱狂させることになる。しかし今、クラブのフロアでは、1500人ほどが静かに聞いているだけ。このコードから始まる曲を彼らは初めて耳にするのだから。

スポットライトがつき、紫のギターを弾く若い女性の姿が浮かび上がる。シンプルな衣装——白いVネックのタンクトップ、柄のあるミニスカート、鋲《びょう》を打ち紫で縁取った白いハイトップ・スニーカー。左右非対称の髪型は、ショーが行われている83年の最新流行。ギターを抱えているウェンディ・メルヴォワンはまだ19歳。プリンスのバンド、ザ・レヴォリューションの新しいギタリストとして初めてステージに立ち、初めてこの曲を人前で弾いている。彼らが今夜これまでにプレイしたのは9曲。この曲がアンコールの1曲目だ。

ウェンディが一連のコード進行を弾き、他の4人のメンバーがあとに続く。同じコードを何度もくり返す。5回目、ステージの袖から2本目のギターが聞こえてくる。9回目のインストゥルメンタルに乗り、紫のタイトなトレンチコートをまとったプリンスが姿を現す。いくつかフィルを入れ、頭をマイクの方へ動かし、歌い始めるかと思わせて、また身を引く。曲が始まって3分半ほど経った頃、ようやく彼は口を開く。最初のラインは歌うというより語りかけるように——「I never meant to cause you any sorrow（君を悲しませるつもりはなかった）……」。このパフォーマンスから生まれた曲は、やがて彼の代表作になり、ポップ・ミュージックの金字塔と讃えられることになる。

コーラスに入り、「purple rain」というフレーズが6回くり返されるが、観客は合唱しない。このふたつの言葉が、間もなくどれほど有名になるか、目の前のステージにいる25歳の男にどれほど大きな影響を与えるか、彼らは知らないのだ。今夜の演奏を聞けるのは奇跡に近いということも。この「Purple Rain（パープル・レイン）」の13分ヴァージョンはのちに編集され、わずかな多重録音とエフェクトが加えられる。しかし今レコーディングされている初演奏こそ、世界から本物の「Purple Rain」と認められ、ヴォーカル、速弾きのギター・ソロ、最後に揺らめくピアノのコーダまで、この時代の人々の心に刻みつけられるのだ。パフォーマンスの終わり近く、プリンスは観客に向かって静かに語りかける。「僕らは皆を心から愛してるよ」

クラブの2階のバルコニーでは、アルバート・マグノーリがプリンス・アンド・ザ・レヴォリューションの演奏を聞いている。南カリフォルニア大学の映画学科を卒業し、ミネアポリスにやって来たばかり。これからプリンスの新プロジェクトである自伝的映画の制作に取りかかる予定だ。撮影開始は数ヵ月後。彼はプリンスから録音した新曲や作業用テープを一抱え受け取ったが、どれもインパクトが薄いと感じていた。だがこの壮大なバラードは映画の感動的なクライマックスに使えそうだ。ショーのあとマグノーリは楽屋を訪ね、この曲についてプリンスに質問する。

「ああ、「Purple Rain」のことか?」とプリンスは言う。「まだ完成してないんだ」。これこそ映画に欠けていた鍵の曲になりそうだ、とマグノーリは告げる。彼の記憶によれば、プリンスはしばらく考えてから言った。「あれが鍵の曲なら、映画のタイトルも『パープル・レイン』にしたらどうだろう」

こうして83年8月3日、ミネアポリスのダウンタウンにあるクラブ、ファースト・アヴェニューで、『パープル・レイン』プロジェクトは始動した。チケット代25ドルのショーは、ミネソタ州のバレエ団、ミネソタ・ダンス・シアターのためのチャリティー・コンサートだった。プリンスはすでに映画撮影に向け、同バレエ団でバンドのメンバーに振りつけのレッスンを受けさせ、リハーサルを始めていた。チケットは完売。2万3000ドルの売り上げをバレエ団に寄付したこのコンサートは、プリンスの凱旋公演でもあった。82年のアルバム『1999』でブレイクし、それに続くツアーが83年4月に終了。その間に同アルバムとシングル・カットされた2曲が初めて全米チャートのトップ10入りを果たし、ついに彼はポップスターの座を獲得したのだ。

チャリティー・コンサートは大成功し、『ローリングストーン』誌の〝ランダム・ノーツ〟コーナーで取り上げられる。同誌はギタリストがデズ・ディッカーソンから「ミニスカートのウェンディ」に交代したと報じ、こう続けた――プリンスと彼の率いるバンドは「10曲［実際は11曲］を熱演。その中には新曲の「Computer Blue（コンピューター・ブルー）」「Let's Get Crazy［同誌掲載時ママ。Let's Go Crazyの誤記］」「I Will Die For U［同誌掲載時ママ。I Would Die 4 Uの誤記］」「Electric Intercourse（エレクトリック・インターコース）」、そしてジョニ・ミッチェルのカヴァー「A Case of You（ア・ケース・オブ・ユー）」が含まれていた。アンコールにはアンセムのような――そして長い――新曲「Purple Rain」を披露……プリンスはミネアポリスの振付師、ジョン・コマンドのもとでトレーニングを積み、動きのキレにさらに磨きをかけたようだ。コマンドはプリンスが構想中の映画用に、ダンス・ナンバーの振りつけも担当。今回披露された新曲は、おそらくニュー・アルバムに収録され、映画のサントラに使われる模様……撮影は11月1日に開始予定」

コンサートがファースト・アヴェニューで開催されたのは偶然ではない。バス・ステーションを改装し

70年にディスコとして再オープンしたこのクラブは、プリンスにとってなじみ深い店だった。「新曲を披露するには格好の場所だったんだ」とザ・レヴォリューションのドラマー、ボビー・Z（本名ボビー・リヴキン。ステージ・ネームの〝Z〟は家族に〝ブッツィ（Butzie）〟と呼ばれていたことに由来）は言う。また、プリンスのファミリー・バンド、ザ・タイムのメンバーとしてデビューし、のちにグラミー賞を受賞した名プロデューサーのジェイムス・〝ジミー・ジャム〟・ハリスによれば、ここは例外的に人種差別を行わないライヴ会場だった。「うちは黒人バンドだったから、たくさんのクラブで演奏を断られてね。腕試しさせてくれるハコはあそこくらいだった」。ファースト・アヴェニューは映画『パープル・レイン』の主要な舞台になる。チャリティー・コンサートの夜、プリンスたちを歓迎した会場は、新曲の披露だけでなく新生バンドのデビューの場としても完璧だった。

ウェンディ・メルヴォワンはその夜を振り返り、ザ・レヴォリューションのメンバーとして初ステージに立った時、緊張などしなかったと主張する。「食べたり飲んだりすること、歌ったり演奏したりすること、ステージで動くこと、すべてがとても重要だったの。これが優先っていうのはなかったわ」「プリンス・アンド・ザ・レヴォリューションにいる瞬間はいつも、この世の最後の日だっていうくらいの覚悟が必要だった。だからあのショーの間、前の日のリハーサルどおりにやることだけに集中してたの」

チャリティー・コンサートをレコーディングすることは、実は間際になって決まった。決断を下したのはアラン・リーズ。ジェームス・ブラウンを長年支え、『1999』のリリース・ツアーをきっかけにプリンスのツアー・マネージャーに起用された人物だ。ツアー終了後、プリンスのマネージャー陣に依頼され、映画制作のためチームに残ったという。「結局、私が映画のプロダクション・マネージャーになったんだ」

とリーズは回想する。「正直言ってお手上げでね……技術面が不安だった……［遠隔録音］トラックを見つけなきゃならなくて、やっとデヴィッド・ヒューイットっていうやつをつかまえた。彼はそういう車にツテがあってね。ちょうどいいトラックを調達してくれたんで、操作はデヴィッド・Z［ボビー・Zの兄弟でエンジニアのデヴィッド・リヴキン］に任せた。そんなふうに、あのショーを成功させるために土壇場までバタバタしてたよ。とんでもなく蒸し暑いのにも参ったね」

「会場は大入り満員だった」とリーズは続ける。「ファースト・アヴェニューの経営者スティーヴ・マクレランは、消防保安官が来て店を閉鎖するんじゃないかってビクビクしてたな。大きな問題だったのは、プリンスとワーナー・ブラザース［・レコード］が直前に出してきた招待客リストだ。そうだな、予定していなかった客が200人はいた。そんな人数、あの小さな会場のどこに入れろっていうんだ。私の業界の友人たちも『なあ、俺も入れてくれないか?』なんて突然言ってきてね。『USAトゥデイ』紙も来てたな。『おいおい、勘弁してくれ』って感じだったよ」

一方、ザ・レヴォリューションのメンバーは、ショーがレコーディングされていても気にしなかった。「ボビーの兄弟がエンジニアに起用されて録音トラックの中にいるなんて、全然意識してなかったよ」とキーボードのマット・フィンクは言う。「それを教えられた時、『そうか、プリンスはこれを後世に残すためにレコーディングしてるんだな』って思っただけさ。本人も『そうそう、ちなみに、これをサントラにする予定なんだ』なんて言わなかったし」

「ショーの最初からずっとレコーディングしてたけど、それはいつものことだったもの」ともうひとりのキーボード、リサ・コールマン。「どの曲もすごくノれたし、セットリストも最高だった。トラックを外に何台かとめてレコーディングしてるって知ってたけど、いつもと同じショーだったわ」

しかしプリンスにとって、この日のコンサートは明らかに重要だった。ウェンディによれば、演奏前、彼はバンド・メンバーに落ち着くよう念を押したという。「ステージに出る準備ができた時、彼が言ったの。『緊張したら、体を動かす速さを半分にしろ。テンポ100（BPM）でプレイしていたら、テンポ50に落とす。演奏中はすべてを半分に抑える。全部だぞ——あらゆる動き、考えを、とにかく半分にするんだ』。とても鋭いアドバイスよね。ジャムってすごく長くなることがあるでしょう。エキサイトしすぎて誰かが突っ走るっていうのは、彼のバンドで最悪のミスのひとつだったの」

プリンスはファースト・アヴェニューの音源を実際のアルバムに使うつもりはなかった。しかしテープを聞いて、新曲のいくつかはパフォーマンスも音質も十分高いレベルだと判断。結局「Purple Rain」だけでなく、その夜が初演の「I Would Die 4 U（ダイ・フォー・ユー）」と「Baby I'm a Star（ベイビー・アイム・ア・スター）」も『パープル・レイン』のサントラに収録される（ただし後者2曲はタイトル・ソングよりかなり編集が加えられた）。ショーは成功し、ほとんどの関係者が夢物語だと思っていた映画プロジェクトは現実味を帯び始めた。しかしプリンスとバンド・メンバーにとって、先行きはまだ不透明だった。

「新曲への反応には手応えを感じたよ」とマット・フィンク。「でも映画がどうなるかは誰にもわからなかった。コンサートはすごく楽しくて成功したけど、いくつかの新曲では、観客はただ聞いてるだけでね。歌詞の強烈なメッセージに反応しなかったんだ。ショーで新曲をやるとそういうことが多いんだよ——皆が聞きたいのはヒット曲だからさ。そんな感じで、あの時ステージにいても、これからどうなるかは想像できなかった」

ほぼ1年後の84年7月27日、映画『パープル・レイン』は全米900館で公開された。最初の週末には700万ドルの興行収入を記録。最終的な収入は7000万ドル近くに達する。サントラは全世界で2000万枚以上売れ、『ビルボード』誌アルバム・チャートで24週連続1位を達成。ふたつのグラミー賞とアカデミー賞を受賞。またシングル2曲（「When Doves Cry（ビートに抱かれて）」「Let's Go Crazy（レッツ・ゴー・クレイジー）」）がチャート1位、タイトル曲の「Purple Rain」が2位に輝いた。

その後もアルバム『Purple Rain（パープル・レイン）』は〝ベスト・オブ・〇〇〟やカウントダウン企画の常連だ。93年、『タイム』誌のオールタイム・グレイテスト・アルバム15位に選出。同年、音楽チャンネルVH1のグレイテスト・ロックンロール・アルバム100では18位にランクインした。『ローリングストーン』誌は80年代のベスト・アルバム2位に選び、オールタイム・グレイテスト・アルバム500の76位に位置づけて、「比類なきエキセントリックな魅力に満ちた」レコードと称賛。また「Purple Rain」と「When Doves Cry」をオールタイム・グレイテスト・ソング500の上位に掲げた。

2007年には大手ファッション誌『ヴァニティフェア』が『Purple Rain』をオールタイム・ベスト・サウンドトラックに選出（何枚もの手ごわいライバルを下しての1位。2位のサントラはビートルズの『ハード・デイズ・ナイト』、以下『ハーダー・ゼイ・カム』『パルプ・フィクション』『卒業』『スーパーフライ』）。また『エンターテインメント・ウィークリー』誌は2008年、『Purple Rain』を過去25年間ベスト・アルバム100の1位、2013年にはオールタイム・グレイテスト・アルバムの2位に選び（1

位はビートルズの『Revolver（リボルバー）』）、「史上最もセクシーなアルバム」だろうと評している。

パープル・レイン・ツアーは84年末から85年春にかけて敢行。プリンス・アンド・ザ・レヴォリューションは5ヵ月で100回近いショーを行い、170万枚のチケットを売り上げた。多くのアリーナで連続公演を開き、ニューオーリンズのスーパードームやマイアミのオレンジ・ボウルといったフットボール・スタジアムをいくつも満員にした。

今振り返ると『パープル・レイン』フィーバーは起こるべくして起こったように思える。当時、優れた才能に恵まれ、明確なビジョンを持ったポップ・ミュージシャンは、一握りにすぎなかった。プリンスはその中でも傑出した天才だった。彼は比類なき才能を、多くのリスナーに届ける方法さえ見つければ良かったのだ。普通に考えれば絶対失敗しそうな映画『パープル・レイン』が、なぜあれほど強く人々の心をつかんだのか。それは、制作に関わったほぼ全員が、きっと成功すると理屈抜きで信じたからだ。

アルバム『Purple Rain』のリリース前、プリンスは一般的なリスナーにほとんど知られていなかった。R&B界ではそれなりにキャリアを積んでいたが、メインストリームでヒットしたといえるアルバムは1枚だけ。ポップ・チャートの5位以内に入ったシングルは1曲もなかった。謎に包まれた人物で、人種的な背景や性的な好みに関するうわさがいろいろささやかれていた。ほぼ2年前に前作『1999』をリリースしてからは、マスコミに対して完全に沈黙を貫いていた。

映画の監督は新人で、プロデューサーは初心者ばかり。出演者も数人を除けば演技は初体験。主役を含めほとんどのキャストが黒人で、主な撮影場所は海岸の娯楽地帯から遠く離れたミネアポリス。これでは大衆受けはとても期待できそうにない。その上、映画スターを目指して失敗したシンガーたちの前例が山のようにあった。ボブ・ディラン、ポール・サイモン、ミック・ジャガーなど、プリンスよりはるかに実績があるミュージシャンでさえ、映画俳優として名を成すことはできなかったのだ。

しかしハリウッドの映画業界人たちが驚いたことに、プロジェクトを成功させるというプリンスの決意は固かった。やみくもに成功を信じていた。なぜなら、世界には私（著者）のような人間がいると知って——あるいは感じて、見抜いていたからだ。その頃すでに、シンシナティの郊外にある高校で、友人たちと私はプリンスの信者になっていた。彼の音楽は、私たちが愛するサウンドとスタイルすべての頂点だった——ダンスビート、ロック・ギター、刺激的な歌詞、情熱的なヴォーカル、スタイル、性的アピール、秘め事。私たちは廊下に置かれた上級生専用ロッカーをプリンスの祭壇にした。扉の内側には、81年のアルバム『Controversy（戦慄の貴公子）』のポスターを貼った（ビキニのブリーフ一丁のプリンスが十字架の前でシャワーを浴びている写真。学校の先生や管理人はそれを見つけてさぞ喜んだことだろう）。「84年同期生のクラスへぜひ遊びに来てください」と書いたファンレターを送り、彼自身の写真に〝LOVE GOD〟という手書き文字のスタンプが押されたポストカードを返事にもらった。

『Purple Rain』は私たちが卒業してわずか数週間後にリリースされた。その年の春の初め、皆で夜中まで起きていて、カセット・レコーダーを準備し、ラジオで先行放送される「When Doves Cry」を録音した。この魅惑的なシングル、そして同アルバムに収録された他の8曲を聞き、プリンスがサウンドにさらに磨きをかけたことが私にはわかった——音の焦点を絞ってシャープにし、本物のロック・バンドを率いるギターの神になったのだ。以前の作品に表れ始めていた終末観と宗教的な救いの前兆は、『Purple Rain』でさらに強調されていた。核戦争に対する危機が高まっていたレーガン時代の真っただ中、プリンスの歌詞は新しいリスナーたちの心を捉えたのだ。

　リリースされてから何週間もの間、私たちはアルバムを聞き続けた。7月下旬の週末には、皆で映画館の前に並んで公開を待った。夏の間中、映画を何度もくり返し観て、素晴らしいパフォーマンスの連続にため息をつき、仲間同士で熱に浮かされたように会話を交わした。それまでプリンスに執着していなかった友人も、口伝えで評判を聞いて無視できなくなり、周囲の熱狂的な話に耳を傾けた。そんな彼らは、好奇心に駆られて映画館に入り、「レディース・アンド・ジェントルメン、ザ・レヴォリューション」という最初のナレーションを聞き、バックライトを浴びたプリンスが口を開いて「熱狂しよう《Let's Go Crazy》」と語りかけた途端、ためらいをかなぐり捨てるのだった。

　その年の秋、大学に入学すると、新しいクラスメイトの多くが私同様『パープル・レイン』に夢中になっていた――そして仲間になる儀式として、皆で一緒にくり返し映画を観るはめになった（数ヵ月後の雪の夜、私は新しい親友と交代で歩道に眠り、パープル・レイン・ツアーの最寄りの会場のチケットを買う）。おそらくプリンスの映画が当初ターゲットにしていた客層は、裕福な白人の若者ではなかっただろう。しかし、ティーンエイジャーのグループが7回も8回も映画を観にくれば、７００万ドルの投資はあっという間に回収できると、映画会社は気づくことになる。

　80年代は大掛かりなヒット作品や制作費が高いミュージック・ビデオが次々に作られ、その規模がどんどん大きくなる時代だった。プリンスは人気絶頂期の大物ミュージシャンたち――マイケル・ジャクソン、ブルース・スプリングスティーン、マドンナとしのぎを削る。しかし当時、メディアの新たな可能性を理解していたのは、プリンスだけだった。彼は誰よりも巧みにメディアを操作し、自分の目的のために利用した。プリンスは音楽的に、人種的に、性的に、精神的に文化を揺るがし、さまざまな可能性を実現させてルールを無視した。その高みに二度とたどり着けず、人間的にも創造性という意味でも傑作『Purple Rain』を乗り越えられなかったとしても、彼は私たちを新たな世界へ導いてくれたのだ。

ロケットタウンは、ナッシュヴィルのダウンタウンにあるブリヂストン・アリーナからわずか数ブロック離れた、倉庫ほどの大きさのこぢんまりとしたクラブだ。客層はお行儀のいいティーンエイジャー。スケート場に隣接し、2階にはビリヤード台があり、普段は誰も名前を聞いたことのないようなバンドが演奏している。今は2004年5月。『Purple Rain』のリリースから20年後。プリンスはアリーナ（当時はまだゲイロード・センターという名称）でチケット完売のコンサートを終えたあと、ロケットタウンで90分間のパフォーマンスを披露している。明日からツアーはほぼ3週間休み――「家に戻って鉢植えに水をやらなきゃ」と冗談っぽく500人ほどの観客に告げる。

プリンスは音楽的にもビジネス的にも、何度目かの復活期にあった。音楽業界に戦いを挑み続けながら、実験的かつ挑発的なレコードを何枚か出したあと、一般受けするファンキーなニュー・アルバム『Musicology（ミュージコロジー）』をリリース。画期的とはいえず、名盤と呼ぶのは少々ためらわれるが、収録曲はどれもプリンスらしい満足のいく出来だ。メディアにも登場して注目を集め（グラミー賞授賞式のオープニングでは、プレゼンテーターのエレン・デジェネレスに紹介され、ビヨンセとともにメドレーを披露）、3月にはロックの殿堂入りの式典で見事なミニパフォーマンスを演じた。またツアーのチケットを買って会場に行けば、全員にアルバム『Musicology』が配られるという企画も実施。配布枚数はレコード実売調査会社サウンドスキャンのベストセラー・リストにカウントされる。のちに判明するが、96日間のツアーの収入は総額8740万ドルに達し、同年行われたツアーの中では最高額を記録する。店でアルバムを売らなくてもゴールドディスクを獲得し、夏の間中トップ10入りを続けたはずだ。

というわけで今、プリンスは幸せなのだろう。最近エホバの証人に入信したばかりなので、MCで聖書の内容に触れることが多い。ロックタウンのアフターショー・パフォーマンスには、プリンスのこの新しい面が表れている。普通こういった深夜のライヴでは、すべてを燃やし尽くすような超絶プレイを披露するのだが、今夜はバンドを率いて緩いファンクなジャムを続けている。観客をかき分けてミキサーの音を確かめ、ステージを歩き回ってメンバーに合図を出しながら、レッド・ツェッペリンの「Whole Lotta Love（胸いっぱいの愛を）」とサンタナの「Soul Sacrifice（ソウル・サクリファイス）」のマッシュアップを奏でる。緊張感はみじんもなく、完全にリラックスしているようだ。

私は今日、プリンスにインタビューするためここにいる。2000年代初めに創刊し編集長を務める『トラックス』誌で、彼の特集記事を組むためだ。ショーのあと、私は珍しい光景を目にする。午前2時半、プリンスがバンド・メンバーと一緒にステージドアの外に立ち、ファンと話している姿だ。30人ほどの一般人が集まり、プリンスを前にして息もできないほど興奮している。サインはしないと言われたが納得したようだ。プリンスはいつもどおり内気な様子で口数が少なく、自ら話すよりは相手の話に耳を傾けながら、ファンとの交流を楽しんでいる。

ひとりの若い女性が、小学1年生で初めて買ったアルバムが『Purple Rain』だったと話す。だが母親が「映画は過激すぎる」と言って観るのを許してくれなかったと。「今『過激すぎる』っていえばどういう意味か考えてごらんよ!」とプリンスが返す。

今夜のアリーナ公演は『Purple Rain』の収録曲がメインだった。プレイした30曲のうち、同アルバムの9曲の中から選んだのは7曲。ヒット曲ばかりを集めた2時間のセットリストを、タイトル・ソングで締めくくった。しかしプリンスはロケットタウンの薄汚れた楽屋で、『パープル・レイン』プロジェクトの20周年記念なんてまったく重要とは思わない、と主張する。

「僕はそこにいた」と私に語る。「僕が生み出した、大事なベイビーさ。あれが起こる前から存在を知っていた。どういうものになるかわかっていたんだ。やってみたらただの出産っていうか、子供を産むみたいなもので――84年には、すごく大変な仕事だったけどね」

彼によれば、数日前のアトランタ公演に、ザ・タイム――ミネアポリス時代の友人かつライバルにして映画『パープル・レイン』(および時には実生活)での敵役――がゲスト出演したという。「僕らは一緒にパープル・レイン・ツアーをやるチャンスがなかったんだ。ザ・タイムが解散したから。でも先週、彼らはステージに立ってくれた。観客がトリップし始めて、僕は自分のお気に入りのバンドを見物してた。だから記念日なんてのはないんだよ。とにかくエホバを信じて、その教えに従うだけさ」(プリンスがエホバの証人の信者になったことも、アルバム20周年記念に対する彼の態度を説明している。この宗派では誕生日を祝わないからだ)。

10年後の30周年記念では、プリンスはさらに無関心になったようだった。2014年2月、ロンドンで10人の観客だけを前にパフォーマンスを披露。会場になったのは友人でシンガーのリアンヌ・ラ・ハヴァス宅のリビングルームで、ヒット・アンド・ラン・イギリス・ツアーに向けた記者会見の一環だった。観客の中には、BBCラジオ6ミュージックの『ミュージック・ニュース』で司会を務めるマット・エヴェリットがいた。彼によれば、プリンスは間もなく迎える『Purple Rain』30周年記念について聞かれ、驚いた様子だったという。「そんなこと気づきもしなかったよ」とプリンスは言ったそうだ。「今ではあらゆることが違って感じられるね。僕は確かにあそこにいて、曲を書いた。そのあと何が起こったかなんて知る必要はないよ」

その数週間後、プリンスはアメリカの1時間枠の深夜トーク番組『アーセニオ・ホール・ショー』に、ただひとりのゲストとして招かれる〔訳注：通常のゲストは3〜4人〕。国内ツアーや新曲リリースを控えていたわけではないので、奇妙なタイミングのマスコミ出演だった。観客のひとりが『パープル・レイン』を最後に観たのはいつか、その時どう思ったか尋ねると、プリンスはこう答えた。「3日前、リビングルームにいた時、テレビであの映画をやってたから、「Take Me With U（テイク・ミー・ウィズ・U）」のところを観たよ」。しかし2番目の質問には答えなかった（2014年7月27日、映画公開からちょうど30年の記念日に、プリンスはホームベースのペイズリー・パーク・スタジオでサプライズショーを行った。幕開けは「Let's Go Crazy」。ショーの途中でちゃめっ気たっぷりに「そういえば30年前の今日……」と言ったが、締めの曲は「Purple Rain」ではなかった）。

ポップスターは誰でも自分の人気絶頂期や大ヒット曲について複雑な気持ちを抱くらしい。ある曲がヒットすると、たちまち演奏するのが義務になり、二度と到達できないキャリアの頂点と言われるようになるからだ。プリンスも例外ではない。彼は世界で最も成功したミュージシャンのひとりとして長いキャリアを誇り、その気になればいつでもアリーナを満席にできる。『Purple Rain』の前作『1999』をはじめ、

2×プラチナから4×プラチナに認定されたアルバムはなんと6枚。だが全米で1300万枚を売り上げた『Purple Rain』に及ぶアルバムは1枚もない。実際、本人はかつて『Purple Rain』について「僕の汚点さ――音楽を作っている限り、僕の首にぶら下がったままだろう」と語っている。

プリンスが手がけた映画は音楽以上に受難続きだ。『パープル・レイン』以降の作品――『プリンス／アンダー・ザ・チェリー・ムーン』(86年)と『グラフィティ・ブリッジ』(90年)、そしてコンサート・ドキュメンタリーの『プリンス／サイン・オブ・ザ・タイムズ』は失敗に終わった。『サイン～』は同タイトルの名盤(87年)のリリース・ツアーを時系列で追った作品だ。一部の評論家からは称賛されたが、興行的にはまったく振るわなかった。メディアは他の2作品を酷評。プリンスがポップ界の頂点の座から墜落したのは、自分で監督を務めると主張したせいだ、ともいわれている。

しかし『Purple Rain』の遺産について本人がどう考えているにせよ、プリンスはその収録曲をいつもショーのメインにしてきた。特にタイトル・ソングはほとんどのコンサートのクライマックスだ。2007年にマイアミで行われたスーパーボウル・ハーフタイム・ショーでも熱演。全米だけで9300万人の視聴者を魅了し、スポーツ・イベントのパフォーマンスの頂点と絶賛されている(「Purple Rain」は長年にわたり、リアン・ライムス、フー・ファイターズ、エタ・ジェイムズ、トーリ・エイモス、フィッシュ、エルヴィス・コステロなど、数多くのアーティストがカヴァー。またアルバムの他の収録曲もマライア・キャリーやパティ・スミスらがレコーディングしている)。

2013年12月にコネチカット州モヒガンサン・アリーナで開かれたコンサートは、いかにも後年のプリンスらしいリラックスした雰囲気だった。幕明けに「今夜はジャムだけやるよ――同窓会のパーティーさ」と宣言。ヒット曲はほとんど演奏せず、懐かしい曲ばかりを披露する（ザ・タイムが映画『パープル・レイン』の中でプレイした「Jungle Love（ジャングル・ラブ）」「The Bird（ザ・バード）」のメドレーを含む）。エッジの効いた女性ロックトリオ、サードアイガールとともに、ホーンを多用したファンクなアンサンブルを21曲立て続けに演奏。だがお決まりの締めの曲として、2回目のアンコールでは「Purple Rain」をしっとりと歌い上げた。複雑なギター・ソロが紡ぎ出すメロディーは、まったく新しい作品のように聞こえ、観客の心に刻み込まれた。30年前、ファースト・アヴェニューで演奏した時のように、スポットライトを浴びて立つプリンス。会場を満たすのはほとんどが白人の中年客。彼らは、世界中の同世代の人々と同じように、この曲を一言一句間違えず歌うことができ、すべての展開を熟知している。それなのに、いや、それだからこそ、胸を躍らせて音楽に聞き入った。

キャリアを振り返ろうとしないプリンスの姿勢には、いい点と悪い点がある。前進し続けたいと願い、過去の遺産に押しつぶされないよう最善を尽くすアーティストを、責めるべきではない。幸運なら、放っておけば懐かしの流行曲として確実に金もうけのネタになるのに、それにあえて逆らうのだから。プリンスが長年にわたって新曲を作り続け、今でも人気のある過去の曲を惰性で演奏しないのは、称賛すべきだろう。彼がそのための努力を最優先させているのはよくわかる。

しかし同時に私たちは、史上最高のアーティストが自らの遺産を消してしまいかねない深刻な危機も目撃しているのだ。プリンスはかなり前から、何百もの未リリース曲があると口にしてきた——その多くは熱狂的なファンの間でブートレグとして出回り、また一部の曲は実在するかどうかもわからない。彼はインターネットに投稿された未公認のビデオ映像、さらに公式なミュージック・ビデオさえ絶えず削除し、最近は「プリンスの著作権を大いに侵害し楽曲を違法コピーした」として、22人の個人に対し次々と訴訟を起こした。請求した損害賠償額はひとり当たり100万ドルだ（訴訟は数日後に取り下げられた）。

ボブ・ディランは公式盤のブートレグ・シリーズをリリースし、ビートルズは公式盤未収録曲アンソロジーも出している。こういったアーティストは未リリース素材を管理、体系化し、ファンのために音質を改善して自らの歴史を編集しようとしている。しかしプリンスは真逆の方向に進んできた。実際、人気絶頂の80年代中期に記録された代表的なライヴ・ドキュメント2本（ホーム・ビデオとしてリリースされた85年のニューヨーク州シラキュース公演および『サイン・オブ・ザ・タイムズ』）は、両方とも絶版になり、その後はアメリカで公式DVDとしてリリースされていない。当時のプリンスの見事なステージ・パフォーマンスを今の世に伝えているのは、『パープル・レイン』に記録された、完璧な振りつけと口パクのパフォーマンスだけだ。映画公開時に音楽評論家のグレッグ・テイトが『ザ・ヴィレッジ・ヴォイス』紙に書いた言葉を借りるなら、「『パープル・レイン』に熱狂したくせに、あの少年をライヴで見なかったお前たちは全員、最高のものを見逃した」

プリンスがズーイー・デシャネル主演のシットコム『New Girl／ダサかわ女子と三銃士』にゲスト出演するという意外なニュースが流れた時、ザ・ルーツのドラマー、アミール・〝クエストラブ〟・トンプソン（プリンスの熱烈なファンで、2014年春にはニューヨーク大学でプリンスを題材にした講義を行った）は、プリンスが「どうかちゃんと出演しますように」というメッセージをフェイスブックに投稿した。熱狂的な信者がプリンスの姿を拝める滅多にない機会だったからだ。そして「何の資料もなしで若い世代にプリンスの偉大さを説明するのにはもう疲れた」と続けた。これはコアなファンとして当然の嘆きだ。

クエストラブの言葉は、前に進むことでしか真のチャレンジを創造できないプリンスという人物を、簡潔に言い表している（短時間だったが和やかな雰囲気で進んだ『New Girl』のゲスト出演で、プリンスはデシャネルにロマンチックなアドバイスをしたあと、パーティーで自分のバンドと一緒に歌わせた。結局はどたばた喜劇で終わってしまったのだが）。

続いて2014年4月、驚くべき発表があり、過去の作品に対する考えをプリンスがついに変えたことが示された。現在は自分で全作品の著作権を管理していると明かしたわずか数週間後、デビュー契約を交わしたあと関係が悪化していたワーナー・ブラザース・レコードと、新しく契約を結ぶと発表されたのだ。これにより「未発表の音源……正真正銘の宝の山」がリリースされることになり、プリンスは「過去の世界的なヒット曲の原盤権」を勝ち取った。プリンス側は「ワーナーも当方も、交渉の結果にとても満足し、実りの多い仕事上の関係を期待している」との声明を出す。

この契約はレコード業界史上、画期的な出来事だとされた。実は近年、アメリカで著作権法が改正されたため、ミュージシャンや作家などのアーティストは、いわゆる〝終了権〟を行使できる。規定が発効されたのは2013年。これにより作曲者は、曲を作ってから35年後にアメリカでの著作権を取り戻せるようになった。条件は、自作の全著作権の譲渡契約をレコード・レーベルと結んでいても、自分はそのレーベルに雇用されていなかったと証明できること。しかし終了権は自動的には与えられないので、権利を取得するために、通常は大掛かりな訴訟が必要となる。

2013年から35年前といえば78年。プリンスがワーナーと初めて契約した年だ。今回、再契約の内容や将来的な計画について詳しい発表はされなかった——手始めに『Purple Rain』30周年記念のリマスター版デラックス・エディションをリリースするというニュース以外は（ただしプリンス自身がこのプロジェクトに乗り気かどうかはわからない。まずサントラ、続いて映画の30周年記念の日は過ぎたが、リイシュー発売の日程は未発表のままだ）。

プリンスが生み続ける革新的な作品群が何周年を迎えようとも、やはり『Purple Rain』はいつまでも彼の最高傑作と讃えられるだろう。偉大なキャリア——不安定な時はあるにしても——の頂点。音楽史に輝く金字塔。この作品がスクリーンでもレコーディングでも成功したのは、同世代の中で最も才能に恵まれたひとりのアーティストが、絶対的な自信と、揺るぎない野望と、先見の明を備えていたからだ。

事実と虚構の間を自由に行き来しながら、プリンスは謎めいた仮面《ペルソナ》を利用し、映画に命を吹き込んで、緊張感に満ちた物語を作り上げた。自分の伝説を破壊しないぎりぎりのところまで観客を引き込むという離れ業をやってのけた。あらゆる困難に挑み、未経験の映画監督と俳優を起用して、時間と競争し、ミネアポリスの厳しい天候と戦い、皆をまとめ上げ、人々が切望する映画を作り上げた。作品の価値がすぐに認められなかったとしても、世間の反応は正直だった。

「僕らは何かいいもの、本物を作りたかっただけなんだ」とアルバート・マグノーリ監督は語る。「プロデューサーも同じ考えだったし、同じものを求めるひとりのアーティストと、同じように感じているミュージシャンたちがいた。皆が同じ映画を作りたいと心の底から願う、滅多にない機会だったんだ。当たり前に聞こえるかもしれないが、映画ビジネスでは本当に珍しいことなんだよ」

「『パープル・レイン』が成功した理由のひとつは、「プリンスが」心を開いて自分を見つめ直したからだと思う。だから真実味があったのよ」とリサ・コールマン。「あの映画は本物だった。それが感じられたし、興奮に満ちていたわ。彼にとってもかけがえのない経験だったんじゃないかしら」
『パープル・レイン』は絶好のタイミングで生まれた――プリンスにとっても、文化にとっても。84年の夏は前代未聞の季節だった。レコードの大ヒット作が連発され、ミュージック・ビデオの人気が急上昇したため、ポップ・ミュージックが未曽有のブームになった。またブラック・カルチャーに大変革が起こり、新たなスターやプロジェクトやスタイルが次々に登場し、音楽、映画、テレビ番組の人種構成が決定的に変わった。『Purple Rain』に収められた数々の名曲は30年後の今も愛され続け、アルバムも映画も時空を超えた輝きを放っている。これらの作品が成功したのは、作られた時期と状況が、二度と望めないほど完璧だったおかげでもあるだろう。

ラジオで初めて『Purple Rain』の曲を聞いた時、あのアルバムを初めてレコード・プレイヤーにかけた時、映画館の照明が初めて消えた時、誰もがその男に言われたとおりのことをした――私たちは熱狂した《We Went Crazy》のだ。

Alone in a World So Cold

Chapter 2

こんな冷たい世界にただひとりで

「秘密を守れるかい?」

これが――誓って嘘じゃない――93年4月に私がプリンスに会った時、最初に言われた言葉だ（ちなみに答えはもちろん「イエス」)。金曜日にニューヨークから電話があった。最近プリンスが行ったツアーのオープニングショーについて、私が書いた記事を本人が読んだらしい。土曜日にサンフランシスコで会いたいという。私はこれがきっかけで『ヴァイブ』誌に載せるインタビューを書くことになる。彼がマスコミの記者と長い話をしてそれが記録に残るのは、実に4年ぶりだ。

空港で私を乗せたタクシーのドライバーからは、愛人にもらったエロティックなバレンタインカードを見せられ、ダライ・ラマのために妻としている活動の話を聞かされた。これはすべて何かの悪ふざけだろうかという疑念が頭をもたげたが――現実だった。やがてアリーナのビル・グラハム・シヴィック・オーディトリウムに到着。そこにプリンスがいた。客がひとりもいない会場に座り、ツアー・バンドのザ・ニュー・パワー・ジェネレーション（NPG）がサウンドチェックを始める様子を見守りながら。彼は風邪をひいていたので、客席に座ったまましばらく静かに雑談した。それからプリンスは私をステージの上へ誘い、ギターを肩にかけてバンドとリハーサルをしながら会話を続けた。

プリンスの話はほとんど音楽についてだった――スライ・ストーン、アース・ウインド・アンド・ファイアーといった、私と趣味の合うクラシックなソウルバンド。NPGがプレイする「I'll Take You There」を聞きながら、私たちはザ・ステイプル・シンガーズとメイヴィス・ステイプルズについて議論を交わした。彼女のニュー・アルバムをプリンスがプロデュースしたばかりだったからだ。ギターを弾く手を止め、バンドの演奏を聞くためにステージ手前のピアノへ移動しながら、プリンスはよくしゃべった。

驚くほど低い声は、スポットライトを浴びていない今、やや人間味を増して聞こえた。

いろいろな記事で書かれているように、彼はとても小さかった——背が低いのはもちろんだが、さらに目を引くのは繊細な骨組みときゃしゃな体型だ。態度が非常にごう慢なのは、別の人格を装って内気さを隠すためか、ツアー中のパフォーマーとして自信たっぷりに見せる必要があるせいだろう。NPGがステージでくり出す大音量の中、プリンスはギターの弦に指をかけたまま私の方に身を乗り出し、こう言った。「望むもの、耳にするものを何でもプレイできるっていうのは、どれだけ大変なことかわかるだろう？」

それは多くの意味で、創造し続けるプリンスの人生と切っても切り離せない質問だった。けた外れの才能に恵まれ、毎週末にバンドを率いてプレイしていたハイスクール時代から、音楽業界の因習や制約と何年も戦い続ける日々まで、彼はこの問いを自分に突きつけてきたのだ。最初は音楽を通してできるだけ多くの人々にメッセージを伝えようとあがき、やがて、その熱意から尽きることなくわき出てくる創造力に追いつこうと努力しながら。

プリンス・ロジャース・ネルソンは１９５８年６月７日、ミネアポリスで生まれた。父親はピアニストで作曲家のジョン・L・ネルソン（ステージ・ネームはプリンス・ロジャース）。母親は歌手のマッティ・ショー。父ジョンは91年にテレビニュース番組『ア・カレント・アフェア』のインタビューを受け、「息子をプリンスと名づけたのは、私がやりたかったことすべてを彼に成しとげてほしかったからだ」と述べている。

だが今はこの話題に触れないでおこう。父と息子の確執については、のちの章で映画『パープル・レイン』に絡めて詳述するからだ。ここで重要なのは、プリンスの両親が黒人だという事実である。

自分の出自について、プリンスが常に正直だったわけではない。デビューしたばかりの頃は、「黒人」アーティストという枠でくくられてリスナー層が限定されるのをできるだけ避けていた。うわさによると、本人は母親について、白人だとも、「いろいろな血が混じっている」とも言っていたらしい。『Purple Rain』がリリースされたあとでさえ、『ピープル』誌はプリンスを「ムラート〔訳注：白人と黒人の混血〕」と呼んだ。本人が『ローリングストーン』誌に、自分は「半分黒人の父親とイタリア人の母親の息子だ」と語ったこともある（元恋人でプリンス・ファミリーの一員だったジル・ジョーンズによれば、混血という話は彼女の生い立ちから借りたという。「初めて会った時に『君はどんなハーフ？』って聞かれたの。『ええと、イタリア人と黒人のハーフよ』って答えたら、『へえ、なるほど、確かにね——それもらったよ』ですって。それから彼はツアーに出て、戻ってきた時は、イタリア人と黒人のハーフってことになってたのよ」）。

事実はともかく、確かなのは、ツインシティーズ〔訳注：ミネアポリスとセントポールから成るミネソタ州都市圏の愛称〕の人種構成、そしてラジオで聞いていたポップ・ミュージックとロック（ミネアポリスには強力な信号でブラック・ミュージックを24時間流すラジオ局がなく、聞けるのは信号の弱いＫＭＯＪ局だけだった）が、若きプリンスに複雑な影響を与えたということだ。「僕は黒人と白人が交ざった世界で育った」と本人はかつてＭＴＶに語っている。「黒と白、夜と昼、金持ちと貧乏人。若い頃はいろいろなジャンルの音楽を聞いたよ。もっと小さい頃は、いつかあらゆる種類の音楽をプレイして、皮膚の色じゃなく仕事の質で判断されるようになるんだっていつも言っていた」

プリンスと音楽の出会いは、明らかに家族から受けた影響が強い。「僕は誰かにミュージシャンになれって言われたわけじゃない」と２００４年、珍しく心を開いたプリンスが私に語った。「僕は父さんを見ていただけさ。父さんがプレイすると、母さんが喜んだんだ」

ハワード・ブルームは81年から88年にかけてプリンスの広報係を務めた人物だ。マイケル・ジャクソン、ジョン・メレンキャンプ、ボブ・マーリーといったスーパースターとも組んだが、のちに慢性疲労症候群を発症し、ブルックリンのアパートから出られない生活が何年も続いた。回復後は音楽ビジネスから足を洗い、もともと専門に学んでいた科学関連の仕事をしている。ある風の強い冬の夜、私は彼がオフィス代わりに使っている地元のカフェで待ち合わせ、エレベーターのないアパートにお邪魔して、プリンスと働いていた頃の話を聞いた。

ブルームは広報係時代、プリンスがアーティストとして〝刷り込んでいく瞬間〟を探していたという。「……頭がすごい勢いで回転を始めて、特別な何かを探す。そいつを見つけたら、しっかりつかまえる。それが一生頭にたたき込まれるんだ」。彼によれば、プリンスが最初に「刷り込まれた」のは5歳の時。母親に連れられ父親のリハーサルを見に行った瞬間だった。「彼は劇場に足を踏み入れた。ステージの中央に向かって椅子がずらりと並び、父親が5人の美女を従えて、ライトの真ん中に立っていた。その時にすべてが決まったんだ」

しかし両親は激高しやすい性格でけんかが絶えず、平穏な家庭生活とは無縁だった。プリンスは当時の様子を『Purple Rain』の収録曲や映画のストーリーに効果的に反映させている（96年、本人はオプラ・ウィンフリー司会のトーク番組で、映画でいちばん自伝的要素が強いシーンは「泣いている母親を僕が見ているシーンかな」と語った）。10歳の時、両親は離婚。その後はあちこちの家をたらい回しされる日々が続いた。時には父親——日中はハニーウェル・コンピューターズに勤め、夜はライヴに出演していたため、ほとんど家にいなかった——と過ごし、またある時は母親と再婚相手の家に滞在する（義父とはそりが合わなかったが、一度ジェームス・ブラウンのコンサートに連れていってもらった。伝説によれば、プリンスはその夜、ステージに上がって踊ったという）。おばと暮らそうとした時もあったが、最後には近所のアンダーソン家に居候する。同家には6人の子供がいて、そのうちのひとりアンドレとは一緒に教会へ通う仲だった。のちのプリンスのバンド・メンバー、アンドレ・シモンだ。彼の父はベース弾きで、一時はプリンスの父と同じバンドにいた。

　アンドレの家の地下室で暮らしたことが、プリンスのその後に大きな影響を与えることになる。81年、プリンスはジャーナリストのバーバラ・グラウスタークからインタビューを受け、当時の生活についてかなり詳しく語った。この記事は当初『ニューズウィーク』誌に載る予定だったが、結局『ミュージシャン』誌に掲載された。それによればセントラル・ハイスクールに通っている間、プリンスは「無敵の王様だったね。夜を一緒に過ごす女の子には困らなかったし……そういうのが、何でも手に入って自分を発見できたことと、深い関係があったと思う」。彼のもとには音楽と冒険を愛する仲間が集まってきた。「ある時「アンドレの母親が」地下へ下りてきたんだ。そこには大勢いたんだけど、誰も服を着てなくてさ……」

　ブルームによれば、これがプリンスにとって第2の〝決定的瞬間〟だ。「ヒッピー・ムーヴメントを刷り込まれて、自分で共同体《コミュニティー》を作り始めた。その根本には、性的な欲望をすべて満たせば戦争はなくなるっていう考え方がある。プリンスはこのアイデアを中心にして、小さな共同体を作っていたんだよ」

　やがてプリンス（ギター）とアンドレ・アンダーソン（ベース）に、プリンスのいとこ、チャールズ・スミス（ドラム。のちにモーリス・デイと交代）と、アンドレの姉妹リンダ（キーボード）が加わり、バンドを結成。グランド・セントラルを名乗り、地元のクラブやパーティーで全米トップ40の曲やファンクのカヴァーを演奏するようになる。アンドレ・シモンは2014年、音楽ライターのマイケル・A・ゴンザレスに「僕はクール&ザ・ギャングにハマってた」と語った。「モーリス〔・デイ〕が皆にタワー・オブ・パワーを教えてくれてね。プリンスはチャカ・カーンとアース・ウインド・アンド・ファイアーが好きだったな」。グランド・セントラルはハウス・パーティーや地元のクラブ（「本物のポン引きがパトロンをやってるような店」）でプレイし、多くのバンドとしのぎを削った。「年上のやつらに対抗して演奏してたよ」とアンドレ・シモン。「でも僕らは怖いもの知らずで自信満々だった」。やがてバンド名をシャンパンに替え、オリジナル曲を演奏し始める。頻繁にライヴを行い、夜には地元のスタジオを借りて自分でレコーディングしながら、プリンスはハイスクールを落第もせず、バスケットボールに熱中する――うまかったらしいが、小柄なせいで選手としては長続きしなかった。

プリンスはのちに、ミネアポリスで育つことは「ちょっと悲しいっていうか……ラジオもディスコも女の子たちも、すごく退屈だったから、ちゃんとした音楽をやって、それなりの結果を出したいなら、何かをやりとげなくちゃだめだと思った」と語っている。いらだちを募らせたプリンスは76年秋、妹とともにニューヨークへ引っ越した。バンドのメンバーにもついて来てほしかったが、拒否されたという。「僕がバンドの主導権をがっちり握るっていう考えが気に入らなかったんだろう。僕はいつも皆で何か違うことに挑戦しようとしてたから」

「フロントマンになるつもりはまったくなかった」と言っているが、プリンスの音楽はニューヨークで注目され、作曲と出版のオファーもいくつかあった。しかし彼が求めていたのは、実際のレコーディング契約と、自分の音楽に必要な創造の自由だった。「15歳で何かのオファーを受けたら、サインした瞬間にスーパースターになれるって誰でも思うよ」とブルーム。「でもプリンスはオファーに応じなかった。僕は彼以外、そんな人間に会ったことないね。彼は神経生物学でいうところの〝実行制御〟を身につけてたんだ――脳を抑制して自制心を維持し、自分の目標を追求する能力さ」。そして数ヵ月後、プリンスはミネアポリスに戻る。

「16歳で一文なしになったから、仕事が必要になってね」と本人はアーセニオ・ホールに語った。「電話帳で探したんだけど、やりたい仕事が見つからなかった。だからミュージシャンになるために死に物狂いで努力しようって決めたんだ。それに成功したってわけさ」

ニューヨークにいる間、プリンスはプロデューサーのクリス・ムーンのスタジオでデモ・テープを録音した。それに目を留めたミネアポリスのビジネスマン、オーウェン・ハスニーがプリンスとマネージメント契約を結ぶ。彼の資金提供により、高音質のデモ・テープが制作された。録音を担当したのはプロデューサー兼エンジニアのデヴィッド・Z・クリフ・シーゲル。地元のレコード会社のプロモーターで、以前はハスニーと同じバンドにいた人物だ（リヴキン兄弟のいとこでもある。ミネアポリスの音楽業界がいかに狭いか、これでわかるだろう）。ハスニーによれば、セッションを始めた頃、プリンスの目標は「映画を作り、No．1になって、他のグループをプロデュースする」ことだった。

ハスニーはプリンスのイメージ作りに取りかかった。華やかで、謎に包まれ、さまざまな楽器を弾きこなし、ほとんど話さず、誰とも目を合わせない。ハスニーの広告代理店が作った宣伝資料のおかげで、C

BS、A&M、ワーナーといった多くの大手レーベルがデモ・テープに興味を持った。結局ワーナーがプリンスとの契約を勝ち取る。アルバム3枚をリリース、会社側は作曲内容にほとんど口を挟まず、プリンスが自分でレコードをプロデュースし、アルバムに使う写真とジャケットもすべて本人の決定に任せるという破格の条件だった。プリンスはワーナーのポップ・ミュージック部門のレギュラー・アーティストとして契約することも要求。ブラック・ミュージック部門は予算が限られ影響力も弱かったからだ。

「契約した時、プリンスは19歳だった」と当時のワーナー会長、モー・オースティンは言う。「皆、彼が本物のアーティストだと感じていた。A&Mは契約に出版も含めると主張してね、プリンスはそれに興味を示したよ。コロムビアはアルバムを2枚出すと言うし。そこでうちは、出版契約はしないが、アルバムを3枚出すと提案したんだ。彼の将来に期待していると示すために」

「[アース・ウインド・アンド・ファイアーの]モーリス・ホワイトがファースト・アルバムのプロデュースに乗り気でね。当時のビッグスターだよ。でもプリンスは、プロデュースの経験がまったくないのに、アルバムは自分でプロデュースすると言い張った。そこで[ワーナーの重役]レニー・ワロンカーとラス・タイトルマンがスタジオに出向いて、プリンスが作業する様子を見たんだ。ふたりともすごく感心して、彼には誰も必要ないと請け合ったよ。自分でできるからとね」

プリンスはカリフォルニアのサウサリートへ行き、有名なレコード・プラント・スタジオでファースト・アルバムをレコーディングした。しかしセッションは難航する。プロデュース権は獲得したが、実際にプロデュースする訓練は受けていなかったからだ(彼はその後、いい意味でも悪い意味でも、独学のプロデューサーとして我流を貫く)。すべての楽器を自分でプレイし、あらゆるヴォーカル・パートを歌うプリンスは、ワーナーがプロジェクトのエグゼクティヴ・プロデューサーに指名したトミー・ヴィカリと衝突する。これでは望みどおりのサウンドもスタイルも実現できない、と反発したのだ。結局プリンスは3ヵ月かけ、3枚分の予算として割り当てられた18万ドルのうち17万ドル近くを費やして、ファースト・アルバムを作り上げた。78年リリースの『For You（フォー・ユー）』だ。タイトル・ソングのヴォーカルはなんと46回もオーバーダビングが施された。「完成させた時は体がぼろぼろだったよ」と本人がもらしたことがある。

このアルバムは大部分の曲がキーボード主体で、退屈なディスコ・ミュージック後に流行した軽快な音楽だ。特筆すべきは哀調を帯びた「Baby（ベイビー）」。ドゥーワップに近いクラシックなハーモニーが印象深い。ラストの「I'm Yours（アイム・ユアーズ）」はアルバムの最後を華やかなギターで飾る。シングル・カットされた「Soft and Wet（ソフト・アンド・ウェット）」はポップ・チャートで92位止まりだったが、R&Bチャートでは12位を達成した。この曲はプリンスが望んだ幅広いリスナーを獲得できなかったものの、一部の人々の心をしっかりつかんだ。その中には未来の頼もしいコラボレーターもいた。

「私は13歳でまだ未成年だったけど、ここロサンゼルスのスターウッド・ダンスっていうクラブにいたの」とウェンディ・メルヴォワンは回想する。「『Soft and Wet』を耳にして、DJのところへ行って聞いた。『この女の子はいったい誰？』、そしたらDJは『こいつはプリンスっていうんだ』。もうノックアウトされちゃったわ」

「私はウエスト・ハリウッドに住んでいたの」とスーザン・ロジャースは語る。80年代にプリンスのレコーディング・エンジニアとして活躍した女性だ。「バスに乗っていた時よ。うしろの席の子が持ってるラジカセから「Soft and Wet」が聞こえてきた。〝このアーティストが誰でもいい、もっと知りたい〟って思ったわ。あの1枚目のレコードからファンなのよ」

一部のロック評論家たちの間でも『For You』は話題になった。彼らの反応は、ロバート・クリストガウが『ザ・ヴィレッジ・ヴォイス』紙に寄せたコメントに要約できる——「才能はあふれんばかりだが、チャレンジ精神はそこそこ」。続いてシングル・カットされた「Just as Long as We're Together（トゥゲザー）」はR&Bチャートで91位止まりだった。プリンスはこの頃マネージャーのハスニーと決別し、ロブ・カヴァロ、ジョー・ラファロという強力なチームとタッグを組む。アース・ウインド・アンド・ファイアーやレイ・パーカー・ジュニアといったスターのマネージャーを務めた実績もあるふたりは、5万ドルでプリンスと契約した（彼らの部下スティーヴ・ファーグノリに会い、プリンスは大感激したという。ファーグノリは以前スライ・ストーンのツアー・マネージャーだったからだ。彼は間もなくマネージメント会社のパートナーに昇格し、プリンスの日常業務を取り仕切る）。カヴァロとラファロは、プリンスの初コンサートを79年1月5日と6日に決定した。場所はミネアポリスのカプリ・シアター。ふた晩の出来次第で、ワーナーがツアーにゴーサインを出すかどうか決めることになっていた。結論は「もっと経験が必要」。これを聞いたプリンスは、ツアー・ミュージシャンとともに取りつかれたようにリハーサルをくり返すようになる。

ザ・レヴォリューションの元キーボード、マット・フィンクと私は、レコーディング・スタジオのコントロール・ルームに座っている。ここはミネアポリス近郊にある彼の快適な自宅の地下室（もちろん外は吹雪だ）。フィンクはこの地階で地元のバンドと頻繁にレコーディングを行い、コマーシャル・ソングの仕事もしている。長年にわたって息子たちのバンドとも活動しているらしい。プリンスに関わる名所を車であちこち案内してくれる間、彼はいくつかのバンドとツアーをする予定だと話してくれた。その中にはプリンスのカヴァー・バンド、パープル・エクスペリエンスも含まれている。フィンクは35年以上前、プリンスと組むという賭けに出た。その結果、今ではなかなかいい暮らしを楽しんでいるようだ。

「バンドのメンバーになった時は、ワーナーと契約したアーティストと関われるっていうだけで満足だった」とフィンクは語る。「入ったばかりの頃は、考え直せって周りからさんざん言われたね。『あいつが成功してるのは今だけだ。お前正気か？　絶対うまくいかないぞ』ってね。もう耳タコさ。でも俺はそいつらの顔を見てこう言った。『お前らこそ間違ってる。俺はプリンスを信じるよ。彼はきっとブレイクする。いつか必ずビッグになるさ』」

プリンスは当時、地元のミュージシャンを集めてバンドを結成していた。メンバーはアンドレ・シモン（ベース）、デズ・ディッカーソン（ギター）、マット・フィンクとゲイル・チャップマン（キーボード）、ボビー・Z（ドラム）。最初はザ・レベルズと呼ばれていたが、やがてザ・レヴォリューションを名乗る（モーリス・デイの不満は、最初のメンバーが決まったこの頃に端を発するようだ。２０１２年になっても「俺はボビー・Zの10倍うまくプレイできたのに、メンバーになれなかった」とグチをこぼしている）。しかしプリンスはセカンド・アルバムもひとりで制作。79年春に6週間かけてレコーディングし、『Prince（愛のペガサス）』というタイトルでリリースする。今回のアルバムには強烈なインパクトが必要だと考えたらしく、収録曲は『For You』より大きく進化した作品ばかりだ。R&Bチャートで初の1位を獲得したポスト・ディスコ調の明るい「I Wanna Be Your Lover（ウォナ・ビー・ユア・ラヴァー）」。力強いロックの「Why You Wanna Treat Me So Bad?（つれない仕打ち）」。軽快な佳作の「I Feel for You（アイ・フィール・フォー・ユー（恋のフィーリング））」は、数年後に『パープル・レイン』フィーバーが起きた時、チャカ・カーンがカヴァーして大ヒットする。セカンド・アルバムの曲はファーストに比べるとリラックスし、自信にあふれて聞こえる。全編ファルセットなのはやりすぎのような気もするが、自分のスタイルを追求しようというプリンスの意気込みの表れだろう。

このアルバムでプリンスは実質的に華々しくメインストリームに登場した。ミュージック・ビデオを出し、音楽バラエティー番組の『ザ・ミッドナイト・スペシャル』と『アメリカン・バンドスタンド』にも（居心地の悪さを感じながら）出演した。クリストガウも今回は『ザ・ヴィレッジ・ヴォイス』紙で「この少年はビッグスターになるだろう。それだけの才能がある」と称賛。ただしプリンスには「心の奥底から求められるような何かが足りない——つまり魂だ」と付け加えている。プリンスのマスコミ嫌いは有名だが、この頃、初めての取材攻撃にさらされていた。「最初、彼はインタビューですごくぎこちない受け答えをしていた」とワーナー・ブラザースの広報担当だったボブ・メーリスは振り返る。「彼はインタビューを受けない方がいいんじゃないかって皆思ってたね——話がかみ合わなくて、内容も際どかったし。プリンスが『レコード・ワールド』誌の女性ライターに、下の毛はヘソまであるのかって聞いたこともあったよ。すべてそんな調子だった」

『Prince』のセッション終了後、プリンスはバンド主体のプロジェクトに取りかかる。しかしそのアルバムは未完成でリリースされないまま終わった。79年11月26日、彼はバンドを率いてウエスト・ハリウッドのクラブ、ロキシーから初ツアーを開始。11軒のクラブで演奏したあと、2月には大きな劇場やアリーナに場所を移し、〝パンク・ファンクの帝王〟リック・ジェームスのツアーの前座として42会場を回る。やがてプリンスの手ごわいライバルになるジェームスは、後年『ローリングストーン』誌に「中身が空っぽなプリンスのレコードを買うほどだまされやすいやつらがいるなんて信じられないね」と語り、プリンスが自分のステージの振りつけを盗んだと非難した。ただしジェームスに目をかけられたシンガー、ティーナ・マリーによれば、ジェームスはお返しにプリンスの機材を盗んだそうだ。「あの頃は自分用のシンセサイザーをプログラムする人なんて誰もいなくてね」とティーナ。「そういうことを真剣にやってたのは、プリンスと……スティーヴィー［・ワンダー］だけだったわ」。彼女（プリンス自身の次のツアーで前座を務める）によれば、ジェームスはツアー終了後、プリンスのシンセサイザーをそのままいただいて、大ヒットしたポップ・アルバム『Street Songs（ストリート・ソングス）』に使った。「それからお礼状を添えてシンセサイザーを［プリンスに］送り返したの」（本人の死後に出版された自伝『Glow』で、ジェームスは「プリンスが俺から盗んでるのを見たから、こっちも盗んでやった」と書いている）。

この時期、プリンスが率いるバンドは向かうところ敵なしだった。「オリジナルのメンバー構成は、まるで〔訳注：変形ロボットの〕トランスフォーマーみたいだったね。あらゆるパーツががっちり組み合わさってた」とデズ・ディッカーソン。「自分たちは世界一のバンドになるんだって心の底から信じてたよ」。毎晩ステージで革ジャケットをまとい、マリファナを吸うイメージを作り上げたリック・ジェームスに刺激されたのか、プリンスはアンドレ・シモン宅の地下室で過ごした享楽的な日々を曲に反映させ始めた。80年には『Dirty Mind（ダーティ・マインド）』で音楽界に殴り込みをかける。性の解放とタブーの破壊を30分間歌い上げた衝撃作だ。アルバム・タイトル（〝みだらな心〟の意）とジャケット写真（裸体にブリーフだけのプリンスがトレンチコートを羽織っているモノクロ写真）に、彼が目指した新しい方向がはっきり表れている。

『Dirty Mind』のサウンドは、ファンクというよりロック色が強く、先鋭的で、ニューウェーブに触発されたキーボードも目立つ。テーマはあまりにもスキャンダラスだ。プリンスは「Head（ヘッド）」で結婚式に向かう花嫁のウェディングドレスに射精し、熱狂的な「Sister（シスター）」では近親相姦をほのめかす（２０１３年にカーネギー・ホールで開かれたプリンスのトリビュート・コンサートでは、フィラデルフィアを中心に活躍する歌手ビラルが、同曲のスロー・ヴァージョンを切なく歌い上げた）。「When You Were Mine（君を忘れない）」は三角関係を描いた、聞かせどころ満載のポップ・ソングの名曲だ。アルバムのリリースをきっかけに、プリンスの奇抜なイメージと、一流のライヴ・パフォーマーとしての名声が、ロック評論家たちの注意を引き始める。彼は『ローリングストーン』誌で特集され、公開バラエティー番組の『サタデー・ナイト・ライヴ』への出演も果たした。

実際、性に対するプリンスの考えは独特だった。黒人アーティストは伝統的に――彼らの多くは教会で歌うことからキャリアをスタートさせるので――肉体と精神との間で葛藤してきた。プリンスが登場する前、黒人によるポップ・ミュージックの内容は聖か俗かの両極端だった。それはサム・クック、リトル・リチャード、マーヴィン・ゲイ、アル・グリーンといった大物ミュージシャンの曲を聞けばわかる。しかしプリンスは肉体と精神の違いを意識せず、対立するとも考えていないようだった。彼の音楽では、セックスと魂の救済がしばしば同一視された。極端な快楽主義を歌う単純なロック・ミュージシャンたちのように、プリンスの曲には罪悪感のかけらもなかった。

「彼には境界が一切なかったわ」とウェンディ・メルヴォワンは言う。「カタくなる時とその5秒前の区別がまったくなくて、ずっと神様に祈ってた。ひと続きっていうか、罪悪感を全然感じてなかったのね。それが彼にとって、すべていい方向にはたらいたんだと思う」

「彼の表現にはうしろめたさがまったく含まれていなかった」とシンガー・ソングライターのトーリ・エイモスは振り返る。彼女はウィーン公演の幕が上がる前、楽屋から私に電話をくれたのだ。「普通は宗教的な要素と冒瀆《ぼうとく》的な要素をいじくり回すわよね。でも彼は両方を同時に扱ったの、新しいやり方で。完全に開放された熱狂的なエネルギーなんだけど、人種差別的じゃないし、ショッキングなだけでもない――プリンスは性的欲望を相手に押し付けられるし、下品にすることもできるし、それを使って人をとりこにだってできる。でもそれは彼がパフォーマーだったからよ。詩人のランボーやボードレールみたいにね。情熱の炎がいつも燃え盛ってる感じだった」

完全に独立してすべてひとりでやりたいと何年も望みながら、プリンスは当時バンド活動にも興味を抱いていたようだ。その証拠に、『Dirty Mind』の中ジャケットには、壁に書かれた自分たちの名前を背に、不機嫌な視線をこちらに向けるツアー・バンドの写真を使っている。アルバムの中核を成す「Uptown（アップタウン）」のタイトルは、プリンスが作っていたミネアポリスの共同体《コミュニティー》に、彼自身がつけたニックネームだ。この曲にはプリンスが目指す都会の理想郷《ユートピア》像が歌われている。「White, black, Puerto Rican／Everybody just a-freakin'（白人、黒人、プエルトリコ人／誰もが思い切りハジけてる）」。スタジオでもコラボレーションを積極的に行うようになった。タイトル・ソングの「Dirty Mind（ダーティ・マインド）」は、マット・フィンクがリハーサル中に思いついたアイデアに基づいている。

「皆でジャムをしてた時だ」とフィンクは証言する（ステージ衣装を縞模様の囚人服から手術着に替えて以来〝ドクター・フィンク〟と呼ばれるようになった）。「俺がメイン・リフを弾いたら、プリンスが言ったんだ。『なあ、それすごくいいな。忘れるなよ。そいつを録音しよう』って。それでラジカセで録ったら、今度は『今夜うちに来いよ。それをもとにした曲を思いつけるかもしれない』と言われた。最初のアルバムは、彼は全部ひとりでやっただろ——だから誰とも一緒にプレイしてない」

「彼に招かれて自宅に行ったら『オーケー、この演奏《グルーヴ》をレコーディングしよう。僕がアレンジするからさ』ってことになって。彼がブリッジの部分を作って、ドラムを叩いて、あとからギターも入れた。俺が着いたのは夜の9時ぐらいで、真夜中までいたかな。俺が家を出たあと、彼が歌詞とメロディーを書いて、録音を完成させた。そして翌日の昼頃リハーサルに現れて『次のアルバムのタイトル・ソングができたよ』って言ったんだ」

『Dirty Mind』のジャケットを見ればわかるように、プリンスはこの時期にバンド・メンバーを交代させている。キーボードのゲイル・チャップマンが、ステージで挑発的なパフォーマンスを要求されることに耐えられず、脱退を決意。彼女の後任としてリサ・コールマンが入った。ミネアポリス育ち以外で初めてプリンス・ファミリーに加わったメンバーだ。ロサンゼルスのセッション・ミュージシャンを親に持ち、ハリウッド・ハイスクールを卒業後、クラシック音楽を学んだリサは、プリンスの世界に洗練された空気を吹き込み、彼のバンドに必要だった規律ももたらした。

「体のトレーニングや楽器の練習の話をよくしたわね」とリサは振り返る。「ある日、プリンスと一緒に彼のお父さんの家にいた時のことよ。父さんのためにピアノを弾いてくれって言われて——ママに『ねえリサ、おばあちゃんに何か弾いてあげて』とか言われるよりいやだったわ。『どうしよう、プリンスがお父さんのために私にピアノを弾いてもらいたがってる』。もう心臓がバクバクしちゃったわよ」

「皆で一緒にプレイしたあと、私がどんなふうにクラシック音楽を学んでレッスンを受けたか、どんな練習をしたかって話をした。それからすごく哲学的な会話になって。ミュージシャンにとって、クラシック音楽は本当に必要なのか？　技術も要るのか？　だから私は反論した。『ええ、技術は必要よ。だって耳にしたものを何でも演奏できるでしょ』。するとプリンスとお父さんは、まるで啓示を受けたみたいに私を見つめたの」

『Dirty Mind』ツアーでは全米のロック・クラブを回ったが、観客の反応は思わしくなく、プリンスは不満を募らせる。ミネアポリスではスターで、少人数だが熱狂的な取り巻きも生まれ始めていたからだ。「デビューして間もない頃から、出待ちの女の子たちがプリンスのシャツをはぎ取ってたね」とマット・フィンクは振り返る。「80年にサンフランシスコで起こったみたいに——もみくちゃにされてたよ。会場へ続くドアを出るのもやっとだった。彼はビートルズみたいなロックスター扱いだったね。有能なガードマンがいなかったら、もっとひどいことになってただろう」

しかしミネアポリス以外では、プリンスはロックとR&Bを融合させたスターと認められず、人種混合のバンドも、彼の露骨な性的魅力も、人目を引かなかった。結局『Dirty Mind』の売り上げは『Prince』の半分にとどまり、シングルは白人向けラジオでも黒人向けラジオでもほとんどオンエアされなかった。「プリンスってやつが何者なのか、誰も知っちゃいなかったね」とギャングスタ・ラップの草分けでテレビの人気者、アイスTは語る。「楽器が弾けて、アバズレたちに囲まれた、小柄なポン引きってとこかな。

性悪なチンピラっぽい面もあった。とにかく周りから浮いてたね。プリンスはすげえクールな最低野郎だが、まったくしっぽをつかませねえやつだった」

ロック色を強めた『Dirty Mind』とバランスを取るためか、プリンスは並行して初のサイド・プロジェクトを進めた。自分の友人で固めたグループ、フライト・タイムを再編成して伝統的なファンク・バンドに変身。奇抜でクールなズートスーツ〔訳注：1930～40年代、ジャズ・ミュージシャンを中心に流行した服装。襟幅が広く長さが膝まである上着、先細りの極太ズボン、つば広の帽子などが特徴〕をまとい、キレキレの振りつけで踊る彼らには、ザ・タイムという名がつけられる。「クールなイメージを目指したんだ」とプリンスはかつて語った。「そのキーワードを中心にしてザ・タイムを作った。クールっていうのは、押しが強くて、自信にあふれてるってことさ」。事の起こりはグランド・セントラル時代の仲間、ドラムのモーリス・デイをデビューさせるという企画だった。レコード契約のあと押しをしてもらう代わりに、モーリスはプリンスに曲を提供する。それをベースに完成させたのが『Dirty Mind』の最後を飾る「Partyup（パーティアップ）」だ。ヴォーカルのアレクサンダー・オニールが新生ザ・タイムへの加入を拒んだため、結局モーリスがリード・ヴォーカルを務めることになった。

「プリンスがモーリスを世に送り出したんだ」とザ・タイムのギタリスト、ジェシー・ジョンソンは後年『ワックス・ポエティクス』誌に語っている。「バンドを抜けてる間、モーリスの服装はジーンズにスニーカー、レギュラーカラーのシャツ。髪型はアフロだったね。でも戻ってきた時は、今皆が知ってるモーリスだった。まったくの別人さ。あれ以来ジーンズをはいてるとこは見たことがない」

プリンスはザ・タイムのデビュー・アルバムをプロデュースして、彼ら用にガイド・トラックも録音した。

しかし公にはそれを否定。アルバムのクレジットは〝ジェイミー・スター〟となっている。自分で作りたいあらゆる音楽を追求するプリンスの姿勢が、この作品で初めて表れた。サウンドがわかりやすく演奏も見事な『The Time（ザ・タイム）』は、『Dirty Mind』よりもよく売れた。プロジェクトを成功させた余韻を味わいながら、プリンスは81年8月にスタジオへ戻り、自分の次のアルバムを9日間で完成させる。

『Controversy（戦慄の貴公子）』はプリンスがデビューしてから最初の10年間で、最も奇抜なアルバムだろう。だがこの1枚で彼の狙いの焦点がはっきりし始めたともいえる。パワフルなギターが印象的なタイトル・ソングには、強烈なメッセージが込められている。自分の大胆なイメージ（「Am I black or white/Am I straight or gay?（僕は黒人それとも白人／ストレートそれともゲイ?）」）を率直に伝え、主の祈りを取り入れたこの曲は、シングル・カットされてヒット。プリンスはポップ界に確固たる地位を確立した。他の収録曲（「Sexuality（セクシュアリティ）」「Jack U Off（ジャック・ユー・オフ）」）ではエロティックさをさらに追求し、「Do Me Baby（ドゥ・ミー・ベイビー）」ではクラシックなラブ・バラードに初挑戦している。また社会的な主張を込めた曲も初めて収録した。レーガン大統領に向けた「Ronnie, Talk to Russia（ロニー、トーク・トゥ・ラシア）」（２０１４年3月、『サロン』誌の「来たるべき核攻撃による世界の終末を歌った17曲」に選出）、謎めいた悪魔的パワーの不穏なイメージを題材にした「Annie Christian（アニー・クリスチャン）」だ。これら2曲が予言したかのように、次作以降の数枚のアルバムには、終末観が色濃く漂うようになる。

『Dirty Mind』にはバンド活動と共同体作りに対する意欲が再び表れていたが、『Controversy』でその要素は排除された。プリンスが完全なワンマンバンドのモードに入っていたからだ。コラボレーションを拒んでいたことについて、本人はのちに「あの頃は最低だったね」と述べている。「正直に言えば、友人たちに囲まれてはいたけれど、いろんな状況で皆違う意見を持ってて——音楽面でって意味だよ。僕と関係のあるたくさんのことが、自分のやりたい方向とまったく違っていたんだ」

ティーナ・マリーのバック・ヴォーカル時代にプリンスと出会ったジル・ジョーンズによれば、彼は『Controversy』をリリースした頃、音楽を武器にして人種の壁を越える覚悟を決めたという。「プリンスはそれが使命だと信じてたわ。あの頃は黒人向けラジオと白人向けラジオがあったんだけど、彼はその境界を取り払おうと死に物狂いだった。『Controversy』を出して、彼はもうひとつの世界に目を向け始めたの。R&Bラジオにとどまれば、そこで終わってしまうでしょう。だからどうやったらアルバムが売れるか、一生懸命考えなきゃならなかった。あの頃私たちの中で、マーケティングがどういうものかわかってる人なんて、ひとりもいなかったと思う。でも彼はブランド戦略について誰よりも早く考えてたのよ」

ビジネスに詳しいジル・ジョーンズは、プリンスと過ごした時代を楽しく思い出す。私が彼女にインタビューしたのは、ある広告会社の会議室。彼女は今、同社のロサンゼルス・ウエストウッド支社で働いている。ジルはオハイオ州で育ち、カリフォルニアへ引っ越してからは音楽業界のセレブの仲間入りをした。義父のフラー・ゴーディは、モータウンの創業者ベリー・ゴーディ・ジュニアの兄だ。プリンス・ファミリーを抜けたあと、ジルはニューヨークで娘と暮らしていたが、またロサンゼルスへ戻ってきた。

『Controversy』が成功したため、プリンスはツアーでさらに大きな会場を使えるようになった。しかしベースのアンドレ・シモンがソロ活動のためザ・レヴォリューションを脱退（プリンスが書き下ろした「Dance Electric」がヒット）。後任として、やはりミネアポリス出身のマーク・ブラウンが加入する（ステージ・ネームはブラウンマーク)。メンバーは一丸となり、アリーナ一杯の観客を満足させられるバンドを目指した。

「最初にプリンスを見たのは『Controversy』リリース・ツアーのピッツバーグ会場だ。あとで知ったんだが、それがツアーの初日だった」とアラン・リーズ。彼はその後間もなくプリンスのツアー・マネージャーに就任する。「ガールフレンドが黒人向けラジオ局のWMOで働いていて、一緒に行ってくれって頼まれてね。そのラジオ局がコンサートの共同主催者だったんだ。でも私はプリンスをほとんど知らなくて——聞いたことがあるのは「I Wanna Be Your Lover」ぐらい。『Controversy』だってまだ聞いてなかったんじゃないかな」

「とにかく、しぶしぶ行ったんだよ。デートだから。そうしたらよくある話さ、『すごい、こいつは何者だ?』って一発でヤラれた。彼女に『いつかぜひ彼らと働きたい』って言ったのを覚えてるよ。彼が衝撃的だったのはもちろんだが、ステージ構成全体も素晴らしかった——照明には最先端の技術が使われていて、しかもとても音楽的で芸術的だった。81年のことだよ。まだディスコ全盛期だったのに、プリンスのステージはまったく別のものだったんだ」

間もなくプリンスに最大のチャンスが訪れる。81年10月、ミック・ジャガーに招かれ、ロサンゼルス・コロシアムで行われたローリング・ストーンズの2公演で前座を務めたのだ。しかし観客の反応は厳しかった。1日目にステージに上がってすぐ、客はブーイングを浴びせ、彼に向って物を投げつけた。プリンスは会場を逃げるように去り、そのまま飛行機に乗ってミネアポリスへ逃げ帰った。ストーンズのコンサートを終えたミック・ジャガーが電話をかけ、2日目の公演に間に合うようジェット機でロサンゼルスへ戻ってくれと説得する。しかし今回の観客はさらに手厳しかった。白人のロック・バンドのファンが、強烈なダンス・ビートに乗って性的に挑発する黒人のフロントマンを受け入れるには、まだ時代が早すぎたのだ。たとえ彼がどれほど巧みにギターを弾いても（プリンスがその後、別のバンドの前座を務めることは二度となかった）。

プリンスというブランドを確立するには時が必要だった。「プリンスにはすごく力を入れたよ」とワーナー・ブラザースの元広報担当、ボブ・メーリスは振り返る。「ストーンズ事件の頃にせっせと売り出して――いつも注目されるように努力した。彼は絶対成功するってずっと信じてたからね」

プリンス自身は『Controversy』ツアーにザ・タイムを起用したが、うまくいきすぎたせいで問題が起こった。いくつかのレビューが、前座のバンドのおかげでヘッドライナーの影が薄くなったと書いたため、プリンスが一部の会場で彼らを出演させなかったのだ。ユーモアにあふれた愉快なザ・タイムのパフォーマンスは、強烈でドラマチックなプリンスのステージと対照的だった。プリンスは、ザ・タイムを応援してビッグにしてやりたいと願いながら（インスピレーションを与えるために、尊敬する伝説的なボクサー、モハメド・アリのバックステージ映像を見せた）、ただのサポートとして分をわきまえることも望んでいたようだ。一方、プリンス・ファミリーのふたつ目のバンドとして、過激にセクシーなガールズ・バンドのプロデュースにも取りかかる。最初はフッカーズ（娼婦たち）というバンド名を考えていたが、デニス・マシューズを見い出して彼女にヴァニティというステージ・ネームを与え、それに合わせてトリオ名もヴァニティ6にした。

82年夏、プリンスは精力的に曲をレコーディング。曲がたまったところで、次のアルバムは2枚組にするとワーナーに宣言した。しかし、人気上昇中のスター、しかも黒人のアーティストにとっては、リスクの高い試みだと誰もが思った。マネージャー陣は出来上がった曲を聞いて満足したが、『Controversy』を上回るような決定的なパンチに欠けていると感じた。プリンスから録音を聞かされた時のことをロブ・カヴァロは振り返る。「本人にこう言ったんだよ、『確かに傑作だが、ファースト・シングルにできる曲がないな。ヒットしそうなシングル候補はいくつかあるが、どこの国の人々にも受け入れられるような、テーマがはっきりしたメインの曲がない』って。するとプリンスは毒づいて、どこかへ行ってしまった——でもそのままリリースしろとはゴネなかったね。２週間後に戻ってきて「1999」をプレイした。それがアルバムのタイトル・ソングになったんだ」

２枚組の『1999』は82年10月27日にリリースされた。人種の壁を越えて自分の音楽を聞いてほしいとプリンスは願ったが、ローリング・ストーンズのファンが代表するように、世間の反応は相変わらずだった。実際『1999』が発売されたのは、ポップ・ミュージック界で人種の色分けが特に目立った月だったのだ。レコード・プロデューサーのスティーヴ・グリーンバーグは後年『ビルボード』誌で次のように解説している。「79年、週刊『ビルボード』誌のホット１００ポップ・チャートに入った曲の半分近くが、アーバン・コンテンポラリー・チャートでも見られた。だが82年までに、ホット１００に入るブラック・ミュージックの数は80パーセント近く減少する……10月は３週連続、トップ２００アルバム・チャートとホット１００シングル・チャートの20位以内に、黒人アーティストのレコードが１枚も見当たらない——50年半ばにトップ40ラジオが誕生して以来、初めての現象だった」

しかし『1999』のリリースと前後して、ポップ・ミュージック界のルールを決定的に変えるふたつの出来事があった。82年9月、1年前に創立されたケーブル・ネットワークのMTVが、ニューヨーク一帯にケーブル・システムを敷設。数ヵ月後にはロサンゼルスにもケーブルを敷き、大手の音楽チャンネルとして全米に影響を与える準備を整えた。さらに『1999』発売から1ヵ月後の11月30日、マイケル・ジャクソンのアルバム『Thriller（スリラー）』が登場。レコーディングとミュージック・ビデオの世界に新風を吹き込み、あらゆるミュージシャンに大きな衝撃を与える。

評論家たちは『1999』を取り上げたが、彼らが注目したのはギターとシンセサイザーの革命的なサウンドだった。核兵器がもたらす荒廃を目の前にして、人々をパーティーに誘うタイトル・ソングは、インパクトは強烈だったがトップ40入りは果たせなかった。プリンスはアルバムのプロモーションに参加するか、少なくとも自分なりの宣伝活動をするつもりだった。しかし最初のインタビュー（『ロサンゼルス・タイムズ』紙のロバート・ヒルバーン）を受けたあと、部屋から出て、二度とマスコミとは話さないと宣言する。次にジャーナリストと同席したのは実に2年半後だった。

今こそ何年もかけて作り上げてきた伝説を守る時だ。ザ・レヴォリューションは、プリンスが頂点を極めるずっと前に、彼がスーパースターの仮面《ペルソナ》をかぶるのを目にしていた。「プリンスは大人になる過程で、楽器を練習するみたいに、自分の顔を作る練習をしたの。カメラにどう映るか試しながらね」とリサ・コールマンは語る。「夜はベッドルームで雑談なんかしながら、自分をビデオに撮ってたわ。そして自分がどう見えるか確かめてた。ダンサーか何かみたいに真剣に、ビッグスターになるトレーニングをしてたの――モータウンのアーティストに礼儀作法を叩き込んだフィニッシング・スクールみたいだったわね。固く決意してたのよ、『僕は有名になる』って」

「ミネアポリスにいた頃、すごく昔よ、彼はまだアフロヘアのキュートな男の子だった。でもある日、道を歩いてくる彼を見た女の子のひとりが言ったの、『あれプリンス？』。そしたらもうひとりが『まさか』――彼はその日、イケてるようには見えなかったのね。その出来事が彼の人生を決定的に変えたのよ」。自分のビジョンを本気で実現するためには、毎日1秒も気を抜かず〝プリンス〟でいる必要がある、パフォーマーとしての仮面をいつも着けていなければならない、と気づいたのだ。

1日24時間、実際の自分より偉大なスターであり続けることは、ザ・レヴォリューションのメンバーにも求められた。彼らは普段着で人前に出ることを禁止される。「プリンスは誰かが服を〝衣装〟って呼ぶとすごく怒ったわ」とウェンディ・メルヴォワンは証言する。「カンカンになって――『衣装じゃない、服なんだ！』って怒鳴ってた」。エンジニアのスーザン・ロジャースによれば、スティーヴ・ファーグノリがリハーサルに来て、プリンスに「バンドのメンバーにステージ衣装を着せようか？」と聞いた時、彼はウェンディが言ったとおりの反応をしたという。「スティーヴがまずいことを言ったってすぐわかったわ。失言だってね」とスーザン。「プリンスはすぐスティーヴの言葉を直したの、『衣装じゃない、服なんだ』って」（『パープル・レイン』のアルバート・マグノーリ監督によれば、プリンスがステージで〝服〟を着るというこだわりは、ソルボンヌ大学出身の専属デザイナー、マリー・フランスのアイデアだ。のちにジャーナリストのモーリーン・キャラハンは、映画『パープル・レイン』で使われる服について、〝過剰なロマンチシズム〟を呼び起こすと評した。全編に登場する〝普段着〟は、映画制作で最もこだわった点のひとつだ）。

「プリンスは自分の分身《ドッペルゲンガー》を作ったようなものね」とウェンディの双子の姉妹、スザンナ・メルヴォワンは言う。彼女はのちにプリンスの恋人になり、音楽活動にも参加する。「彼はハイスクールの音楽室でピアノを弾いてる優等生でいたくなかったのよ。ノーマルでいるのがいやで、周りの人間にもそれを求めた。それが争いの原因にもなったんだけど──欠点や弱点を見せると、プリンスは突っかかってくるのよ、時には激怒してね。『お前がしくじると、僕が偽物に見えるだろ──僕が自分で〔訳注：自分のことをスターだと〕信じなきゃ、人に納得させられないじゃないか』って感じだったわ」

そんな中、トリプル・スレット・ツアーが始動する。いくつかの劇場を皮切りに、ヴァニティ6（「Nasty Girl」がヒット）とザ・タイム（エネルギッシュなアルバム『What Time Is It?（ホワット・タイム・イズ・イット？）』がR&Bチャートの2位を達成）が前座を務めた。この頃のプリンスは他のバンドを利用して、自分のサウンドを普及させ、『1999』を売り、キャリアを発展させようとしていた。83年2月にはシングル「Little Red Corvette（リトル・レッド・コルヴェット）」をリリース。この作品では彼の興味が世界の終末からセックスへ回帰している。誰とでも寝る魅力的な恋人を歌ったセクシーで隠喩《メタファー》に満ちた曲は、チャートを急上昇。プリンスは初めてトップ10入りを果たした。デズ・ディッカーソンがくり出す高速のギター・ソロ（2008年、『ギター・ワールド』誌のオールタイム・グレイテスト・ギター・ソロ100に選出）の魅力もあり、「Little Red Corvette」は白人のリスナーの心を新たなやり方でつかんだようだ。偶然だが、この曲のリリースからわずか数日後、マイケル・ジャクソンのシングル「Beat It（今夜はビート・イット）」が発売される。こちらはエディ・ヴァン・ヘイレンのギター・ソロが入った強烈なロックだった。

「Little Red Corvette」は、影響力を強めるMTVから多大な恩恵を受けた。おなじみの紫のコートとフリルたっぷりのシャツをまとい、髪を複雑な形に盛り上げたプリンスが、デズ・ディッカーソンのギター・ソロをバックに、ジェームス・ブラウンばりの見事なダンスを披露するミュージック・ビデオは、MTVネットワークでくり返し放送される（リック・ジェームスは、自分が〝黒人アーティストに放映時間を割くのを渋っている〟と同局を非難したので、そのお返しにMTVがライバルをひいきしていると信じた）。しかしミュージック・ビデオに対するプリンスのアプローチは、少なくともこの時点では、マイケル・ジャクソンなどが取り入れ始めた物語風の作りと大きく異なっていた。音楽ライターのネルソン・ジョージが『Thriller』のメイキングブック（邦訳『スリラー　マイケル・ジャクソンがポップ・ミュージックを変えた瞬間』五十嵐正訳、シンコーミュージック・エンタテイメント、２０１０年）に書いたように、プリンスのビデオは「複数のカメラを使ったライヴ撮影の応用」だったのだ。「コンセプトに裏打ちされたビデオが増えていった時代にあって、これは間違いなくプリンスの絶対的な自信の表れであり、視覚的な表現の目的はすべて、彼が率いるバンドと彼自身を捉えることにあった」

「Little Red Corvette」の成功を受けて「1999」のシングル・リリースが決定。こちらはチャート12位を達成する。後年の『ビルボード』誌によれば「82年のリリース当時はポップ・ミュージックのラジオから相手にされなかった」が、「83年半ばに再発されると、遅ればせながらMTVでオンエアされるようになり、さらにその枠を飛び出して、今度こそポップ・ミュージックのラジオで大成功を収めた」（『ローリングストーン』誌は当時、「ギターとシンセを多用したプリンスの「1999」は、ロック専門のラジオ局が注目する前、すでに大ヒットしていた」と指摘）。「1999」に続いて出した熱狂的なエレクトロダンスの曲「Delirious

（ディリリアス）」もトップ10入りし、プリンスはポップ界のビッグスターになった。

「最初は劇場でプレイしていたんだ」とアラン・リーズは振り返る。彼は当時キッスのツアーを成功させ、その直後プリンスのツアー・マネージャーに就任していた。「ツアー中に「Little Red Corvette」が出て、それに「1999」が続いた。そうしたら突然アリーナのチケットが完売するようになった。3週間か4週間ぐらいでこういう変化が起こったんだよ。それまで劇場に集まるのはほとんど黒人だったのに、アリーナの客は人種がごちゃ混ぜだった」

デズ・ディッカーソンによれば、ステージからは「Little Red Corvette」の進化する様子が手に取るようにわかったという。「あの曲が与えるインパクトは、客層に表れてたね。白い波が客席を覆っていく。毎晩どんどん白くなっていった」

しかしステージを降りたプリンスは、相変わらず支配権を握ろうと必死だった。ツアー中、彼の独裁的な面が大きな事件を引き起こす。ある日、ザ・タイムのジミー・ジャムとテリー・ルイスがコンサートに出られなかった。当時ふたりはサイド・プロジェクトを始めていたが、S.O.S.バンドとセッションを終えたあと、雪のせいで帰りの飛行機が欠航したのだ。プリンスは戻ったふたりをクビにした。こうしてザ・タイムが誰のバンドか――プリンスかモーリス・デイか――をめぐり続いていた争いに終止符が打たれた。その後ジャム&ルイスは80年代で最も成功した作曲チームとして名を上げる。彼ら独特の〝ミネアポリス・サウンド〟を、ジョージ・マイケル、ルーサー・ヴァンドロスといった多くのミュージシャンが取り入れ、ヒット曲を連発した。その中にはかの有名なジャネット・ジャクソンもいた。

「プリンスはモーリスとジェシー［・ジョンソン（ギタリスト）］に、早く後任を見つけろとうるさく言ってたが、ふたりともどこ吹く風だったね」とアラン・リーズ。「めんどくさかっただけなのか、実はそういう戦略だったのか――長く待っていれば、プリンスは［ジャムとルイスが］戻ってくるのを仕方なく認めるだろうと思ったのかもしれない。モーリスとジェシーは、プリンスは何の権利もないくせに自分たちのバンドをメチャクチャにしたと感じていた。彼のじゃなくて自分たちのバンドだと考えていたんだ。でも真実と向き合えば、ジャムとルイスは戻ってこないってわかっただろう。あいつらには野心があったし、戻りたいなんて思ってもいなかったんじゃないかな。だからプリンスは自分で後任を見つけることにした。いろんなやつを連れてきてはこう言ってたよ、『やあ、皆、こいつが新しいメンバーだ』。そんなことをしてもプリンスに対する反感は増すばかりだったんだが」

しかし同時にプリンスは自分の音楽を（少なくとも演奏面では）開放し、バンドのメンバーを受け入れるようになった。この頃のミュージック・ビデオを見ると、プリンスはソロとしてだけでなく、バンド・リーダーとしても振る舞っている。デズ・ディッカーソンに「Little Red Corvette」のギター・ソロを弾かせ、リサ・コールマンとジル・ジョーンズを「1999」で目立つ場所に配置し、他の数曲でも歌を担当させている。しっとり歌い上げるバラード「Free（フリー）」では、当時リサの恋人だったウェンディ・メルヴォワン（ツアーの一部に同行）も、バック・バンドに参加させた。

『1999』のジャケットを注意して見れば、曲がりくねった文字から、プリンスが次に目指そうとしていた方向がわかる。彼の名前のつづり“i”の中に“and the Revolution（アンド・ザ・レヴォリューション）”と書かれているからだ。ボビー・Zによれば「プリンスは誰も見たことがないものに人々を向かわせようとしていた」。本人はのちに「僕が何よりも欲しかったのは共同体《コミュニティー》だ」と語っている。

プリンスが当時抱いていた望みの、どこまでが創造意欲に基づき、どこからがマーケティング戦略だったか、はっきりとはわからない。結局そんなことは重要ではないからだ。プリンスが〝クールなバンドのフロントマン〟という要素を強めるほど、ロック・ファンはクロスオーヴァーな音楽を彼に求めた。「彼にとってバンドはメディアを操るためのすごく重要な道具だったわ」とリサ・コールマンは振り返る。「『1999』がその証拠よ――Aメロを交替でプレイして、メンバーの役割を大きくして、白人の女の子や黒人の男性を交ぜる。フリートウッド・マックとスライ&ザ・ファミリー・ストーンを足して2で割ったようなバンドにするのが、プリンスの夢だったのよ」

ここまで5枚出したアルバムで、プリンスは頂点にのぼりつめる。業界で経験を積み、多くの教訓を学んできたため、スターの座は安定しているように見えた。『1999』からシングル・カットされた曲がいくつもヒットし、ツアーも成功したことから、プリンスはさらに広いファン層を獲得していく。バラエティー番組『サタデー・ナイト・ライヴ』と映画『大逆転』で大スターになったエディ・マーフィは83年、自作のスタンダップ・コメディー・ライヴを、最新ヒット・アルバム『1999』の収録曲にちなんで『ディリリアス』と名づけた。「プリンスは皆の5年先を行ってるね――音楽の天才ってやつさ」とマーフィ。「世界でただひとり、俺がすぐにでも立場を交替したいって思うエンターテイナーだよ。まあ、あっちは背が低すぎるから、無理だろうけどさ」

4月、プリンスは『ローリングストーン』誌の表紙を飾る。見出しは「アメリカいちセクシーなワンマンバンドの秘密の生活」。ただし本人が取材に応じなかったため、インタビュー記事は掲載されなかった。同誌は年末に「この〝ミネアポリス・サウンド〟の小柄な創始者は、80年代に入って以来、音楽業界で最も影響力がある人物に見え始めた」とコメント（この83年は、マイケル・ジャクソンがポップ・ミュージック界をはじめ、世界中の話題をさらった1年だった）。プリンスの次のアルバムに期待が集まった。このまま快進撃を続ければ、確実に彼の時代になる。「キャリアの中で、すべてのおぜん立てが整った瞬間だった」とアラン・リーズは証言する。「ちゃんとしたレコードを出せば、大ブレイク間違いなしだったんだ」

しかしプリンスはニュー・アルバムのリリースよりも大きな野望を抱いていた。マネージャーのカヴァロとラファロは間もなくそのことを思い知らされる。マネージメント契約から5年経ち、更新の時期が迫っていた。レコードを何百万枚も売り、プリンスをアリーナ会場のヘッドライナーに育て上げたふたりのマネージャーは、更新について何の心配もしていなかった。「こっちは仕事で素晴らしい成果を上げたと思っていたし、プリンスと創造的な関係も築いてきた。だから彼は契約を更新するって確信していたんだ」とカヴァロ。「でもプリンスは、映画を撮らせなければ更新しないって言い出した」

Bring 2 Life a Vision

Chapter 3

夢に命を吹き込もう

プリンス・ファミリーの面々はずっと前から、彼が映画に取りつかれていることを知っていた。「皆でよく昔の映画をたくさん観たわ」とジル・ジョーンズ。「イタリア映画が多かったな――プリンスは『流されて…』がお気に入りだったわね。あとケイリー・グラントの古い作品。一時はデヴィッド・リンチ監督にハマって、『イレイザーヘッド』とか夢中で見始めたの。あのちっちゃな幼虫みたいなのが出てきた時、私は悲鳴を上げちゃったんだけど。彼はヨーロッパ映画をよく観てた。あの雰囲気を取り入れようとしてたみたい。昔のスタジオ・システム〔訳注：大手映画会社による独占的な映画産業の形態。1920年代にハリウッドで確立され50年代まで続いた〕もすごく気に入ってたわ。プロデューサーのルイス・B・メイヤーに入れ込んで、関連する本を集めて、映画作りのシステムを調べてた。あとはエリザベス・テイラーの作品や、マリリン・モンローとか――ある人をじっくり観察して、誰と共通点があるか見極めようとするの。例えば私には金髪とか。『君はそのままの髪だとすごく平凡に見える』って言われたわ。確かに私はラルフ・ローレンのカタログから抜け出したみたいに見えたんだけど。プリンスは私の髪をバッサリ切って――つめ切りばさみか何かでよ――それからスヴェンガリみたいに振る舞い始めた〔訳注：スヴェンガリはジョージ・デュ・モーリアの小説『Trilby（トリルビー）』（1894年）に登場する音楽教授。若い娘に催眠術をかけて歌姫に仕立て上げる。1931年に『悪魔スヴェンガリ』としてアメリカで映画化〕」

「プリンスが映画を作りたいって思ってたのは、ずっと前から知ってたわ。私はティーナ・マリーとツアーをしてる時、彼の前座を務めたんだけど、映画を作るつもりだって言ってたもの。詳しい説明はなかったけど。これからどうしたいか、すごく明確なビジョンを持ってたわね」

「リハーサルやコンサートはいつもビデオに撮ってたね」とボビー・Z。「寸劇《スキット》も録画したよ。彼はいつも映画制作について話してた」。リサ・コールマンによれば、自分がバンドに入った頃、プリンスはいつか映画を作りたいと言っていた。『Dirty Mind』をリリースした時期だ。82年の『Controversy』ツアー中には『ザ・セカンド・カミング』と名づけた映画プロジェクトにも着手している。映画に使うため、ツアー終盤の3月7日、地元ミネソタ州ブルーミントンのメット・センター公演を最初から最後まで撮影もした。しかしプリンスがチャック・スタットラー監督（MTVが普及する前、ザ・タイムの「Cool（クール）」をはじめディーヴォ、カーズ、エルヴィス・コステロらのプロモーション・ビデオを制作）にナレーションを挿入しろと無理な要求をしたため、監督がさじを投げて企画は実現しなかった。スタットラーは後年、この経験を「悲惨な試練だった」と述べている。プリンスがあらゆるショットで撮り直しを要求したからだ。『ザ・セカンド・カミング』の企画は編集前の段階でボツになったが、映像をネットにアップする人が今も絶えない。

トリプル・スレット・ツアー中、プリンスは紫のノートを持ち歩き、思いついたことを書き留めていた。そのうちバンド・メンバーにも計画を打ち明ける。「リハーサル中だったと思うんだけど、彼が『考えてることがあって、僕らでやるんだ』って言ったのよ」とリサは振り返る。「ううん、正確には『考えてることがあって』なんてあいまいな言い方はしなかったな。ただひと言『僕らは映画を作る』って感じ。ツアー中、飛行機で移動してる時、プリンスに呼ばれて隣に座ったの。そしてアイデアをたくさん聞かされた。『こういうシーンを書いたらマット［・フィンク］とキスする？』とか、いろいろ尋ねられたわ。私はどんなキャラクターになるのかっていう説明も。彼はいつも大きな目標を持ってたわね、『ビッグスターになるぞ』って。でも彼は、ひとりで歌うよりバンドの方にすごく興味があった。だから本気で映画を実現させて、自分の哲学や政治に対する考え、メッセージを全部込めたかったんだと思う。『Dirty Mind』では「Uptown」が彼にとって大きな存在だったわ。そんなに大曲じゃないけど、理想郷《ユートピア》について歌ってたから」

「プリンスが言ったのよ、『誰か監督を呼んで話してみよう。彼の考えを聞いて、ふさわしい人物か判断するんだ』って。私たちも生意気だったから、『いいわね、監督を呼びつけて、ちょっとかわいがって、追い払ってやるわ』って感じだった」

「シンシナティにいた時だったかな、『1999』ツアーが終わる1週間前くらいだ」とマット・フィンクも回想する。「プリンスから電話があって、一緒に朝食を食べないかって誘われた。ふたりだけで。連れていかれたホテルのレストランで、映画を作るつもりだって言われたんだ。どう思う、ワクワクしないかって聞かれて。返事は両方『イエス』さ——素晴らしいアイデアだと思ったね、当たり前だろ？　だから『最高だ、その話ノったぜ』って返事したよ」

「でもあとで思ったんだ。『ちょっと待てよ。映画を作ってもそれを観にきてくれるほどたくさんのファンがいるのか？　そんな企画をサポートできるほど稼げるのか？』って」

客観的に見れば、映画に主演するというプリンスのアイデアは、まったく現実的ではなかった。83年に大ヒットしたといえるアルバムは1枚だけ。ポップ・ミュージックの一般的なリスナーにはまだあまり知られていない存在だ。特にマスコミをシャットアウトしているので、メインストリームの有名人とはとても呼べない。当時、ビートルズの『ビートルズがやって来るヤァ！ヤァ！ヤァ！』〔訳注：のちに『ハード・デイズ・ナイト』に改題〕と『HELP！四人はアイドル』を除けば、映画に進出して成功したミュージシャンはほとんどいなかった。80年にはプリンスと同じワーナー・ブラザース所属のポール・サイモンが『ワン・トリック・ポニー』で大失敗したばかりだ。

「〔訳注：ツアー・マネージャーを引き受けて〕一行に合流した時、プリンスはもうノートを持っていて、皆が『彼は映画を書いてるんだ』と言っていた」とアラン・リーズは振り返る。「すごく親しい人たちは、彼が何をしているか知ってたんだろうね。私にわかったのは、彼があのノートを持ち歩いて、移動のバスの座席でアイデアを書き、映画を作りたがってるってことだけだった――『ああ、やってるさ、それがどうした』って感じでね。私は本気にしなかった。彼は頭がおかしいと思ったね。取り巻きのほとんども、クレイジーな話だと思ってたよ――プリンスの野望や性格を理解している人たちでさえ。彼のような人が成功するには、そういう要素〔訳注：冒険的な精神〕が必要だって今では皆わかってるんだが。プリンスにはすごく生き生きした想像力があった。頑固で、世界に対して怒りを感じ、誰がノーと言ってもそれを拒んだ。そういう性格が揃ってなかったら、あれほど成功しなかっただろうね。彼が常識的な人間だったら、映画なんて作らなかったはずだ」

「プリンスやジェームス・ブラウン、マイルス・デイビスなんかの遺伝子について書いた本があったな。皆、母親について問題を抱えていて、いろんな形で見捨てられたから、他人に対してすごく批判的で、人とうまくつき合えない。彼らにはパターンがあるんだ。偶然じゃないよ。普通の人間は、誰かにノーと言われれば、うんざりするか、がっかりして、友達なんかに頼るだろう。そして最後には『そうか、まあ、いいや、何か他のことをするよ』とあきらめる。でもああいうやつらは違うんだ」

ワーナー・ブラザースの広報担当だったボブ・メーリスは、映画を作るというアイデアを最初に聞いた時、びっくり仰天したという。「『本気か!?』って言ったよ。無謀だと思った――普通こういうことには順番があるのに、それを完全に無視してる。でも『1999』がかなり成功して、彼は勢いに乗ってた。よくあるように、キャリアの片手間にやるつもりはなかったんだ」

プリンスの他の側近は、映画を作るというアイデアにそれほどショックを受けず、むしろプリンスの芸術的なビジョンと指針の表れと捉えた。「当然だと思ったね。プリンスの名が広く知られる前、僕はブラック・ミュージックのチャートを見てたから。世間の誰もそんなことはしてなかったが」とプリンスの広報係だったハワード・ブルームは言う。「ブラック・チャートに埋もれながらプラチナ・アルバムを叩き出したんだから、彼のすごさがわかるだろう」

「スーパースターになるために重要なことはふたつある――ひとつ目は死に物狂いで働くこと。ただ労働意欲があるだけじゃダメで、息をしたり、食べたり、寝たりといった、生きていくためにする他の何よりも、音楽を作りたいと願わなくちゃ。そういう人間を見つけたら、一緒にいる価値があるね。プリンスがそうだった。生活のすべてを音楽に捧げていたんだ。それに人の上に立つすごい能力があったよ。自制心を司る前頭前野が発達していた。僕は自己分析をするタイプだったんだけど、プリンスはその典型だったね。だから映画を作るべきだっていうのは、ビートルズが61年に自分たちで曲を書こうって考えたのと同じくらい、納得できるアイデアだった――こういう能力のあるアーティストが、純粋な情熱に基づいて何かを決断する場合、その9割は正しい。そういう時は全力で彼を支持しなくちゃ」

「『サタデー・ナイト・フィーバー』より大きなプロジェクトになるぞってプリンスが言って――彼はそういう大きな野望を持ってたの――私は『当然よね』って思ったわ」とジル・ジョーンズ。「クレイジーだとは感じなかった。だって私は何でもありのゴーディ家で育ったんだもの。でも、プリンスが誰の助けも借りずに、自分の決意だけで皆をまとめたのは、すごいことだと思ったわ」

「プリンスはあれを絶対実現させる必要があった。他に選択肢はなかったの」とスザンナ・メルヴォワンも振り返る。「彼は取りつかれてたわね。どうしてもやらなくちゃって皆に思わせる方法もわかってた――そこが不思議なとこなんだけど。彼はどうやって私たち全員に呪文をかけることができたのかしら？　何かに巻き込まれると、素晴らしい時もあるし、最悪の時もある。はたから見ていれば、映画作りなんてナンセンスだけど、彼の世界の中では、たくさんの人が企画を実現させようとしてたわ」

カヴァロをはじめとするマネージメント・チームが、映画の実現を信じるかどうかは関係なかった。プリンスの最後通告は絶対だ。彼らは前に進むしかなかった。「ほんとに唐突な話だったね。驚きはしなかったが」とカヴァロ。「大金をかけるだけの価値はあると思った。プリンスがうちと再契約しなければ、それこそ悲劇だ。あいつとは大ヒットを出したし、彼はもっとビッグになるとわかっていた。それまでの経験から、プリンスを止めることはできないって知っていたしね。彼はとても優れていて、すごく仕事熱心で、ショーは計算し尽くされてる。どうなるかやってみる価値は十分あったよ」

プリンスからカヴァロに前進命令が下された。「『メジャーな映画にしなくちゃいけない。［あんたの］マフィアの友人とかと組むのは禁止だ』って言われたよ。そんなのと知り合いなわけないじゃないか――私はジョージタウン大学出身で、マフィアの一味じゃない！　とにかく、彼がどんな夢を描いていたか知らないが、『大きなスタジオで撮るぞ、アバンタイトル〔訳注：映画のオープニング前に流れるプロローグ・シーン〕には僕の名前を入れる』と宣言した――文面は〝ワーナー・ブラザース提供、プリンス初の映画〟。彼はそんな細かいところまで考えていたよ」

デズ・ディッカーソンの記憶によれば、プリンスはこう言ったという。「僕とチック［ボディーガードの〝ビッグ・チック〟・ハンツベリー］とふたりだけで、ビデオカメラを持って雪の中にいたら、すぐにでもこの映画を作れるのに」

一方『1999』ツアーの終盤、プリンスはアンドレ・シモンとゲイル・チャップマンに続き、もうひとりのバンド・メンバーの交代を決定。これが映画の進む方向に大きな影響を与える。ステージの準主役であるリード・ギターのデズ・ディッカーソンとプリンスの関係は、どんどん悪化していた。理由はいくつもある――デズはプリンスからあれこれ指図されるのがいやで、自分の音楽に集中して取り組みたかったし、クリスチャンなのでプリンスの歌詞に強い抵抗を感じるようになっていた（自宅の電話番号をザ・タイムのヒット曲「777-9311」のタイトルとサビに使われたことも根に持っていたのだろう）。プリンスはデズを呼び、映画の計画について話した。プロジェクトの実現には何年もかかりそうなことも――デズは自分には無理だと感じる。「それが決定打だった」とデズ。「自分が3年もそれにかかりきりになるなんて、想像できなかったんだ」

「私がツアーに参加した頃、デズとプリンスの仲はすでにかなり悪くなっていた」とアラン・リーズは証言する。「ツアー・マネージャーになってバンドに紹介された時、こう言われたよ。『これがバンドで、デズってのがいるんだが――やっかい者でね。嫁さんも連れてきてるんだけど、彼女にけしかけられてばっかりさ。彼女はプリンスが嫌い、プリンスも彼女が嫌い。デズは専用の楽屋をよこせって言うんだぜ。でも会場によっては部屋が足りないこともあって、それが問題になる。こいつはサウンドチェックも免除なんだ。チェックさせるにはさんざんおだてないと。ほんとサイアクなやつだよ』。こんなふうに、皆デズにうんざりしていた」

「デズはふいっと辞めちゃったの」とジル・ジョーンズ。「あの頃、結婚してたのはデズだけで――皆が結婚した今考えると、ああいうことが起こるのは全員、心のどこかでわかってたかもね。でも奥さんがしゃしゃり出てきてケンカをけしかけるなんて、シャレにならないわよ。『あなたはこんなとこにいちゃダメよ、専用の楽屋をもらわなきゃ』――そういうことにプリンスは本気でイライラし始めたの。それにプリンスは前にやったようなニューウェーブっぽいことはくり返したくなかったみたい。「Head」みたいな曲とかね。よく売れてたくさんお金を稼げるようなものを目指してたと思う。お金があれば、何でもできるでしょう。プリンスはそれがわかってた」

「デズはちょっと気の毒だったわね……彼はすごく怒ってた」とリサ・コールマン。「〝カミカゼ〟のヘッドバンドとか、白人のロッカーみたいな外見は、すごくクールだったわ。でも彼はこれから何が起こるかわかってて、それが周りにどう見えるか気にしてたみたい。彼とプリンスは、お互いにもう〝こいつとは終わりだ〟って感じてたと思う」

デズ自身も最後には、時代が変わったことを理解したようだ。脱退して間もなく「プリンスには、音楽を始めた頃と同じ種類のバンドは、もう必要なかったんだよ」と語っている。「昔、彼に必要だったのは、もうひとつ上のレベルまで押し上げてくれるパワフルなバンドだった。今はもう階段をのぼったから、ちょっとリラックスできるんじゃないかな」。結局プリンスが根回しして、デズと彼が率いるモダネアーズを自分のマネージメント・チームと契約させたため、事態はそこそこ丸く収まった（プリンスはのちにモダネアーズを『パープル・レイン』にカメオ出演させている）。

都合がいいことに、別のギタリストが近くにいた。まだ10代だったウェンディ・メルヴォワンだ。ロサンゼルスの一流セッション・ミュージシャンを親に持つ彼女は、幼なじみのリサ・コールマンと恋人同士だった。プリンスはこのカップルにウェンディの双子の姉妹、スザンナを加えた3人組と親しくなり、レコーディングでロサンゼルスを訪れるたびに、彼女たちのアパートに滞在した。

「ウェンディとリサが彼を空港で拾うでしょう。それから皆でうちに来てのんびり過ごしたわ」とスザンナ・メルヴォワンは振り返る。「プリンスはリビングルームのソファで寝てたわね。うちでは猫を何匹か飼ってて、その子たちが夜中に彼を起こしちゃうこともよくあった。私はアパートの真ん中の、バスルームにドアが付いてない部屋を使ってたの。プライバシーのかけらもなかったけど、皆で素晴らしい時間を過ごしたわ」

ウェンディはバンドと一緒にバスに乗り、『1999』ツアーのほとんどに同行したので、プリンスが彼女のギターを耳にする機会も多かった（最初に聞いたのはホテルの部屋のドア越しだ）。そこでニューヨーク公演前のサウンドチェックにデズがいなかった時、代わりに「Controversy」を通しで弾いてみないかと声をかけた。

「彼は会場をあちこち歩き回りながら聞いてたわ」とリサ・コールマンは回想する。「それからステージに飛び乗ってピアノの前に座った。ピアノはステージの真ん中にあったのよ。そしてジャムを始めたの。『クソ、なあ、君のパパは黒人か？』とか言いながらね。それがロマンスの始まりってわけ。彼の目に星と花が宿ったみたいだったわ」

「私はプリンスの大ファンだったから、あのステージに乗る頃までには、自分なりにひととおりのことは身につけてたの」とウェンディ。「ギターを弾いて練習してたら、そのうち何かが起こるってわかってた。理屈抜きで知ってたのよ」

音楽ユニット〝ウェンディ&リサ〟として、プリンス・ファンたちの心に永遠に焼きついているふたりは、何年も前に恋人関係を解消し、お互いに新しい相手を見つけて幸せに暮らしている――リサはユニットのマネージャー、レナータ・カンクラーツと結婚し、ウェンディはリサ・チョロデンコと出会った（チョロデンコは脚本を書き監督も務めた映画『キッズ・オールライト』で2011年のアカデミー作品賞にノミネート）。しかし雨にけぶるロサンゼルスの午後、ハリウッドのジム・ヘンソン社でふたりが共有するスタジオに仲良く篭《こ》もっている様子は、まるで長く連れ添った夫婦のようだ。互いの言葉を補足し、相手の話を聞いて思い出をよみがえらせ、よく笑い合い、些細なことで口げんかする。リサは物静かで辛辣《しんらつ》。ウェンディは活発で電子タバコを吸い、必要な時はギターを手にして要点を説明する。ふたりが今も映画のサントラ（『ソウル・フード』『新たな恋の見つけ方』）やテレビ番組のテーマ曲（『女検死医ジョーダン』『ナース・ジャッキー』『HEROES』）でよくコラボレーションするのは、強い絆で結ばれているせいもあるだろう。

プリンスはウェンディをバンドへ勧誘することにした。しかし彼らしくない話だが、気を遣ってまずリサの許可を得ようとする。「あの頃、プリンスは私の意思をすごく尊重してくれたの」とリサ。「電話をかけてきて『ウェンディをバンドに誘ったら君はどう思う？　いやな気がしないかな？』なんて聞くのよ。彼の心配その1、私がバンドでただひとりの女の子じゃなくなる。その2、彼女は私とつき合ってたから、恋人が同じバンドにいると私が気まずい思いをするんじゃないか。彼はほんとに気にかけてるようだった。だから、それって素晴らしいことよ、私の夢が実現するみたいなものだわって返事をしたの。ウェンディと私はお互いに夢中だったから、離れてるのがつらかったのよね」

ザ・レヴォリューションの他のメンバー、そしてザ・タイムの全員にとって、デズの後任にウェンディを入れる――プリンスを中心とするコミュニティー、〝アップタウン〟の一員ではなく――というのは、大きなショックだった。「あまりうまくいかなかったわ」とジル・ジョーンズは振り返る。「新しい人たちが入ってきて、ミネアポリスの仲間はちょっと脅威を感じたんじゃないかな」

「バンドの中に反感が生まれた」とアラン・リーズ。「ウェンディは苦労しないでメンバーになったし、おまけに仕切りたがる性格でね。そのうち、リハーサルにプリンスが遅刻すると、ウェンディはぼんやり待つんじゃなくて『何かしましょうよ』と言い出すようになった。するとマーク・ブラウンとフィンクが、こんな顔［ここでリーズは〝信じられない〟という表情をした］で彼女を見る――特にマークがそうだったね。ボビー・Zは空気を読むのがうまいから、いつも感情を隠してたが」

「あれでバンドの雰囲気が完全に変わったね」とマット・フィンク。「デズは、あの頃もうキャリアの長いベテランのロッカーだった。ひとりでやっていけるロックスターで、すごく強力な存在だったんだ。そこへウェンディが入ってきた。才能にあふれてたが、たったの19歳だろ。俺は最初、彼女はまだ準備ができてないし、若すぎるんじゃないかって心配でね。できるだけサポートしてやった。まだリードを取れるほどうまくないかもって感じる時もあったよ。でも彼女は一生懸命努力して、自分のレベルを上げていった。その点はすごいと思う。バンドに入って、突然振られた役目をこなすのは、大変なことだからさ」

「バンドでウェンディと一緒にいるのはすごく楽しかったね」とボビー・Z。「あの性格のおかげでメンバーのバランスがすごく良くなって、ああいうバンドになった。デズとだったら、あのザ・レヴォリューションにはならなかっただろうな。とどめのパンチを利かせるにはウェンディが必要だったのさ」

「しばらくの間、バンドが分裂状態だったわ」とリサ。「一部のメンバーはウェンディをすごく気に入ったけど、『あいつのせいで何もかもぶち壊しだ』っていう人もいたし。バンドの中で、ボビーとウェンディと私は小さなグループを作ってた。ウェンディとボビーは親友になったのよ、すごく気が合って。もしかしたら私とウェンディが恋人同士だってことを、気にする人がいたかもしれないわね」

ウェンディが加わり、ザ・レベルズ時代から残っているのはふたりだけになった。ボビー・Zとマット・フィンクだ。ウェンディが新しい役目を担うようになり、バンドはいろいろな意味で変わった。大きくは音楽面だ。プリンスはそれまで何年もかけて〝ロック・ギターとダンスフロア・シンセサイザーの融合〟を進め、そのサウンドを『1999』で極めた。しかしウェンディという武器を得て、音の世界をさらに広げようとする。「ウェンディの中に潜んでいるのは、ファンキーな黒人の女の子だけじゃないって、プリンスにはわかってたわ」とリサ。「彼女がコードを弾くと、『ジョニ・ミッチェルのチューニングみたいに聞こえる』なんて言ってね。だからある意味、音楽がちょっと白く、もっと実験的になったの。私はジャズとクラシックの影響も受けてたから、大学生の集まりみたいになって――サウンドチェックの作業がコードの授業みたいになり始めた。ただEをかき鳴らすだけじゃなくて、誰がいちばん奇妙でクールなコードを弾けるか、とかね。でも、あらゆるクレイジーな音楽を試すうちに、この新しい〝プリンス・アンド・ザ・レヴォリューション〟には何がふさわしいのか、どんどんわからなくなっていったの」

ウェンディはデズと違うタイプのギタリストだった。「優れたリズム・プレイヤーだが、リード・プレイヤーとしてはそれほどでもなかった」とデズは言う。「俺は絶対リード向きだったけどな」。意図的かどうかはわからないが、ウェンディがリズム・ギターを担当することで、プリンスはバンドでただひとりのギタ ー・ヒーローの地位に躍り出た。フロント・メンバーも、それまでは3人の黒人男性で固めていたが、人種と性別が混じり合い、プリンスの望みどおり、スライ&ザ・ファミリー・ストーンやフリートウッド・マックの構成に近づいた。ウェンディがバンドに入れたのは、たまたまタイミングが良かっただけかもしれない。しかしプリンスは、ファン層を広げたければ、彼女の存在を利用して自分のイメージと表現方法を変え、さらに多くのリスナーの共感を得るのが得策だ、とはっきりわかっていた。

「プリンスは彼女に自分の分身になってほしかったのよ」とリサは説明する。「服のサイズが同じだったから、『今夜はこれを着ろ、僕はこっちを着るから』って指示してたわ」

「ウェンディは、プリンスがそれまで見せられなかった〝弱さ〟を持ち込んだの」とジル・ジョーンズ。「ステージでのプリンスはそれまで、お行儀の悪い男の子だった。でも彼女がその暗い部分をうまく相殺したっていうのかな。女性版プリンスとして――彼は自分で見つけたこの〝鏡〟に、ふたりが共有する素敵なものを映し出して、観客に伝えようとした。とても強くて、いつも自分の背中を任せられて、心から信頼できる存在がいるってことをね。ウェンディは自信に満ちあふれてて、プリンスはそこが気に入ったんだと思う」

「私は若くて、やる気満々だった。自分の役目もすごく気に入ってたわ」とウェンディ本人は語る。「それまで、成長しよう、大人になろうってあがいてきて、やっと自分は大切な存在だと感じられた。すごく尊敬されてるって。最愛の人と一緒のバンドにいるし、しかもプリンスの大ファンでしょう。自分という人間を認めてもらって、仲間にならないか誘われるなんて、人生最高の出来事だったわ」

マネージャーのロブ・カヴァロは映画プロジェクトを始動させるために、心当たりを片っ端から当たった。必要な制作費は50万ドルということでプリンスとは合意している。まず脚本を書いてみたいという人間を見つけなければならない。「映画方面にはちょっとしたツテがあってね」とカヴァロ。「ラヴィン・スプーンフルのマネージャーだった時、ウディ・アレンの『What's Up, Tiger Lily?』（66年）に関わったんだ。僕らがあの音楽を全部担当した。フランシス・コッポラの『大人になれば…』の曲も［ラヴィン・スプーンフルの］ジョン［・セバスチャン］が全部書いたし。だから顔なじみの監督やプロデューサーやスタッフはけっこういた。でもプリンスの映画を書きたいなんて脚本家、いったいどこで見つけたらいい？」

カヴァロが白羽の矢を立てたのはウィリアム・ブリンという脚本家だ。黒人奴隷問題を描いたテレビ・ドラマのミニ・シリーズ『ルーツ』でエミー賞を受賞。カヴァロに目をつけられた当時は『フェーム／青春の旅立ち』を制作中だった。ニューヨーク芸術高校が舞台の映画をベースにし、スターを目指す若者たちの姿を描いたテレビ・シリーズだ。カヴァロの手配で、この脚本家とプリンスはロサンゼルスで夕食をともにすることになった。プリンスはトマトソースのスパゲッティーにオレンジジュースというヘルシーなメニューを注文し、ブリンを面食らわせたという。プリンスは紫のノートに書きためてきたアイデアを、ぽつりぽつりと打ち明け始めた。

ブリンはプリンスに会って困惑したに違いない。以前あるインタビューで次のように語っている。プリンスは映画のテーマを説明しようとしたが「要領を得なくて……口下手でね。人見知りだったんだろう」。だがブリンは何とか脚本を書き始められるぐらいの情報を彼から聞き出した。「プリンスは多くの点で私とまったく違ってたね。でも性に対する考え方はすごく積極的だった。これはいいことだよ、性は成長や命の象徴だから」

「プリンスは父親についてけっこう話したがった。彼にとって父親の存在がすごく大きかったみたいだ。自分自身の謎を解き明かそうとしている印象を受けたね――自分探しの誠実な旅ってとこかな」。ブリンは別のインタビューで次のように明かした。「最初のコンセプトでは、映画の完成版と違って、両親が死ぬんだ。無理心中で、まず父親が母親を殺し、それから自殺する……コンセプトは行ったり来たりのくり返しだったね。彼が生にしがみつこうとしているのか――それはヒロインのキャラクターや、彼の音楽で象徴されるんだが――それとも実は、自分を取り巻いている死に身を任せようとしているのか。この映画は大ヒットするか大失敗するかのどっちかだと思ったよ」

ブリンは脚本に取りかかった。執筆中、打ち合わせのためミネアポリスでプリンスに会う約束をするが、何度もキャンセルされる。やっと会えて一緒に映画を観に行ったが、始まって20分もすると、プリンスは席を立って外へ出ていってしまった。ブリンは映画プロジェクトから降りると宣言（「プリンスにすごく才能があるのはわかってるよ。でも正直言って、人生は短いからね」）。そのままロサンゼルスへ戻るが、プリンスから電話があり、ミネソタへ戻ってきてくれと言われた。

5月、ブリンは脚本の初稿を書き上げた。当時のタイトルは『ドリームズ』。「ちょっとテレビっぽくて、お固い内容だったな」とカヴァロは回想する。「でもアイデアは良かった。どうせ監督が書き直すと思ったしね。でもその監督が見つからない。興味を持つ人間がひとりもいなかったんだ」

カヴァロはあちこちに脚本を送ったが、反応はなかった。プリンスはハリウッドではほとんど無名の存在だったのだ。カヴァロは誰かに薦められて新作映画『俺たちの明日』を観に行く。主演はエイダン・クインとダリル・ハンナ。『理由なき反抗』を思わせるラブストーリーで、監督はこれがデビュー作となるジェームズ・フォーリーだった。「映画館に行ったら、客は私だけだった」とカヴァロ。「観終わって外へ出たら、若い男性がこっちへ来て聞くんだ。『どう思いました?』。だから『そうだな、とても良かったと思うよ、正直な話。編集がいいね』と答えた。そしたら彼が『ほんとに? 良かった。僕が編集したんです』って言ったのさ」

この編集者が、南カリフォルニア大学映画学科を卒業したばかりのアルバート・マグノーリだった。ミュージシャンたちの姿を描いた23分の卒業制作映画『ジャズ』は、学生アカデミー賞をはじめ数々の賞を受賞している。マグノーリによれば、映画を観終わったカヴァロに、フォーリー監督はプリンス初の映画に興味を持ちそうか聞かれたという。「またジェイミー［・フォーリー監督］の隣で編集できるって思うとワクワクしたね。だからカヴァロに、ジェイミーはプリンスの熱狂的なファンだって言ったんだ」とマグノーリ。近年は監督業から遠ざかっているが、ストーリーテラーとしては相変わらず超一流だ。私がインタビューのため長電話を何度しても、そのたびにこちらを楽しませてくれる。「駐車場を急いで横切って、公衆電話からニューヨークのジェイミーに電話をかけ、『すごいよ、次の映画の仕事を見つけた』って伝えた。そしたらこう言われたよ、『プリンスって誰だ?』」

マグノーリはカヴァロから脚本を受け取り、それをフォーリーに送った。フォーリーは次の日電話をかけてきて「お前はもう読んだか? サイテーだよ、僕はやらない」と宣言する。マグノーリによれば、この知らせを新米プロデューサーのカヴァロに伝えたところ、「彼はショックで倒れそうになったね――『どうしてだ、この脚本を送っても皆に無視される。間違ったことは何ひとつやってないはずなのに、なぜうまくいかないんだ?』って嘆いた。脚本を読んだか僕に聞いて、『私が何をしくじったのかどうしても知りたい。これから何をすべきかも、今すぐに』って泣きつかれたよ」

マグノーリは『ドリームズ』の脚本を読んだ。その時の感想をこう語る。「ジェイミーはすごく鋭かったと思うよ――脚本は映画がターゲットにしてる客層とすごくかけ離れてたんだ。音楽の要素がないし、頭でっかちな内容で」。彼はカヴァロに電話をかけ、打ち合わせの約束をしてからこう言った。「今の段階では、あなたより僕の方が映画ビジネスにすごく詳しい。専門バカですけどね」

ふたりはロサンゼルスのサンフェルナンド・バレーにあるレストラン、デュパーズで会い、朝食をともにした。この時からすでに30年経っているため、どんな順序で話が進んだのか、マグノーリとカヴァロの記憶は少々食い違っている(「マグノーリは大ぼら吹きだからな」とカヴァロ。「自分に都合がいいように話を変えたり、思い違いをしたり」)。カヴァロによれば、テーブルを挟んで座っているマグノーリに、監督をやらないかと提案した。報酬は7万5000ドル。「ところがあいつは肝っ玉が小さくてね。『僕はやめときます』と来た。こっちは頭にカーっと血がのぼったよ。『やめとくって? なんでだ?』と詰め寄ったら『だって、お固すぎるじゃないですか』って返事だ。『お固いってのはわかってるさ――そこを何とかできないのか? 何かアイデアは?』と迫ったら『1週間ください』って言われたよ」

「1週間後にまた会ったら、山あり谷ありの粗筋を聞かされて――あいつは根っからの体育会系だね。そこで契約成立さ」

マグノーリ本人の話もほぼ同じだが、彼の主張によれば、打ち合わせは1回のみ。ストーリーを考え出すのにも、カヴァロの話ほど苦労しなかった。レストランのミーティングで、映画に必要なのは、ミュージシャンたちと一緒に過ごし、もっと本格的な話を書ける脚本家兼監督だと主張すると、カヴァロはどんな話になるか尋ねてきたという。

「天啓にうたれる瞬間って、ああいうことを言うんだね」とマグノーリ。「僕は彼を見て、しゃべり始めた。5分かせいぜい7分で『パープル・レイン』のストーリーを全部話した。小学校とハイスクールでドラムをやってたから、音楽をやる人間が抱える問題や、くぐらなきゃいけない試練について、よく知ってたんだ。プリンの脚本に書かれたキャラクターを生かして、自分の経験をもとに肉づけしていけば良かった。僕は興奮しやすい性格だから、話がどんどんエスカレートして、波乱万丈になっていったんだ」

「カヴァロが僕を見て言ったよ。『スゴいストーリーだな。じゃあ次はどうするつもりだ？』。だから、明日にはミネアポリスに行くって答えた。次の日は金曜日だ。行ってプリンスに会ってストーリーを売り込む。土曜にこっちへ戻る時は、映画の話をもらってるか、もらってないかのどっちかだ」

マグノーリは映画のファースト・シーンについて明確なビジョンを持っていた。カヴァロとマグノーリの話に共通するのは、そのアイデアのおかげで映画の契約がまとまったという点だ。「オープニングを説明されて興奮したよ」とカヴァロ。「あいつはこう言ったんだ。『『ゴッドファーザー』のエンディングを拝借して、それを僕らの映画のオープニングにしよう』。歌うプリンス、エレベーターが上がってくる、空港から来た女の子が、人込みをかき分けていく――登場人物を全員紹介しながら、ステージの映像へくり返し戻っていく。メークするプリンス、バイクに乗り、会場へ現れる。バーのシーンではザ・タイムの演奏。アポロニアがズルをして店に入る――全員が顔を見せるんだ。あいつがそのシーンを説明するのを聞いて、私は夢中になった」

「無意識のうちにオープニングの曲はどういうのにするか考えてたよ。他のキャラクターを紹介できて、説明的な台詞をできるだけ少なくできるやつ」とマグノーリ。「僕は『ゴッドファーザー』のエンディングって言ったよね。いろいろな登場人物へ移っていくあそこの一連のカット――教会にいるマイケル・コルレオーネから始まって、司祭の言葉が流れる中、他のシーンや人物が映し出される。マイケルはそれを心の中で思い描いているんだ」

（マグノーリが言及しているのは、実際には『ゴッドファーザー』のラストシーン（妻に問いただされ、マイケルがマフィアとの関わりを否定する有名な場面）ではない。〝洗礼シーケンス〟と呼ばれるラスト直前のシーンだ。フランシス・フォード・コッポラ監督はこの5分間で、マイケルの名づけ子の洗礼式と、コルレオーネ・ファミリーと敵対する人々の暗殺場面を、交互に映し出す。ちなみに監督は当初、67のショット（撮影映像）を使ったこのモンタージュ（訳注：複数のカットを組み合わせたひと続きのシーン）に不満だったらしい。だが編集者のひとりからシーケンス（訳注：複数のシーンで構成するストーリー）全体にオルガン曲を流したらどうかと提案され、その効果に満足したという。『ゴッドファーザー』ではシーンをまとめるために音楽が追加されたが、『パープル・レイン』のコンセプトはその逆で、曲を強調するために説明的な映像を入れている）

カヴァロとマグノーリはプロジェクトを進めることで合意。カヴァロはプリンスのミュージック・ビデオやコンサート映像をいくつかマグノーリに送った。ひと晩かけて観たマグノーリは、どれも質が悪く、このまま映画に使っても大勢の観客にはアピールできないと感じる。インスピレーションをまったく受けなかったので、やはり今回の話は断ろうと思った――俳優・映画プロデューサー・監督のヘンリー・ウィンクラーの映画会社から、脚本を書かないかというオファーが来ていたからだ。そちらの方が安全な選択肢なのは目に見えている。しかし金曜日、マグノーリはタクシーをつかまえて空港へ向かった。

「ドライバーは20代半ばの黒人だった。『こいつが僕の映画の観客になるかもしれないな』って思ったよ」と本人は語る。「あと少しで空港ってところで、聞いてみたんだ。『プリンスって知ってる？』。返事はイエス。『彼の音楽は聞く？』。今度は『いや、あいつはホモだからな』。そんなのデタラメだって知ってたけど、これから乗り越えなきゃいけない壁でもあった。世間はそういう目でプリンスを見てたんだ」

ミネアポリスでマグノーリを迎えたのは、マネージャーのひとりであるスティーヴ・ファーグノリと、プリンスのマッチョなボディーガード、〝ビッグ・チック〟・ハンツベリーだった。「カヴァロの他にもマネージャーがいるなんて、ひと言も聞いてなくてね」とマグノーリ。「ファーグノリに言われたよ。『いいか――お前が何をカヴァロに吹き込んだかはどうでもいい。たわ言だからな。俺たちは脚本どおりにやる。そこんとこを理解できないなら、航空券を買ってやるから今すぐ帰りな』って」

真夜中にホテルでプリンスに会い、ディナーへ行くことになった。12時ぴったりにプリンスはエレベーターから降りてきた。身にまとっているのは、両脇にボタンが並んだ黒いパンツ、ハイヒール、トレンチコート、スカーフ。ファーグノリとビッグ・チックを見つけ、マグノーリの前を通り過ぎる。おかげでマグノーリは一瞬、心のガードを下げた状態のプリンスを観察することができた。「目の前にいたのは、とても傷つきやすくて、本質的に孤独な男だった」とマグノーリは回想する。「そんな彼を見ながら、ストーリーの残りを埋めていった――父親や、家族のあつれきっていうアイデアが浮かんできたんだ」

一行は車でレストランへ向かい、奥の静かなブースに座った。プリンスはこの時もスパゲッティーとオレンジジュースを注文する。「彼は僕を見て言った、『どうして僕の脚本が気に入ったんだい?』」とマグノーリは記憶をたどる。「びっくりしたよ。突然、彼の脚本ってことになったんだ。『あれはサイアクですよ。さあ、僕のアイデアを聞いてください』と言ったら、彼はピクリとして――まずファーグノリ、次にチックを見た。ふたりはプリンスにこう話してたんだ。マグノーリが打ち合わせに来るのは、脚本どおりに撮ります、大きな変更を加えるつもりはないけどいいですねって確認するためだって。彼は嘘をつかれてたんだよ」

「僕は言った、『カヴァロに話したストーリーを、あなたにも聞いてもらいたいんです。どうかお願いします』。もう必死だったね。そうしたらプリンスが『お前たちは家に帰れ。マグノーリ、君は一緒に来てくれ』と言ったんだ」。もう監督になったつもりで、マグノーリはドラマチックなシーンを説明した。プリンスは話を聞きながら、黒のBMWで高速道路を飛ばし、出口から出て真っ暗闇に突入した。「ふたりで宇宙船に乗ってるみたいだったね。プリンスが車をとめて『さてと、君は僕について何を知ってる?』と聞いてきた。『何も知りません』と答えると、『じゃあ、どうして10分で僕の人生を語れたんだ?』と言われたよ」

翌朝、ファーグノリが車でホテルにマグノーリを迎えに来た。ふたりはチャナッセン近郊にある紫色が基調のプリンスの自宅に向かう。ファーグノリは昨夜のことについて一切触れなかった。プリンスはその日、1日かけて映画に使えそうな新曲をマグノーリに聞かせるつもりだった。ホームスタジオのミキサーが故障していたので、プリンスとマグノーリは2階へ上がって床に座った。「一緒に100曲は聞いたかな」とマグノーリ。「『必要なのは12曲です』って言ったら『選んでくれ』と言われたよ。僕は、8月にまた来ます、いろいろ調べて脚本を書くので、それから映画を作りましょう、と約束した」

一方、カヴァロは映画制作の資金集めに奔走していた。ワーナー会長のモー・オースティンを説得し、プリンスが将来受け取るロイヤルティーのうち200万ドルを前借りすることで合意する。「ロブ［・カヴァロ］が訪ねてきて言ったんだ。プリンスが映画を作りたがっていて、実現しなければ契約を解消すると脅された、とね」とオースティン。「うちにとってプリンスは将来有望なアーティストだった――だから私にはこの上なく安全な企画に思えたんだ。彼はもうロイヤルティー分は稼いでいたからね」

オースティンはレコード業界を黄金時代からけん引してきた剛腕プロデューサーだ。彼の説明は今の業界事情とまったくかけ離れて聞こえる。「あの頃、うちのアーティストが他のメディアへの進出に興味を持つと、レコード会社として彼らの成功をあと押ししてやるべきだと考えたものさ。それで彼らのイメージが良くなり、もっとビッグになる可能性があれば、そして本人がやりたいと望むことなら、うちの役目は、創造力を思う存分発揮できるパワフルでしっかりした環境を作ってやることだった。プリンスはそこをうまく突いてきたんだな。ファンがたくさんいて、ツアーの集客も良かったし、キャリアも順調に積んでいる。勝算の大きい賭けだと思ったよ」

プリンスは大量の曲をマグノーリに渡したが、その後も精力的に作曲を続けた。『1999』ツアーは83年4月10日に終了。プリンスはミネアポリス近郊のセントルイス・パークにある元倉庫を借り、6月初めからバンドのリハーサルを始める。ハイウェイ7を降りたところにあったこの廃屋は、変電所の送電塔を取り巻く空き地にぽつんと建っていた。ここでアルバム『Purple Rain』が生まれることになる。

「あの倉庫で体験したことは、何もかもそれまでと違っていたわ」とリサ・コールマン。「あそこはちょっと目立つっていうか――周りに何もなくて、他の建物から離れてたの。リハーサルはよく工業団地でやったんだけど、周り〔訳注：の工場なんか〕は営業中でしょう。仕事の邪魔になるからって何時間も演奏できない時もあったわ」

リハーサルはいつもどおりきつかった――騒音の苦情を心配せず、演奏を中断する必要がなかったため、さらに過酷だったともいえる。「プリンスは厳しいボスだったわね。リハーサルは全然楽しそうじゃなかった」とスザンナ・メルヴォワンは振り返る。彼女はプリンスの取り巻きに加わり、双子の姉妹ウェンディの仕事ぶりをそばで見ていた。「5分遅刻すると、プリンスは給料を減らすのよ。5時間ノンストップで同じグルーヴを保って、3小節ぐらいをずっとくり返すこともあった。まるで軍隊だったわ」

マグノーリは山のような候補曲を絞っていき、プリンスの映画にふさわしいと思える曲をいくつか選び出す。まず、陽気で自信にあふれた「Baby I'm a Star」。プリンスが81年に作曲を始め、『Controversy』に収録した「Let's Work（レッツ・ワーク）」のリミックス中に、ソロ・ピアノ版をレコーディングしたものだ。

やはり映画で使われることになる「I Would Die 4 U」も、「Baby I'm a Star」と同じくらい陽気な曲だが、歌詞の内容はかなり異なる。例えば、映画のドラマチックな場面で流れる、タイトルと同じ「I would die for you（僕は君のために死ねる）」というフレーズ。これはプリンスが自分の父親が実際に言ったことを思い出して書いたものだ。プリンスはこの言葉を、愛のためにすべてを捧げるという意味から、魂の救済を求める祈りへと昇華させ、「I'm your messiah（僕は君の救世主）」「if you're evil, I'll forgive you by and by（君が邪悪な存在なら、僕がいつか君を許してあげる）」と歌う。デズ・ディッカーソンは近年、音楽ジャーナリストのトゥーレからインタビューを受け、自分はこの歌詞を文字どおりに解釈していると語った。トゥーレが2013年に出したプリンスの評伝『I WOULD DIE 4 U』には、デズの次のような言葉が紹介されている。「プリンスは何かを体験したんだろうな。感動的な体験をして、イエスという存在を敬うようになり、それを歌で表現したいと思ったんだ。そんなに深読みするような歌詞じゃない。言葉どおりの意味さ。自分は救世主《イエス》だって言ってるんだ」

一方、ミュージシャンのクエストラブの解釈によれば、この曲にはもっと深い意味が隠されている。「プリンスは心の中で、自分では神のメッセージだと思うものに耳を傾けている。言葉どおり自分が救世主《イエス》だと言ってるんじゃなくて、自分なりのやり方で救世主に語りかけているんだろう」。プリンスは後年、エホバの証人に入信したあともこの曲を演奏し続けるが、歌詞を「I'm your messiah（僕は君の救世主）」から「He's your messiah（彼は君の救世主）」に変え、歌のメッセージをはっきりさせている。

この曲は映画『パープル・レイン』に込められた〝罪のつぐない〟というテーマをよく表している。だが映画に使われた曲の中で、いちばん熱を入れて作曲されたわけではない。「I Would Die 4 U」と「Baby I'm a Star」は陽気なダンス・ナンバーで、プリンスは何の苦労もなく書き上げたわ」とスーザン・ロジャース。彼女は倉庫とプリンスの自宅に録音機材を設置するため、83年の夏にミネアポリスへ引っ越した。「ササっと作ったから凡作だってことじゃないのよ。でも正直言って、あの2曲はほとんど努力しないで書いたんだと思う」

候補曲の中でいちばん手間がかかったのは、プリンスが『1999』ツアー中から取り組み、映画の撮影終了後もぎりぎりまで手直しを続けた「Computer Blue」だ。「ある日ジャムをやってる時だ」とマット・フィンクは振り返る。「俺が何気なく弾いてたら、プリンスが『ああ、それいいね』と言った。それが「Computer Blue」になったんだ。プリンス、俺、リサ、ウェンディの本格的なコラボレーションさ。プリンスのおやじさんもブリッジのメイン・メロディーを書いたよ」

「ベーシック・トラックは倉庫で録音したの」とスーザン・ロジャース。「でも編集が大変でね。テープを「ロサンゼルスの」サンセット・サウンド・スタジオに持ち込んで、かなり手を加えたわ。ベーシックのピアノ・パートはそのまま残したけど、多重録音のパートはすごく変えてるわよ」。「Computer Blue」は拡大し続け、14分を超える大作になり、8ヵ月以上かけてやっと完成した。最終版からカットされたあるインストゥルメンタル・セクションは、そのまま映画に流用されている。プリンスがリハーサルに遅れていくと、マット・フィンク、ボビー・Z、マーク・ブラウンが、ヴォーカル抜きでお粗末な演奏をしているシーンだ。また、コアなファンの間では〝廊下の演説〟と呼ばれる部分もカットされた。ここでは、プリンスと恋人が廊下を歩きながら、感情（愛、欲望、憎悪）を互いに相手のせいにする。ただしジム・モリソンがドアーズの叙事詩的な大曲「The End（ジ・エンド）」でとうとう語る部分を連想させるため、この長口上も結局ボツになった。

ザ・レヴォリューションのメンバーは、アルバム／サントラ用に最初に作られた一連の曲を聞いても、あまりピンと来なかった。「期待したほどファンキーじゃなくて」とウェンディ・メルヴォワンは振り返る。「ポップソングだったのよ、薄っぺらくて。すごく白寄りだって感じたわ」

「プリンスもそう感じたと思う」とリサ・コールマン。「だから「Darling Nikki（ダーリン・ニッキー）」を作ったのよ——必ずしもファンキーじゃないけど、他の曲にはない、怒りのエネルギーに満ちていた。プリンスは頭の固いおばあちゃん向けの無難な曲だって作れたはずよ。『この曲ならおばあちゃんだって踊れる』って感じで。でも本当はこう言いたかったんじゃないかな。『僕らは年寄り向けよりもっと過激なことを学んでるよ。今でも危険を求めてるんだ』」

デズ・ディッカーソンによれば、トリプル・スレット・ツアー中、プリンスがこの新曲を初めて披露した時から、彼が新しいアプローチをしていることがはっきりわかったという。「クラシックなポップ・ロックのヒット曲を書きたいって思ってることがよくわかった。『1999』はそれまでの曲から大きく方向転換して、より洗練されてとっつきやすくなってた。今度はそれをさらに押し進めたんだ。緻密《ちみつ》に計算されて——計算っていう言葉はよくネガティブな意味で使われるけど、彼の場合はもっと洗練されてたね。それを聞けば映画のシーンが思い浮かぶ、逆に映画を観ればその曲を思い出す、プリンスはそういうのを作ろうとしてた」

激しい口調で生々しくセックスを歌う「Darling Nikki」は、のちに歌詞がティッパー・ゴアの怒りを招き、市民団体ペアレンツ・ミュージック・リソース・センター（ＰＭＲＣ）設立のきっかけを作った〔訳注：ティッパー・ゴアはアメリカの著作家、写真家。夫アルはのちの副大統領。ＰＭＲＣは85年に設立。同団体の検閲で〝不適切な歌詞〟を含むと判断されたレコードには警告ステッカーが貼られ、一部の大手レコード店で販売できなくなる〕。プリンスは「Darling Nikki」と並行して、さらに挑発的なタイトルの「Electric Intercourse」〔訳注：〝電撃的な性交〟の意〕を作曲する。曲自体は、タイトルがほのめかすような下品なロックではなく、電子ピアノとドラムだけをバックにしたセクシーで繊細なＲ＆Ｂだ。当初はアルバム『Purple Rain』に収録する候補曲で、ファースト・アヴェニューのチャリティー・コンサートの音源をベースに作られたが、結局映画に使えるほどの出来ではないと判断された（２０１４年5月の英バーミンガム公演で、プリンスは83年のファースト・アヴェニュー以来、初めてこの曲を披露。ピアノの弾き語りをしたが、エホバの証人の保守的な教えに従って「intercourse（性交）」という歌詞は歌わなかった）。

プリンスが映画『パープル・レイン』を作ろうと思ったのは、あるロックスターのツアー公演を見たのがきっかけだ。ちなみにそのスターとはマイケル・ジャクソンではない。プリンスとマイケルはライバルだという話が長年にわたってでっち上げられてきたが、プリンスの周囲の人々は、彼の競争心はたったひとりのアーティストをライバル視するほど小さくなかったと証言する（「マイケルは倒すべき最強の敵じゃなかった——ライバルは皆だったわ」とウェンディ。リサは笑って付け加える。「世界を敵に回してるのはプリンス自身だったからね」）。彼は音楽雑誌やファッション誌を読み漁った。少しでも心を引かれ、吸収できそうなものを持っている人や物を追いかけた。

プリンスは『1999』ツアー中、中部アメリカのアリーナで行われたボブ・シーガーの公演に何度も足を運ぶ。ある夜、彼はマット・フィンクに、デトロイト出身で誇り高い労働者階級のロッカーが、どうしてこんなに人々を魅了するのか尋ねたという。フィンクは、骨太で心に響くバラードのせいだと答えた。「We've Got Tonight（愛・ひととき）」「Turn the Page」などをファンは愛しているから、プリンスもポップ界を征服したいなら、ああいうアンセムを書かなければならない、と。（２００４年、プリンスとシーガーが揃ってロックの殿堂入りを果たした時、プリンスは「僕らはふたりともアメリカ中西部出身」で、シーガーからは「音楽の世界に入った頃、すごく影響を受けた。特に作曲面でね」と述べた）。

82年12月、シンシナティのリバーフロント・コロシアム公演のサウンドチェック中、プリンスは新曲のバラードのコードをバンド・メンバーに聞かせる。「プリンスが現れたのよ、あのアイデアを持ってね」とウェンディ。「彼ははっきり言ったわ。『僕はこいつを形にしたい。これじゃなきゃだめだし、このテンポでなくちゃいけない』。そしてあるキーを弾いたから、皆がジャムを始めて、そこからオープニングのコード進行が生まれていった。すごく自然にね」。これが「Purple Rain」の誕生した瞬間だ。ただし歌詞が出来て、曲名が決まり、それを映画のタイトルにするというアイデアが生まれるのは、何ヵ月も先のことになる。

ウェンディはプリンスがバンドに弾いてみせたコードを展開し、繋留和音《サスフォー》を加えた。リスナーが理解できるような構造かどうかはともかく、サウンドは前衛的だった。「当時、ああいうことをやってるスーパー・ポップ・バンドはほとんどなかった」とウェンディ。「つまり、あんなに斬新なハーモニーを使うってこと。例外は［ポリスの］アンディ・サマーズぐらいだったわね」

「ウェンディがコードをカントリーっぽい感じからどんどん離していって、プリンスはそれがすごく気に入ったの」とリサ。「そのうちバンドのメンバー全員がちょっと曲調を変え始めた。でも私がコーラスに高いハーモニーを入れたら、プリンスが『リサが曲を古き良きアメリカのカントリー・ミュージックに戻してるぞ』って言って。実際、あの曲にはクラシックなパワー・バラードみたいな感じがあったわね。プリンスはそこが、83年にジャーニーがヒットさせた「Faithfully（時への誓い）」に似てるって気づいたんだけど」。一説によればプリンスは、〝曲が似ている〟とあとでクレームをつけられないために、ジャーニーのキーボードで「Faithfully」を作曲したジョナサン・ケインに電話をかけ、受話器越しに「Purple Rain」の初期ヴァージョンを聞かせたという。

「バンドがもらったのはコード進行だけだから、結局皆が自分のパートをほとんど作ることになってね」とマット・フィンク。「初めてあの曲をジャムった時、俺はピアノであるラインを弾いた。プリンスが最後にファルセットで歌う、クライマックスの部分――あれは俺のアイデアから生まれたんだよ。偶然思いついたんだけど、プリンスはそいつをすぐ採用して歌ったんだ」

「それから「Purple Rain」にはコーダの部分があるだろ、俺がちょっとしたピアノのリフを弾くところ。あれが出来たのはほとんどリサのおかげなんだ。彼女がご自慢のトリックを見せてくれたんだよ。左手である旋律を弾きながら、右手でまったく別の旋律を弾く。対位法ってやつさ。それが奇妙なリズムの効果を生むって彼女は知ってた。だから『そいつはすごくクールだな――やり方を教えてくれ』って頼んでみたら、ほんとにその旋律の弾き方を教えてくれたんだ」

曲がまとまると、プリンスは歌詞を書くために新しい友人の力を借りようとする。あこがれのバンド、フリートウッド・マックの魅力的なヴォーカル、スティーヴィー・ニックスだ。少し前からソロ・プロジェクトに取り組んでいた彼女は、プリンスに電話をかけてきて、「Little Red Corvette」に合わせてハミングしながら新曲を書いた、作曲クレジットはプリンスにするつもりだ、セッションにも参加してほしい、と話した。電話を切って1時間後、プリンスはロサンゼルスのスタジオに到着する。完成した曲「Stand Back（スタンド・バック）」は大ヒットした。このあとプリンスは、いつか一緒に曲を作りましょうとスティーヴィー・ニックスから誘われていた。そういう経緯があったため、プリンスは完成前のこのバラードのカセットを送り、何か歌詞を書いてみてくれと頼む。

「圧倒されたわ。あの10分の曲を聞いて、とにかく怖くなってしまった」とスティーヴィー・ニックスは後年『ミネアポリス・スター・トリビューン』紙に語っている。「プリンスに電話をかけて言ったの。『できないわ。できたらいいんだけど。私には荷が重すぎる』って。引き受けなくてほんとに良かった。だって彼が歌詞を書いたからこそ「Purple Rain」になったんだもの」

その年の夏、曲の骨組みが完成して歌詞がつけられると、リハーサルの場にいた人々は、この曲が聞く者の心を激しく揺り動かすことに気づく。ウェンディとリサによれば、ある日ホームレスの女性が倉庫にふらりと入ってきて、「Purple Rain」の演奏を何時間も聞いていた。休憩になった時、外を見ると彼女はまだそこにいて涙を流していたという。

「ボディーガードのビッグ・チックが、ある日の午後リハーサルに来たんだ」とアラン・リーズも振り返る。「そしてこう言った、『よう、あいつが昨日の夜やった曲な、鳥肌モノだったぞ。スタジオで新曲を書いてさ。今度のアルバムの最大のヒット曲になるぜ。ウィリー・ネルソンがカヴァーするだろうよ、今に見てな!』。それが「Purple Rain」だった。曲を聞いた時、私も『こいつはヒットする』と思ったね」(ファンクの第一人者のジョージ・クリントンが後年語った言葉も、ビッグ・チックの評価を裏づけている。「「Purple Rain」を聞くといつも、カントリー・ミュージックを歌うジミ・ヘンドリックスを思い出す——エフェクターのスイッチを全部切ってさ。あれはカントリー&ウエスタンの曲だ」)。

曲のタイトル「Purple Rain」は、プリンスが長い時間をかけて作り上げてきた自己像にマッチし、彼のイメージを決定的なものにした。このイメージは強烈で、30年経っても俳優のアーセニオ・ホールはプリンスのファンたちを〝パープル・アーミー〟と呼んだ。プリンスの初期のデモ・テープの中には「purple lawn(紫の芝生)」という歌詞が出てくるし、「Purple Rain」の前に「Purple Music(紫の音楽)」「Purple

Shades（紫の影）」という曲も書いている。父親によれば、プリンスは子供の頃から色の中で紫がいちばん好きだったという。プリンス以前、アフリカ系アメリカ人のジミ・ヘンドリックスをギター・ヒーローの座に押し上げた曲も、タイトルは「Purple Haze（紫のけむり）」。プリンスは「1999」で迫り来る世の終わりの描写を「the sky was all purple（空は一面紫だった）」という言葉で始める――そしてもちろん、アルバムのジャケットやミュージック・ビデオでトレードマークとしてまとう、さまざまなデザインのトレンチコートも紫だ。

トゥーレが著書で指摘しているように、ジェームズ王欽定訳聖書（訳注：英国王ジェームズ1世の命により英訳された聖書。1611年発行）には、キリストを十字架にかける直前、兵士たちは彼に次のような格好をさせたと書かれている――「そして彼ら（兵士たち）は彼（キリスト）に紫の衣を着せ、いばらの冠を作って彼の頭に乗せ、彼に敬礼を始めた」。このように〝パープル〟の解釈はいろいろあるが、最後にウェンディ・メルヴォワンが84年、曲のタイトルについて説明した言葉を紹介しよう。「新たな始まりを表してるのよ――紫は夜明けの空、雨は洗い清めるもの」

曲作り、リハーサル、レコーディングは休みなく続けられた。しかしプリンスの目の前には、映画の制作に向けてやらなければならないことが山積みになっていた。脚本はまだ完成していなかったが、限られた時間で演技経験ゼロのミュージシャンたちに稽古をつけ、カメラの前で演じられるようにしなければならない。だがその仕事をプロデューサーたちや監督に一任するのは不本意だった。そこで映画会社の大物たちの伝記を読み、学んだ教訓を生かして、自分で戦略を練り始める。

「7月のある日、［スティーヴ・］ファーグノリから電話があって、任せたいライヴがあるからミネアポリスに来てほしいと言われた」とアラン・リーズは振り返る。「『いったいなんのライヴだ？　またツアーに出るのか？』と聞いたら、『すぐにツアーをやるわけじゃない。まず映画を作るつもりなんだ』という返事だ。『ちょっと待て、私に来てほしいのは映画を作るからだって？　まず言っておくが、私はあんたたちが映画を作ってるなんて信じない。それに、どうして映画作りに私が必要なんだ？　私はそんなの専門外だぞ』と返した。そうしたら向こうはこう言ったんだ。『バンドを3つ揃えてる。あんたがツアーの面倒を見てるプリンスと彼のバンド、モーリスとザ・タイム、それからヴァニティ6だ。全員出演する。皆が演技のレッスンを受けて、ダンスの稽古もして、新曲をリハーサルしてるんだ。だから現場に張りついてこういうのを全部コーディネートする、ツアーに出てないツアー・マネージャーが要るんだよ』。そこで『わかった、スティーヴ——あんたたちほんとに映画を作ってるのか？　まったく正気じゃないね！』と言ってやったよ」

ミュージシャン全員が、ドン・アメンドリア——それまでにアメリカの連続テレビ・ドラマ『Ryan's Hope』やコメディー番組『チアーズ』に出演した実績があり、のちに連続ドラマ『ツイン・ピークス』と『サンセット・ビーチ』の準レギュラーを務める——の演技の授業を週に3回受けなければならなかった。「ある日プリンスが現れてね」とウェンディ。「『全員、演技の授業を受ける、ダンスのレッスンもだ』って宣言した。そこで皆『これは本格的なものになるぞ』ってやっとわかったのよ」

「どこで身につけたのかわからないんだけど、プリンスは仕事に関して完璧主義だったわ。クラシックの音楽家みたいに。ひたすら練習、練習よ」とリサ。「全員並んでラインダンスを踊ればいいっていうような話じゃない。皆いろいろなレッスンを受けて、ジャズダンスみたいに手のひらをヒラヒラ振ることまでした」

「バカみたいだったわ」とウェンディ。「でも緊張から解放されて、謙虚になれて、愉快な体験だった」

「演技のコーチは、俺の言うとおりにしろっていうタイプだったが、ダンスのコーチは違ったね」とマット・フィンク。「プリンスは皆に自主的に残ってダンスを練習してほしいと思ってた――最初は半ば強制的だったよ。でも3週間ぐらいで、人がだんだん来なくなったんだ。俺は夏いっぱい頑張ったよ。毎回出席したわけじゃないが、他のバンド・メンバーよりはまじめだった。レッスンに行ったら、俺と、ダンスのコーチと、アポロニア6〔訳注：ヴァニティ6のリード・ヴォーカルだったヴァニティが脱退したため、後任にアポロニアを入れたガールズ・バンド〕の女の子がふたりぐらいって時もあったな。皆レッスンに行かなくなって、金を払うのもしぶったから、夏が終わる頃にコーチは辞めちまった。でも俺はすごく体を絞れたよ。皆でジェーン・フォンダが唱えるワークアウトをやったし、ブロードウェイのミュージカル・ダンサーみたいな動きや振りつけを練習したんだ」

以前サマースクールで演技の勉強をし、ナレーターやラジオの仕事の経験もあるフィンクは、仲間内でいちばん経験豊富な〝俳優〟だった。彼は演技力を磨くためにレッスンを喜んで受けた（本人によれば、演技が得意なのは、映画監督のコーエン兄弟の自宅近くで育ったことも関係するらしい。コーエン兄弟の映画『バートン・フィンク』（91年）のタイトルは、うちの家族から取ったのかもね、とジョークを飛ばした）。「皆さんざん稽古したよ。役になり切って、バンドのメンバーと掛け合いの練習もした。やりすぎだったかもしれないが、いい経験になったね」

他の出演者はレッスンにそれほど熱心ではなかった。「ある日プリンスが『映画を作るぞ』って言い出してさ」とモーリス・デイは『ワックス・ポエティクス』誌に語っている。「俺は『オーケー、いいぜ』って感じで、演技のレッスンとかダンスのレッスンとか、そういうバカげた授業に通い始めた。でも演技のクラスから追い出されちまってね。ふざけてばっかりだから、皆の邪魔をしてるって言われて。まあ、映画で俺がやったのはほとんどそれだけどな、ふざけ回るってやつ」

「演技の授業では、台詞の練習はしてなかった――皆キックウォーク〔訳注：ストリート・ダンスのステップの一種。1歩目で蹴って2歩目で膝を開く〕みたいなことをやってたわね」とスザンナ・メルヴォワン。「バンドのメンバーは『どうして自分たちはこんなことしてるんだ？　もうリハーサルに行っていいか？』って感じだったわ」

映画の主役として、プリンスは超過密スケジュールの合間を縫って授業に参加した。「プリンスは素晴らしく演技がうまかった」とアメンドリアは語ったことがある。「自分の仮面《ペルソナ》をサッと脱ぎ捨て、求められている役になり切った。とても内気だったね。俳優っていうのはたいていそうなんだが。指示によく従ったよ、たぶんあの中でいちばん。質問もたくさんしたね」

「プリンスはいつも急に現れて、あっという間に帰っていったわ」とリサ。「いる間はずっとダンスのステップを練習してたけどね。でも彼はすごくいいコーチだった。『いいぞ、さあ張り切ってやってみよう！』って励ましたりして――私たちの上達具合も見たがったし、誰がどんなことをするかっていうアイデアも出した。あのパワーはどこから来てたのかしら？　授業では、すべて自然に見えるようにしろって言われたわ。『リサは部屋に入ってくる時、いつもどんなふうに〝おはよう〟って言うんだ？』って確認して、そのとおりに動けるようにする。俳優じゃなくてもすごく自然に見えることを目指してた」

演技の授業まで受けさせるのは、やりすぎに思えるかもしれないが、それだけプリンスが映画に真剣に取り組んでいたということだ。モーリス・デイのコメディー・センスを発掘できただけでも、授業の価値はあった。特に、ステージでモーリスの子分役を務めるジェローム・ベントンは、『パープル・レイン』の脚本の方向性に大きな影響を与えることになる。授業の成果に基づいて、ウェンディとリサの役割も当初の構想と反対になった。ウェンディはより辛辣《しんらつ》で挑戦的、リサはより物静かで落ち着いた性格に(「私が意地悪役になるはずだったのに!」とリサは笑いながら抗議する)。

当時プリンスとつき合っていたジル・ジョーンズによれば、彼の恋人のひとりがあるダンスの授業を担当した。プリンスの関心を引こうとする女同士の戦いがくり広げられたが、彼はそれを創造のエネルギーにしたという。「プリンスは女の子全員と同時につき合ってて、皆それを知ってたわ」とジル。「でも彼は男性たちとも似たような関係だったの。皆、プリンスは自分の話だけは聞いてくれるって思ってたのね。だから〔訳注:プリンスの愛情を受ける〕役目の人はしょっちゅう変わってた。プリンスは自分を取り巻く人の中からひょいって選ぶだけ。でも彼はすごく熱くなってたわ。『僕らがやってることを見ろよ。すごいことをしてるんだぞ』って言ってるみたいだった。皆すべてがずっとこのままだといいって思ってたんじゃないかな。でも彼は何もかもが変わるのを知っていて、覚悟ができていた。いい意味でね。まるで禅みたいな考え方だったわ。『物事は必ず変わるし素晴らしくなる』って感じで」

「プリンスはチームを団結させることができた」とアラン・リーズ。「皆をまとめて、相手が誰であろうと絶対勝てると説得できたんだ。そういうやつだった。だから私がプロジェクトに参加した時、彼はもうファーグノリとカヴァロだけじゃなく、周りの懐疑派の連中まで説得して、映画作りを承知させていた。

彼をつかまえて『クソくらえ。こんなことあきらめるんだな』なんて言うほど度胸のあるやつはひとりもいなかったね」

84年、マット・フィンクは『ピープル』誌のインタビューを受け、ある日プリンスがバンド・メンバーの前で自分の生い立ちに触れた時の様子を語った。「つらかったっていうようなことを言いかけてね。そこで突然、自分が何をしているか気づいて、ぴたりと口を閉じてしまった。2年半前のことだ。それ以来、彼から私生活について聞いたことは一度もない」。だが映画の撮影開始が近づくにつれ、プリンスはある人物との関係に向き合わなければならないと感じる。

「プリンスはお父さんに頻繁に会いに行くようになった。車で通ってたわ。お父さんは田舎に引っ込んでたから」とジル・ジョーンズ。「向こうに着いて彼がお父さんと会ってる間、私は車の中で待ってた――訪問時間は短かったけど、あのふたりは関係を修復し始めてたんだと思う」

「プリンスは変わり者のお父さんについて、すごくいいことしか言わなかった。会いに行く前は『父さんは君をとても気に入ってるよ』とか『君のことを素晴らしいと思ってる』とか言って、私に心の準備をさせるの。でもお父さんのジョンは――ミュージシャンとして、プリンスより優れてはいなかった。他の人には聞こえないものが聞こえていただけ。プリンスは現実世界と半分虚構の世界が釣り合うところを見つけることができた。それをビジネスにしてお金を稼いだわ。でもお父さんはすごく極端で複雑な人だった。プリンスはそこ〔訳注：自分と父親の違い〕をはっきりさせておきたかったんじゃないかな」

「プリンスはお父さんを崇拝してたわね」とウェンディは言う。リサはプリンスの父親が倉庫に現れた時のことを振り返る。「彼のお父さんがリハーサルに来ると、私たちは汚い言葉を口にしちゃいけなかった。

歌うのを禁止された曲もあったわ。うっかり『Oh, motherfucker（ああ、クソったれ）——』「とリサは「Sister」の一節を歌う」なんて口走ったら——『やめろよ！』『言っただろ？　おやじさんがいるから、このリハでは歌わないことになってるんだぞ』って声があちこちから飛んできた」

「父さんの頭にはアイデアが詰まってるんだ」とプリンスは後年語っている。「父さんのアルバムを出せたらいいんだけど、僕よりちょっとクレイジーな人だからね」

　映画の脚本はまだ完成していなかった。予算は確保できず、撮影スケジュールも立っていない。だが曲は出来上がり、出演者も（どうにかこうにか）演技力を身につけた。皆の心の準備も整いつつある。プリンスにとって、映画制作はすでに始まっていた——だが日々の出費がかさみ、プロジェクトの実現が危うくなっていく。

「誰かがこういう費用を全部出してたんだ」とアラン・リーズは説明する。「給料を払っている3つのバンドとスタッフたち。プロの演技のコーチ、プロの振付師、レンタル機材、レコーディング要員の臨時雇いのミュージシャン。こういう活動全部をサポートするエンジニア。私みたいに、住み込みじゃなくて外から通ってくる人間。全員のためにアパートとレンタカーを借りていたから、給料とは別に日割り料金も払わなければならない。その大金がどこからか出ていたんだ。でもプリンスは金持ちじゃないって皆知っていて——つまり、ヒットしたアルバムは2枚だったからね。でもどこかから金は調達できるって皆が楽観的に考えていたと思うよ」

　ひとりの若いミュージシャンの情熱がすべてを動かしていた。プリンスには多くの才能があったが、そのひとつは、周りの人間に自分のビジョンを信じさせるだけでなく、計画に投資して全力でバックアップしたいと思わせる能力だった。「彼は口数がそんなに多くなかったけど、『僕らがやってるのはこういうことなんだ』って熱弁を振るう時もあった――いつも『僕らがやってること』だったわね、『僕がやってること』じゃなくて」とスザンナ・メルヴォワン。「カルト教団の教祖っぽく聞こえるかもね、ジム・ジョーンズ〔訳注：キリスト教系カルト教団〝人民寺院〟の教祖。78年、約900人の信者とともに集団自殺〕みたいな。でもある意味、プリンスは音楽で似たようなことをやっていたのよ。不気味に思えるかもしれないけど、ちょっとそういうところがあった。普段はすごく無口だったわ。黙って入ってきて、ギターを手に取る。するとこっちは、気をつけの姿勢でぴしっと立って仕事に取りかかるか、邪魔にならないように脇にどくべきなんだなってわかるのよ」

「自分のアイデアが形になり始めると、映画のキャストもまだ決まってないのに、プリンスはすかさず次のドミノを積んでいった。ああいうことは勢いがすべてだから」とウェンディ。「てっぺんに達する頃には、暴走列車みたいになってて、止めることはできなかったのよ」

Sign Your Name on the Dotted Line

Chapter 4

名前を点線の上に書いて

83年8月1日、アルバート・マグノーリはミネアポリスに到着し、モーテルに宿を取って仮事務所にした。1ヵ月後にはロサンゼルスに戻り、映画『俺たちの明日』のポストプロダクション〔訳注：撮影終了後の作業〕を終わらせなければならない。プリンスの映画はフィクションだが、求められているのは彼の実生活を色濃く反映した脚本だとわかっていた――「プリンスそのものではないプリンスの物語にしたい」というのがカヴァロの指示だ――そこでマグノーリはザ・レヴォリューション、ザ・タイム、ヴァニティ6のメンバーをはじめ、プリンスの取り巻き全員にインタビューを行った。気さくな人ばかりで、皆進んで話をしてくれたという。マグノーリは脚本の構成を整えながら、ブリンの草案を大胆に修正していった。

この年の夏、プリンス・ファミリーには何が起こっていたのだろうか。ザ・レヴォリューションでは音楽の主導権をめぐるプリンスとデズ・ディッカーソンとの争いが決着し、新しいギタリストのウェンディ・メルヴォワンが入っていた。彼女は他のほとんどのメンバーから嫌われ、おまけにバンドのキーボード・プレイヤーとつき合っている。プリンスにふたりの仲間をクビにされたザ・タイムの面々は、まだ怒りが収まっていない。プリンス自身は疎遠になっていた変わり者の父親との関係を修復しようとしている。そのため家族の不和について、いつもより口が軽いか、少なくとも思いをめぐらせているようだ。さらに、ジル・ジョーンズやスーザン・ムーンジー（ヴァニティ6のヴォーカルのひとり）を含めた数人の女性とつき合いながら、スザンナ・メルヴォワンを口説こうとしている（スザンナのせいで彼の恋愛生活はますます複雑になっていく）。こういった状況だったので、マグノーリは物語の基本的なテーマをすぐ見つけることができた。「映画に描かれている争いは本物なんだ」とマグノーリはかつて語った。「それを中心にして「スクリーンに登場する人たちの」関係が生まれていった」

マグノーリが全員にインタビューをして、アイデアをまとめるのに10日近くかかった。8月の残りの日々は、リハーサルを聞きに行き、空いた時間はモーテルの自分の部屋に篭《こ》もった。「手書きで書いてたよ」と本人は振り返る。「1日も休まず、定規と鉛筆を使って、紙に書いていった。あとで秘書が来て、その日書いた分を全部、脚本の形にタイプするんだ」

本物の監督――たとえ大学の映画学科を卒業したてで、これがデビュー作だとしても――がその場にいることで、ミュージシャンたちはプロジェクトがいよいよ本格化したと感じることができた。「ずっと長い間」とリサ・コールマンは言う。「私たちは『最高のカルト映画を作ろうよ、クールなやつ。それを公開して、誰が反応するか見てやろう』って感じで話してたの。そこへアル・マグノーリが登場して、実際にプリンスと気持ちを通じ合わせた。そしてアルはこういう人だったのよ――『映画を作るなら、ヒット作を作ろう。必要なパーツは全部揃ってるじゃないか。芸術気取りの映画を作るんじゃなくて、楽しむために作らなくちゃ。失うものなんて何もないだろ?』」

「彼に引っ張り出されたお偉方は――アル・マグノーリが現れてからは、スティーヴ・ファーグノリだけじゃなくて、ロブ・カヴァロとジョー・ラファロもよく顔を出すようになったの――すぐ自分は重要人物なんだぞってアピールし始めた。私は『あの人たち、このプロジェクトに深入りするつもりなんだな』って思ったわ」とウェンディ・メルヴォワン。

プリンスはこの頃までに友人、仕事仲間、子飼いのミュージシャンたちに、映画でこういう役をやってもらうつもりだと伝えてあった。しかし、全員にスポットライトを当てるという当初のアイデアは、マグノーリと脚本を書き直したため変更される。結局、プリンスが唯一絶対の主役になることが判明した。約束を破られ、あるいは期待を裏切られた人々からは反発の声が上がる。

「プリンスは全員を参加させたいって心の底から思ってたわ」とジル・ジョーンズ。「でもビジネス面で問題があったの。マネージャーたちが『そうだな、ザ・タイムをもっと使ったらどうだ?』とか口を挟み始めてね。彼らの説得に負けたわけじゃないと思うけど、プリンスだって全員の面倒は見られないでしょう。そこが問題の原因だったの。マネージャーたちはプリンスの立場を考えて、もうちょっとそつなく物事を運ぶことができたはずよ。そうしたらプリンスは、すごく自分勝手で心の狭い人間みたいに見られなくて済んだのに。彼はほんとに皆を映画に出したがってた。すごくワクワクしてたもの。それなのに彼をねたむ人が出てきて。ジェシー［・ジョンソン］は『あいつ何様のつもりだ?』なんて言ってたわ。それが普通の反応かもしれないけど」

「脚本の内容はどんどん膨らんでいったわ。新しい人が仲間に入ってくると、登場人物が加えられて――プリンスはそういう人たちとの関わりをじっくり考えながら、映画のウェンディを作り上げたの。彼は自分とモーリスの関係をどう描きたいかも、自分でわかってた。ああいうライバル意識は現実にあったんだけど、［映画では］それが強調されてるかな」

「アル・マグノーリは映画の中で、バンド・メンバーにもっとしゃべらせようとしてたね」とマット・フィンク。「メンバー同士の会話を増やしたがってた。そういう会話はオリジナルの脚本には書かれてたが、ボツになったんだ。プリンスがもっと自分に焦点を絞ったストーリーにしたがったから。リサとウェンディのサイド・ストーリーは詳しく描かれるが、他のメンバーはその他大勢っていうか、ただその辺にいて、演奏して、ちょっと台詞があるってだけだったね」

マグノーリがミネアポリスに到着して数日後、ザ・レヴォリューションのステージを見る機会が訪れる。新メンバーのお披露目となるファースト・アヴェニューでのチャリティー・コンサートだ。プリンスは普段どおりのパフォーマンスをするためバンドと猛練習を重ねてきたが、それでも重要なコンサートだということは明らかだった。「いつもより、ちょっと興奮してたわね、バックステージでは」とリサは振り返る。「ショーの準備の様子はよく覚えてる。衣装やヘアスタイルから、皆が着てたTシャツまで」とジル・ジョーンズ。「あの夜は間違いなく特別なイベントだった。皆ものすごく頑張ってたわ」

ジルによれば、ウェンディの存在がバンドに強い影響を及ぼしているのは一目瞭然だった。プリンスがそれまで見せたことがないようなエネルギーを発していたからだ。このエネルギーが映画に命を吹き込むことになる。「効果抜群だったわ」とジル。「ステージでのプリンスの動きが、すごく良くなって――ニュアンスとか、アイコンタクトとか、あのふたりが互いに影響し合ってるのがはっきりわかった。いつもよりちょっと人間らしくてチャーミングでかわいらしい雰囲気だったわね。ウェンディはプリンスをずっと猫かわいがりして、あなたってすごくかわいいわって言ってたのよ。〔訳注：プリンスが絶好調だったのは〕彼と、何ていうか、ヤりたがらない女の子がやっと現れたおかげかもね。そういう子は、素敵で女らしくて甘やかすようなことを言っても、『これでベッドではどんなお返しをしてもらえるかしら？』なんて思わないから。プリンスはちょっとひと息つけたんじゃないかな。ステージは聖域みたいなもので、息抜きになったのよ」

スザンナ・メルヴォワンもミネアポリスへ来て、双子の姉妹ウェンディのデビュー・ライヴを見守っていた。「すごく長い間リハーサルしてたから、皆体で覚え込んでる感じだったわ。何の不安もないみたいで、すっかりマスターしてた。あの人たちはずっと練習してきたのよ、パワフルな音楽をプレイするパワフルな男性のパワフルなバンドでいるために。プリンスが探していたパズルの最後の1ピースって感じ。物質が寄り集まって星か惑星になったみたいだった」

「コンサートはすべて順調に進んだわ——終わってからいつもどおり、皆で楽屋に引き揚げてショーのビデオを見たの。映画用にどこを修正したらいいか確認するためにね。会場のお客さんが熱狂してたから、すぐステージに戻ったけど」

ウェンディとリサによれば、スザンナがファースト・アヴェニューのコンサートを観に来たこの夜、プリンスが彼女に恋をしていることが、周囲の人間にもはっきりわかったという。プリンスとスザンナはその後、何年もつき合ったり別れたりをくり返した。プリンスは映画『パープル・レイン』の完成前に、自分がプロデュースするザ・ファミリーのリード・ヴォーカルとしてスザンナを起用する。ザ・ファミリーが85年にリリースしたアルバムは、プリンスが作った「Nothing Compares 2 U」が収録されていることで有名だ。この曲は90年にシンニード・オコナーがカヴァーし、世界的にヒットした。

「とにかく私たちは皆愛し合ってたわ」とリサ。「プリンスはウェンディと出会ったけど『あのさ、ウェンディは僕のものにならないよ、君の恋人なんだから。僕なんかとてもかなわない』なんて言ってたのよ。そこへスザンナが現れて——何と双子よ！　プリンスは『スザンナはウェンディとそっくりだ、しかも自分のものにできる』って思ったのね」

一方、ツアー・マネージャーのアラン・リーズは精力的に仕事をこなしていた。技術スタッフを何人も雇い、夏から秋にかけて必要なリハーサル、レコーディング、移動や機材の運搬をすべて監督させた。掘り出し物だったのは、スーザン・ロジャースという若いスタジオ・エンジニアだ。彼女は以前ハリウッドのウエストレイク・オーディオ〔訳注：スピーカーとスタジオ機材のメーカー〕で働いていた。今回プリンスがこの会社から新しいミキサーやさまざまな機材を購入したため、機材のセットアップ要員としてミネアポリスへ呼ばれたが、技術スタッフの〝オーディション〟を受ける意味もあった。結局8月中に、彼女は正社員として採用される。

スーザンはプリンスのホームスタジオに新しいミキサーを設置し、テープ・レコーダーなどの装置を修理した。「私はプリンスにメンテナンス・エンジニアとして雇われたから、最初はレコーディングなんて一切しなかったわ——実際、そんなことはまったく期待されてなかったし」と本人は振り返る。「セットアップの仕事には1週間ぐらいかかったかな。時々、彼が2階のピアノで「Purple Rain」や「Computer Blue」を弾くのが聞こえた。ヴァニティ6がそこでリハーサルをしてたわね。バンドの他のメンバーがやって来て、おしゃべりしたり、2階の準備をすることもあった。やっとスタジオの機材がちゃんと動くようになって、私が最初にデッキに入れたのが「Darling Nikki」のテープ。あの体験は絶対に忘れないわ。あんなの生まれて初めて聞いたんだもの」

仕事以外の時間、プリンスは音楽を聞いていた。「ベッドルームでよくレコードをかけてたわね。時々プレイヤーをリピート再生にしたまま、ふらっと家の外へ出ていくの」とスーザンは続ける。「私への嫌がらせだったのかな、考えすぎかもしれないけど。とにかくベッドルームに入ってプレイヤーを止める勇気はなかったから、何時間も音楽を聞いてなくちゃいけなかったわ。彼はカルチャー・クラブをよくかけてた。あの頃大流行してたのよね」(「毛色の違う音楽をたくさん聞いてたわ。ブリティッシュ・ミュージックにすごく影響されてた」とジル・ジョーンズも証言する。「私たちはロキシー・ミュージックやゲイリー・ニューマンを聞きながら眠ったものよ」)。

　夏の間、アルバムに収録する候補曲が新たにいくつか作られた。1曲目は、ピアノに乗せて歌い上げる「The Beautiful Ones（ビューティフル・ワン）」。プリンスがスザンナへの思いからインスピレーションを受けた哀切なバラードだ。彼はハリウッドの恋愛映画に出てくる若者のように、スザンナに求愛し続けていた。1年間、1日もかかさず、彼女の部屋のドアに花を届けさせたという。「あの曲は、そっくり私たちの物語っていうわけじゃないけど、つき合ってた時期にプリンスが作曲したのは確かよ」とスザンナ。「彼は自分が実際に体験していることを、いつもそのまま書いてたわけじゃない。歌詞を『パープル・レイン』の筋と一致させなきゃいけなかったしね。でも自分の人生に起こったことを曲に取り入れてたわ」「私たちの関係はとても張りつめたものだった。ある時なんか、彼が真夜中に電話をかけてきてね。私を迎えに来たから、一緒に車に乗ったんだけど、彼は2時間ずっと黙ったまま。『大丈夫？』って何度聞いても、ひと言もしゃべらない。ホテルに着いても無言。こっちはもう頭に来ちゃって。つき合いだしてすぐの頃よ——言いわけめいたことや彼の気に入らないことを言えば、彼はそれをちゃんと口に出して指摘するって、わかってなかったのね。言いたいことは言い合える仲だって、私は思ってた。だから『こんなのおかしいわ——話し方を思い出したら電話して』と言って、タクシーで家に帰ったの。彼が1時間後に電話してきたから『こんなのクールじゃないわよ、何をしてるつもりだったのか知らないけど』って言ってやったわ。そんなこともあったけど、私たちはすごく深く結びついてて、彼は音楽を通してたくさんのことを伝えてくれた。プリンスが来て何かを演奏すると、それが私のことを歌った曲だってちゃんとわかったわ」

夏に作られた2曲目は、エネルギッシュで力強く、美しいメロディーが耳に残るロック「Let's Go Crazy」（ファースト・アヴェニューのショーで初披露されたが、当日の音源は結局アルバムに使われなかった）。新生のバンドと新たな時代の到来を告げるこの曲では、プレイヤーたちの正確なテクニックとすさまじいパワーが目立つ一方、ポップな感性も光っている。また冒頭で捧げられる祈り——「Dearly beloved, we are gathered here today to get through this thing called life（最愛なる者よ、僕たちは今日、人生と呼ばれるものを生き抜くためここに集まった）」——も強烈な印象を与えるため、コンサートあるいは映画の幕明けとして完璧だ（プリンスは曲の締めくくりに超高速ギターのソロをたっぷり55秒聞かせる。空気を切り裂くようなこのフレーズによって、プリンスはロック・ファンからギター・ヒーローとして崇拝されるようになった。またパブリック・エナミーはこのソロを、90年にシングル・リリースした攻撃的な「Welcome to the Terrordome（ウェルカム・トゥ・ザ・テラードーム）」で大胆にサンプリングしている）。

「［プリンスは］「Let's Go Crazy」を書き上げて、私を車で迎えに来たの。朝の3時頃だったかな」とジル・ジョーンズ。「録音を聞いたんだけど、全然彼らしくなかった。あんなにエネルギッシュなサビの曲なんて作ったことなかったもの。彼は自分にぴったりの声を見つけたのね。あのしゃべるような歌い方が、自分に合うってわかったのよ」

「Let's Go Crazy」は夏の初めに書かれたが、レコーディングはその数ヵ月後に倉庫で行われた。「プリンスはリハーサルを録音できるようにしたかったの」とスーザン・ロジャース。「だから私に、倉庫の真ん中にコントロール・ルームを作れって指示して——そんなのすごいルール違反でしょう。でも私はエンジニアじゃないから、レコード作りについて何も知らなくて。今考えると、だからこそ私はプリンスにぴったりだったのね。彼は私を使って思いどおりのやり方でレコードを作れたから。そんなわけでミキサーを運び込んで、四角いカーペットをセメントの床に敷いて、『よし、ここをコントロール・ルームにするわ』ってことになった。遮音板なんかないのよ。リハーサルで「Let's Go Crazy」をライヴ録音して、それからプリンスはバンドのメンバー全員を家に帰した。残ったのは彼と私だけ。つまりふたりで多重録音の作業をすることになったの。それが彼と1対1でレコーディングした初めての経験だった」

「私がテープ・レコーダーを回して、プリンスがギター・ソロを弾く。私の真ん前に立ってプレイしてたわ。私がそれを録音して、テープを止めて巻き戻して完了するはずだった。でも途中で彼がミスをしたから、私はソロの頭まで巻き戻したの。そうしたら彼は録音したばかりのソロに合わせて弾いてる。私は思ったわ。『彼は弾いてるのに私はテープを回してない。私がミスをしたのかしら？ 合図を見落とした？』。そこで人差し指で録音ボタンを押したら、彼が手を伸ばして停止ボタンを押し、『誰が合図した？』って言ったの。『誰もしてません』と答えたわ。彼は辛抱強くて理解があった。そして『巻き戻して、僕を見てるんだ。どこでボタンを押せばいいか合図するから』とだけ言ったの。私は『わかりました』と返事をして、それからも録音を任されることになった。そんなふうに彼とのパートナーシップが始まって、私は彼の表情を読み取るようになったの。エンジニアとして、文字どおり彼と一緒にソロを演奏しなきゃならない。かすかな合図に注意しながらね。彼のあごがわずかに動くと、こっちはすかさず『さあ来たわ、次の小節の1拍目ね』と構えて、ボタンを押す。そのうち彼のことがすごくよくわかるようになった。『よし、彼はあのパートを録音したがるはず』って予想できるくらいにね。ああいうふうにずっと、ほとんど毎日親密に仕事をすると、エンジニアとアーティストの間には素晴らしい共生関係が生まれるのよ」

「Let's Go Crazy」の歌詞は、陽気な曲調と非常に対照的だ。世界の終わりを祝う「1999」と同じパターンである。今回プリンスは「All excited, but we don't know why（皆興奮してるけど、どうしてなのかわからない）／Maybe it's 'cause we're all gonna die（皆いつかは死ぬからかもね）」と歌う。本人は98年、音楽チャンネルＶＨ１の番組でインタビュアーのクリス・ロックに対し、「Let's Go Crazy」は神と悪魔のことを歌った曲だと語った。「仕方なく歌詞を変えたけど、実は〝de/elevator（下降するエレベーター）〟っていうのは悪魔《サタン》のことなんだ。〝神《ゴッド》〟っていう言葉は〔訳注：畏れ多いとされて〕ラジオで流せないから、歌詞を変えなきゃいけなくてね。「Let's Go Crazy」は僕にとっての神なんだ――いつも幸せで心を研ぎ澄ませていれば〝de/elevator（悪魔）〟に打ち勝つことができるっていう意味さ」

すでに完成していた「Purple Rain」や「I Would Die 4 U」同様、「Let's Go Crazy」の歌詞を見ても、ニュー・アルバムには終末観と最後の救済への願いが、初期のレコードよりさらに強く込められることがわかる。こういった歌詞から、プリンスは人々を啓蒙するのが使命だと思っていたという人もいる。デズ・ディッカーソンの考えでは、プリンスは地上で自分に与えられた使命を信じ、歌を通じて聖なる戦いを続けていた。「俺たちは、より知能が高い存在から遣わされた、ファンク・ロックを装った使者なのさ……プリンスには、何ていうかな、何かの特別な使者っていう感じがあったよ」

「Let's Go Crazy」には核兵器による破壊への恐怖も色濃く表れている。当時アメリカでは原子力発電所が次々に建てられていた。冷戦が長引く中、レーガン大統領はソ連に対抗するため軍拡競争に熱中していた（戦略防衛構想、通称〝スターウォーズ〟計画にも着手）。このような背景から、80年代前半には、核兵器への恐怖をテーマにした作品が数多く作られたのだ。核戦争後の世界を描いてエミー賞を受賞した『ザ・デイ・アフター』（1983年）は、テレビ映画の金字塔とされている。またジャーナリストで反核活動家のジョナサン・シェルが著した『地球の運命』（斎田一路・西俣総平訳、82年、朝日新聞社）や、ジャーナリストのロバート・シアーによる『With Enough Shovels（十分なシャベルがあれば）』など、広く読まれ議論を巻き起こした本は、迫り来る核災害について恐ろしい警告を発した（私がハイスクールの最高学年で取り組んだプロジェクトのひとつに、当時の戦争の現実性を考慮してアメリカの民間防衛計画がいかに無駄かを研究する、というものがあった）。

プリンスはいちばん近しい人たちにさえ、歌詞に込めた自分の考えをはっきり伝えたわけではない。「彼は歌詞の内容について、バンドのメンバーと本格的な議論はしなかった」とリサ・コールマンはEメールで教えてくれた。「何かについて助けが必要な時は別だったけど。でもああいう曲の大半は〝メッセージ〟ソングじゃないのよ。私たちは、ほとんどの人がするように、一般論として歌詞の中身について話し合っただけ。確かにポップな話題だったし、あの頃のクールなバンドは皆、謎と隠されたメッセージで覆い隠されてたしね！」

「プリンスは気まぐれに悪魔をテーマにするようなマネは絶対しなかったわ。これは確かよ。神についてなら1日中話せたけど、悪魔になんかこれっぽっちも注意を払わなかった！　だから、いちばん安全で、しかもいちばん危険なのは、神のはずだってことになる。神の策略！　それについては誰でも少しは知ってるでしょう。まさにプリンスのファン層にぴったりの歌詞ってわけ！」。リサのEメールには続けて、世界の終わりを説いた有名な人や作品が挙げられている。ノストラダムス、オーソン・ウェルズ〔訳注：架空の火星人侵略を〝生放送〟したラジオ・ドラマ『宇宙戦争』（１９３８年）を制作）、パニック映画を数多く手がけたアーウィン・アレン（訳注：火山の大噴火を描いた『世界崩壊の序曲』（80年）の監督）、原子力発電所の実情を暴く映画『チャイナ・シンドローム』（79年）。「大災害にこだわる文化があるのよ。ヒット映画、本、霊能者と電話で話せるサイキック・ホットライン、占い師。うしろめたい喜び。惨劇を追いかける人たち。政治家でさえこういうのにのめり込むんだから、ミネアポリスのかわいい少年、悲しい目をしたちっちゃな男の子がハマったって、おかしくないでしょう?」

ウェンディ・メルヴォワンは次のように指摘する。「あの頃、プリンスはまだ神を敬って祈りを捧げてたわ。啓示とか、自分が求めるそういうものを本気で信じてた。目を覚まして『そういうことだったのか!』と叫ぶでしょう。そして真夜中に私たちを電話で叩き起こして『見えた! わかったんだ——現れたんだよ!』って言う。答えを見つけ出すためには何ものも恐れなかったわ。今は聖書を読み込んでるけど、もっと若い頃は聖書やキリスト教の寓話について、とうとうと語ったりはしなかった。そういうのは抽象的なことだったから」

「プリンスは難解じゃなくて、何かを追い求めるような曲を書いてたわ」とリサ。「宗教というかせで自分を縛るんじゃなくて、信仰を曲作りのエネルギーにしてたの」。プリンスは85年にＭＴＶのインタビューを受けた時、『パープル・レイン』収録曲について長い沈黙を破り、この複雑な問題を簡潔な言葉ではっきり説明しようとした。「僕は神を信じている。神は唯一の存在だ。来世も信じてるよ。皆にも理解できるといいな。神を信じてるのに、僕はさんざん非難されてきた。すごく信心深いってことを世の中に知ってほしいだけなんだ。僕は毎晩祈りを捧げるけど、多くは求めない。いつも『感謝します』って言うだけさ」

ニュー・アルバムでサポートする映画〔あるいはニュー・アルバムをサポートする映画〕は、まだ方向性を探っている段階だった。しかし一連の新曲が完成したことで、アルバムの形はほぼ固まった。「プリンスはいつも、アルバムには核があるって言ってたわ」とスーザン・ロジャース。「二流のアーティストなら、レコードの中心になるのは2曲かせいぜい3曲。他の曲は全部ただの埋め草よ。でもプリンスの場合、核にできるような曲は5、6曲あったわ。『Purple Rain』の中心は、彼のリハーサルの量から判断できたんだけど、「The Beautiful Ones」「Purple Rain」「Computer Blue」。プリンスはこの3曲がアルバムの代表曲になるってわかってたのね」

9月初め、アル・マグノーリは『俺たちの明日』を完成させるためロサンゼルスへ飛ぶ。だが2週間の作業の間も『パープル・レイン』の脚本を書き続けた。9月15日にはミネアポリスへ戻り、スタッフの採用を開始。続く6週間でプリプロダクション〔訳注：撮影前の作業〕を進めた。本人によれば、プロジェクトは完全に自己資金の持ち出しになる、だから自主制作になるだろう、と思いながら働いていたという。つまり低予算映画ということだ。

しかしカヴァロから、いくつかの映画会社が興味を示し、プロジェクトへの参加を検討している、と告げられた。「映画会社は相変わらずプリンスが何者か知らなかったが」とマグノーリは振り返る。「手をこまねいてただ見てるのもいやだったんだろう」。カヴァロはマグノーリをロサンゼルスへ呼び寄せ、ファーグノリ、ラファロとともに打ち合わせを重ねる。目標は700万ドルの資金調達。これだけあれば制作はかなり進展するはずだ。

「最初に当たったのは［デヴィッド・］ゲフィン〔訳注：映画プロデューサー、レコード会社経営者。ワーナー・ブラザース・ピクチャーズで活躍したあと、80年にゲフィン・フィルム・カンパニーおよびゲフィン・レコードを設立〕」とカヴァロ。「だが彼の決断はノーだった。安全な話じゃないと判断したんだね。『私ならもうちょっと客層を絞るよ。どっちにしろ今は無理だ。始めるならもう1本ツアーをやってからだな』という返事だ。彼の言いたいことはわかったが、プリンスがこれを聞いたら『そんなやつクソくらえ』って言うと思った」

マグノーリも振り返る、「ゲフィンの態度はこんな感じだったね、『プリンスはメジャーなスターに絶対ならないだろう。自分はマイケル・ジャクソンと仕事をしてるんだ。プリンスなんかに興味はない』って」

次に話を持ち込んだのは、コメディアンで俳優のリチャード・プライアーが設立した映像制作会社、インディゴ・プロダクションだ。そこでカヴァロたちはプライアーのビジネス・パートナー、ジム・ブラウン（殿堂入りを果たした元プロフットボール選手、慈善活動家）と会う。「契約寸前まで行ったんだ」とカヴァロ。「あとひと息ってところでブラウンが『いいか、俺がエグゼクティヴ・プロデューサーになる。あんたはすべてこっちの指示に従って進めるんだ』と言った。私は『そうですか。実はすでにカメラマンをひとり雇っていて――私の親友で、アカデミー賞に5回ノミネートされたやつがいるんですが、彼が言うには、そのカメラマンは物静かで、出しゃばらなくて、映画作りの即戦力になるんだそうですよ』とジム・ブラウンに伝えた。そうしたら彼は『俺の指示に従えって何回言えばわかるんだ？』って怒りだしてね。だからそばに寄って『いいですか、ジム……』と言いながら彼の背中に手を置いた。それが間違いだったよ――誰かが間に割って入ってくれなかったら、危うく殺されるところだった。まあそんなわけで――お前なんかこっちから願い下げだってことになって、おさらばしてきたんだ」

マグノーリの記憶では、話の流れは異なる。「ジム・ブラウンは僕らを一目見てこう言った、『何だこりゃ。イタリアン・マフィアが俺の目の前にいるのか？　お前らみたいな道化とこの映画を作るなんて冗談じゃない。黒人のアーティストと黒人じゃないやつらが一緒に出る映画なんか、お断りだね』」

ただしブラウンは、スパイク・リーが２００２年に制作したドキュメンタリー『Jim Brown: All American（ジム・ブラウン：オールアメリカン）』の中で、この会見に臨んだのは自分ではなくパートナーのリチャード・プライアーだったと主張している。「映画『パープル・レイン』は俺が初めてやりたいと思ったベンチャー事業だ。そこで『リチャード、これだ！』って言ったんだ。『プリンスはブレイク寸前だぞ』ってね。だがリチャードはプリンスのことをまったく知らなくて、結局うやむやのうちに話は流れてしまった」。間もなくブラウンは会社を離れ、インディゴ・プロダクションは解散した。

「もう打つ手はなくなった」とカヴァロ。「その時［ハリウッドの超大物エージェント］マイケル・オーヴィッツが、ワーナー・ブラザース・ピクチャーズをどうにか説得して、制作を引き受けさせたんだ。マイケルが［アーティストの個人出演］部門を立ち上げた時、私はアース・ウインド・アンド・ファイアーとプリンスのマネージメントを任せた。フレディ［・デマン。マドンナのマネージャー］はマドンナをね。このアーティストたちがいたから、彼は事業を始めることができたんだ。だからお返しに映画作りを助けてくれって言ったのさ」

ワーナー・ブラザース・レコード会長のモー・オースティンも、同じ企業グループに属するワーナー・ブラザース・ピクチャーズに話を通してくれた。「映画の連中のところへ行って、我々はプリンスを高く買っていると話したんだ。ワーナー・グループ全体にとってすごく重要なアーティストだし、ピクチャーズ側が関わることになるサントラも大ヒットが期待できる、とね」とオースティン。「この映画は作るべきだって精一杯説得に努めたよ。彼らがあの音楽をちゃんと理解できたかどうかは疑問だがね。どういう企画なのか、彼らははっきりわかっていなかったが、映画業界ではそんなのよくあることさ」

カヴァロによれば、マグノーリは話に尾ひれをつける癖があるそうだ。その警告を心に留めながら、マグノーリが語るワーナー・ブラザース・ピクチャーズとの初顔合わせの様子を紹介しよう。「皆ソファに座っていた。正面には［ワーナーの執行副社長］マーク・カントン。その横には制作部のボスとその部下の女性3人。裁判の傍聴人みたいに全員黒い服だ。カントンが『いくつか問題がある』と言って、部下の女性に目配せした。すると真ん中の子が口を開いた。『このテーマ、最低だわ。汚らわしい。女性蔑視《べっし》よ』。こっちのマネージャーたちはショックで心臓まひを起こしそうになったね」

「僕はこう釈明した。『ハリウッドが関わってないからこの作品は偽物だって若者が思ったら、映画はただのゴミになってしまいます。僕は自分が属している文化をもとにして脚本を書きました。ここに描かれているのはありのままの世界なんです』。するとカントンは言った。『もうひとつ、そちらに検討してもらいたいことがある。我々は、プリンスが映画の主役をできるほどビッグじゃないと考えていてね。ジョン・トラボルタがこの役を演じてはどうかな？』」

マグノーリによれば、マネージャー陣は顔を真っ赤にして激怒したが、彼は自分のやっていることは間違っていなかったと感じた。こういうふうに干渉されるからこそ、映画会社の金をこの映画に使いたくないと、最初から考えていたからだ。マグノーリは空港へ戻りミネアポリスへ帰ることにした。その時、カヴァロがモーテルの仮事務所に電話をしてきて（もちろん携帯電話などない時代だ）、カントンの伝言を伝えた。

折り返し連絡すると、カントンは謝罪を述べ、プリンス側のチームにこちらへ戻ってほしい、ボブ・デーリーとテリー・セメル（ワーナーの当時の共同会長）に直接話を売り込んではどうか、と提案された。

1週間後、マグノーリとマネージャーたちは再びワーナーのオフィスに呼ばれた。マグノーリはあらかじめカヴァロから、映画会社はあるシーンを変えてほしがっている、プリンス演じるキッドの父親が自殺する場面だ、と聞かされていた。当時ワーナーは『スター80』という映画を完成させたばかりだった。『プレイボーイ』誌のモデル、ドロシー・ストラットンの生と死を描いた作品だが、自殺シーンに対し、観客の反応はとても否定的だったという。しかしマグノーリはシーンを書き直すつもりはないと突っぱねた。「僕は売り込みの演説を始めた」とマグノーリ。「夢中になってまくしたてるうちに、向こうは話に乗ってきた。自殺の説明のところまで来ると、僕はこう言った。『銃弾は父親に当たる――でも死なない。プリンスはそこから教訓を学び、再起するんです』。これを聞いたセメルは『今まで聞いた中で最高の売り込みだ。すぐ映画制作のゴーサインを出そう』って言ったよ」。だが彼が示した契約条件は、完成した作品を観て、会社として公式に関わるかどうか決めるまで、ワーナーの名は出さない、というものだった。

父親が死ぬことにするかどうかは、脚本の初稿段階から議論が続いていた。最終決定は撮影開始の数日前まで持ち越される。「両親を無理心中させないって彼らが決めた時、映画で描けたはずの暗さが少し失われてしまった」と脚本の草案を書いたウィリアム・ブリンは言う（カヴァロも『プリンスに決めさせたら、登場人物がバンバン死んでただろうね』と述べている）。

資金調達のめどがつき、脚本もほぼ完成した。パズルのピースがすべてはまろうとしている。大きな賭けだったが、制作に一気に取りかかる準備は整った。だがここでまた重大な問題が発生する。主演女優が役を降りたのだ。
ヴァニティ（本名デニース・マシューズ）はモデルとして出発し、ミス・カナダ・コンテストに出場。その後コマーシャルにも進出する。プリンスに出会う前は『テラー・トレイン』『秘宮のタニヤ』といったB級映画に数本出演していた。ヴァニティ6の「Nasty Girl」が大ヒットしてダンス・チャートで1位を獲得してから、挑発的な色気のおかげで仕事のオファーが増えたため、プリンス・ファミリーとの関係が悪化していた。

マグノーリがファースト・アヴェニューの2階で初めてヴァニティに会ったのは、ミネアポリスに来てすぐ、プリンスの取り巻きにインタビューをしていた頃だ。「空気がピリピリしてるのがはっきりわかったよ。ヴァニティのエージェントが、彼女にいろいろ吹き込んで、皆を疑うように仕向けてたんだ」とマグノーリ。「ヴァニティは新しい世界へ続くドアを目の前にして、中に飛び込もうかどうか迷ってた」。ヴァニティはマグノーリに、マーティン・スコセッシ監督から『最後の誘惑』のマグダラのマリア役のオファーが来ている、と話した。マグノーリは絶対引き受けるべきだと答えた——新人監督ではなくスコセッシと仕事ができるチャンスを棒に振るなんてありえない——しかし、ひと言付け加えるのも忘れなかった。「もし、その話がほんとだったらね」

ヴァニティがスコセッシ監督と話し合ったのは事実かもしれないが、マグノーリが彼女にインタビューをした83年夏、この映画の企画は宙に浮いた状態だった。同年前半に『最後の誘惑』が企画された時、映画会社の中で激しい議論が起こり（訳注：原作の小説がキリストを冒涜《ぼうとく》する内容だとして問題視された）、12月まで話を持ち越すことになっていたのだ（制作にこぎ着けたのは数年後。配給は別の映画会社になり、マグダラのマリア役はバーバラ・ハーシーが演じた)。間もなく現実的な金の問題が出てくる。ヴァニティは他のキャストと違って映画への出演経験があったため、より高額な契約金を要求したが、プロデューサーたちに拒否された。「あのくだらない作品にがまんして出なきゃならないのに、それに見合うだけのお金を払わないつもりなのよ」というのがヴァニティの言い分だった。彼女は映画だけでなく、ヴァニティ6のリード・ヴォーカルの座も降りてしまう。

新しい主演女優を探している、それも早急に、という話が広まり、何百人もの応募があった。オーディションを受けた女性は500人とも700人ともいわれている。「500人も来たかなあ」とマグノーリ。「とにかく大勢の候補者と会ったよ」。ジェニファー・ビールスに役をオファーしたが、イェール大学での勉強を優先するため断られたといううわさもある。しかしマグノーリの記憶では、この『フラッシュダンス』のスターが候補に挙がったことは一度もないという。

ニューヨークで活動していたある女優は、性的にあまりにも過激なことを求められたのでオーディションの場から逃げ出した、と『ローリングストーン』誌に明かした。「あんないやらしいこと私にはできなかったわ。つまり、自分のベッドルームで恋人にもさせないようなことが、脚本に書いてあったのよ」。マグノーリによれば、その記事を読んだ彼の母親に、電話でさんざんしかられたという。だが彼は今でも、道徳に反するようなことはなかったと主張する。「すごくシンプルなオーディションだったんだ。恥ずべき行為は一切なかったよ」

マグノーリによれば、脚本の草稿には、高架の下でプリンス(キッド)がヴァニティ演じるヒロインに追いつくシーンがあった。彼女を誘惑しようとするモーリス・デイの企みを阻止したあとだ。ここは映画の完成版で重要なシーンになる。プリンスは彼女をなぐろうとするが、これでは暴力を振るっていた父親と同じだと気づき、思いとどまるからだ。オーディション時の脚本ではこのシーンに、完成版より暴力的で、ほとんどレイプに近い行為が描かれていた。「読めばすぐわかったと思うけど、あれはちょっとした自分用のメモだったんだよ」とマグノーリは言う。「実際こういうふうに撮ろうなんて話し合ったことは一度もない。でもあの〔訳注：『ローリングストーン』誌に暴露話をした〕女優は、そのシーンが許せなかったんだろうな」

オーディションを重ねたが有望な候補者は現れなかった。だが撮影開始は迫っている。「これだっていう女性がひとりもいなくてね。そしたらある日アポロニアが部屋に入ってきたんだ」とマグノーリは振り返る。「ジム帰りで、だぶだぶのスウェットスーツを着て、ノーメークだった。他の人は皆、革ジャンと脚にぴったりしたパンツに超ハイヒールでキメてくるのにね。彼女はヴァニティと正反対だった。ヴァニティは危険で、過激にセクシーで、罪の象徴。アポロニアはとても甘くて、光の象徴。だからプリンスに電話をかけて、見込みのあるのが来たぞって伝えた。彼女をプリンスのもとへ送り込んだら、1時間半ぐらい経って電話がかかってきた。『彼女とならば仕事ができる』って言われたよ」

アポロニア（本名パトリシア・コテロ）には演技の経験が少々あった。テレビのミニ・シリーズ『The Mystic Warrior』（84年）でヒロインを演じたのだ。もう少し地味なところでは、工具の大手メーカー、リッジ・ツール社（本社はオハイオ州エリリア）が毎年発行する〝リジッド・カレンダー〟のピンナップ・ガールにも起用されたことがあった。「私は女優としても歌手としても、仕事に飢えてたわ」と本人はかつて語っている。「演劇業界紙の『ドラマ・ローグ』で募集リストを見て、エージェントに電話をかけて、1週間も経たないうちにオーディションを受けたの。プリンスにファースト・アヴェニューへ連れていかれて。私はぴったりした黒のパンツと、ゴールドのメッシュが入った薄いトップスを着ていったわ」。そこではプロデューサーたちに靴を脱ぐよう指示された。主役と背が釣り合うかどうか確かめるためだ。また別のインタビューでアポロニアは次のように振り返っている。「映画のオーディションを受けにミネアポリスへ行く前、プリンスについてちょっとしたうわさを聞いたわ。でもあそこへは何かをいいか悪いか判断するために行ったんじゃない。私はプリンスを崇拝してなかったから、彼とうまくいったんだと思う」

パトリシア・コテロと出演契約をしたあと、プリンスは『ゴッドファーザー』の脇役から取った〝アポロニア〟という芸名を与える。そして「最近は芸名が名前ひとつだけの女の子たちがいるだろう。君もそうなるんだ」と告げた（彼女はずっと〝アポロニア〟は自分のミドルネームだと主張してきた。だが出生証明書には〝パトリシア・コテロ〟としか記載されていない。ある程度の年齢になってキリスト教の堅信式で授かった名前か、ミドルネームとしてあとから追加された可能性もある）。またアポロニアは、プリンスとの恋愛関係はなかったと力説している――「私たちは世界一の大親友だったけど、デートは一度もしなかったわ」――彼女は結婚していたからだ。当時の『ピープル』誌によれば、夫のグレッグ・パッチュルは「俳優を目指す武道家で……空手道場を経営」していた（「妻は僕に表に出てほしくなかったんだ」と本人は述べている）。しかしアポロニアとヴァン・ヘイレンのリード・ヴォーカル、デイヴィッド・リー・ロスの仲をほのめかす報道もあった。

「アポロニアが現れて、今度は彼女が新参者ってことになった。私たちは『ふーん、この女が？』って感じだったわ」とジル・ジョーンズ。「彼女はとてもかわいらしかったけど、すぐ仲良くなったわけじゃない――それで正解だったのよ。プリンスはまさにそれを望んでいたんだもの。彼は「映画のセットに流れる」

緊張感について、いろいろな本でたくさんの話を読んでたんだと思う。だからわざと私たちの間で緊張感が続くようにしたの。彼女、今では『いつもあなたのこと大好きだったわ、ジル』なんて言うけど、私の方は最低の態度をとってたわね」

プリンス・ファミリーの大部分は悟った――ヴァニティ6からアポロニア6へ名前を変えた、アメコミに出てくるようなセクシーなガールズ・バンドに、プリンスがバカげた気晴らしを求めていることを。ザ・タイムのメンバーのようなミュージシャンと仕事をするのはまだがまんできた。曲はプリンスが提供しているとしても、それをヒットさせるために彼らは努力を重ね、その結果レベルの高い音楽が生まれるからだ。しかしランジェリー姿で歌うしか能がない女を本物のアーティストに育て上げるのは、プリンスにだって難しいはずだ。

「バンドのメンバーは皆うんざりしてたね。でも何も言わずに放っとくしかなかった」とマット・フィンク。「意見を言ったところで、プリンスはたいてい気にしなかった――俺は何回も意見したんだぜ。でも彼は『まあ、誰かがボスにならなきゃいけないんだし、今は僕がそうだろ』って言うだけで、そこで話は終わりさ」

ウェンディ・メルヴォワンはかつて、ヴァニティ6／アポロニア6のプロジェクトについて質問された時、「私は気づいていたわ、プリンスは音楽のためだけにあの業界にいるわけじゃないって。本人が何と言おうとね」と説明した。「彼が音楽をやってるのは、人を楽しませるためでもあるのよ」

Reach Out 4 Something New

Chapter 5

新しい何かを求めて手を伸ばす

83年10月31日、『パープル・レイン』の撮影が始まった。コンセプトが見直された完成版の脚本は、マグノーリ監督いわくプリンスの〝感情の自伝〟になっていた。マグノーリは物語のビジョンをこう説明している。「プリンスは自分が属する世界ではパワフルで人を引きつける力がある。でも両親と住む家に足を踏み入れると、屈辱を覚え、おびえて、傷つく……だが映画のエンディングまでに、心を開いて他の人々を自分の世界に入れることを学ぶ。愛することを知るんだ」

物語の主役、キッド（主要な登場人物の中で唯一、役名と演じる者の名前が違う）は、ファースト・アヴェニューを中心とした音楽シーンでトップを狙う若者だが、仲間が曲作りに口を出すのは許さない。父親は落ちぶれたミュージシャンで、妻に暴力を振るってうっぷんを晴らしている。キッドは家に帰れば、その父親と争ってばかりだ。あるシーンでキッドは家族の状況を「見世物《フリーク・ショー》」だと自虐的に説明している。シーンで一旗揚げようと街にやって来た若い女性（アポロニア）に、キッドは引きつけられる。これをきっかけに、親しみやすくファンキーなライバル・バンド、ザ・タイムのリーダーであるモーリスとの競争が激しくなる。

一方、キッドのバンド、ザ・レヴォリューションのメンバーであるウェンディとリサは、自分たちが作っている曲をプリンスが聞こうとせず、セットリストに入れるのも拒んだため、腹を立てる。モーリスが作ったガールズ・バンドにアポロニアが入ったことから、大きな危機が訪れる。裏切られたというキッドの思いは、苦悩と激情に満ちたファースト・アヴェニューでのパフォーマンスに表れる。家に帰ったキッドの目の前で、心に問題を抱えた父親が拳銃自殺を図る。激しい怒りと混乱の中、キッドは父親の書いた楽譜が詰まったスーツケースを見つける。自分が思っていたより多くのものを父親と共有していることを知り、彼と同じ闇に飲み込まれなければいいのだと悟る。

その夜のショーで、キッドは新曲を披露する。ウェンディとリサに渡された音楽をベースにして作った曲だ。キッドは心を開いて他の人の意見を聞くことを学び、自分の音楽を悪しき感情の解放ではなく救済に使うようになったのだ。こうしてキッドは、ファースト・アヴェニューの観客の心をつかみ、アポロニアの愛を取り戻し、命をとりとめた父親と和解する。

プリンスはヨーロッパ映画やデヴィッド・リンチをさんざん研究したが、完成した『パープル・レイン』は『市民ケーン』〔訳注：オーソン・ウェルズが25歳で監督した処女作（66年）〕のような名作ではなかった。しかしプリンス、ザ・タイム、アポロニア6の曲が満載で、ミネアポリスのクラブシーンの独特なビジュアル・スタイルも詳しく描かれている（誇張した部分もあるが）。映画館のスクリーンで見れば十分エキサイティングだ。マグノーリがいちばんこだわったのは、完璧な筋立《プロット》てではなく、プリンスが作り上げる世界の空気感と、そこにあふれるエネルギーを捉えることだったのである。

ミネアポリスでは10月いっぱい暖かい気候が続いていた。カヴァロは撮影初日、ヘリコプターの使用を許可する。紅葉した林をバイクで駆け抜けるプリンスを撮るためだ。カットによってはアポロニアもバイクのうしろに乗った。「丸1日、バイクの撮影にかかりっ切りだったよ」とマグノーリ。「次の日は雪が2メートル以上積もってた」。映像編集者のケン・ロビンソンによれば、路面に張った氷があまりに厚いので、穴をいくつも開けて滑らないようにしなければならなかったという。

『パープル・レイン』制作に関わった人に、室内セットではない外での撮影はどうだったか聞くと、誰もが真っ先に天候のことを口にする。「マイナス３００℃かっていうくらい寒かったわ」とグチるのはリサ・

コールマンだ。

「撮影現場ではヘアスタイルやメークを朝6時にはしなきゃならなくて」とウェンディ・メルヴォワンは付け加える。「しかもあの冬は北極並みに寒くてね。リサか私のどっちかが、ふたり分のパジャマを着込んで外へ出て、車のエンジンをかけて1時間温めなきゃならなかったわ。そうしないとフロントガラスの氷が溶けないんだもの」

秋が終わり冬に入っても撮影は続いた。作業が順調に進むかどうかは天候次第になってきた――だから30年後も皆が天気のことをはっきり覚えているのだろう。だが83年冬の天気予報を見ると、天候が深刻なまでに悪化したのは撮影開始の数週間後だ。最悪だったのは12月で、気温はマイナス35℃近くまで下がり、50センチを超える雪が積もった。天候などの1年分のデータをまとめた『Old Farmer's Almanac（農業年鑑）』誌によれば、マグノーリが「雪が2メートル以上積もった」という11月1日、予想気温は12℃、弱い雨が降る見込みとなっている。

マグノーリの言葉が事実かどうかはともかく、過酷な撮影だったのは間違いない。しかも撮影開始から数日で、制作チームは進行が遅すぎると言われた。「撮影が始まって1週間後に、もうスケジュールから2週間遅れてるって言われたんだ」とマグノーリ。「ワーナーが契約した完成保証会社（訳注：映画が予算内・納期内に完成するよう、撮影日程や会計を管理する会社。資金難になった場合は不足分を負担するか、映画の制作権を引き取ることができる。映画の企画自体を中止する権利も持つ）が、ミネアポリスにお目付け役をふたり送り込んできてね。こっちの撮影状況を厳しくチェックされたよ。映画の作り方がなってないだの、スケジュールが遅れてるだの、ギャアギャアうるさいんだ。ジョン・ウェインが映画を初めて監督した時のことも教えられたよ。スケジュールが遅れたから、彼は脚本から10ページ破りとって『さあ、遅れを取り戻したぞ!』って言ったらしいね」

「私を映画芸術科学アカデミー〔訳注：映画の発展と向上を目標に掲げる非営利団体。アカデミー賞を主催〕の会員に推薦してくれたのは、映画プロデューサーのリンズレイ・パーソンズでね」とカヴァロ。「私たちは親友になった。彼がクレジットされてる映画は80本くらいあるんだよ、信じられないだろ。その彼が、撮影が始まってから1週間後、飛行機でミネアポリスにやって来てこう言った。『1ヵ月遅れてるぞ』。今でもその理屈が理解できないんだが、とにかく彼が心配するほど大変な事態だってことはわかった。だから『わかった。一緒にこれを何とかしてくれ』と頼んだんだ」

「彼は脚本を手に取って1ページ折りたたんだ。さらに1ページ。そしてこう言ったよ。『さて、君と私でこれからちょっとしたつなぎの部分を書く。そしてこの2ページにはおサラバだ』。彼は脚本全体をこうやってまとめていった。私は理にかなってると思ったね。[マグノーリは]若造だから文句を言う権利はないさ。バルコニーから放り出すぞって脅してやったよ」

「撮影は大混乱だった」とアラン・リーズ。「プリンスは状況を完全にコントロールできないことに慣れていなかったし、現場の指揮を引き受けるような知識も技術もない。これ以上ないほどイライラしてたね。照明のセットや撮影の準備をしている間の待ち時間が、がまんできなかった。ミュージック・ビデオを作った経験はあったさ——手順は簡単だったし、彼が短気を起こしたら撮影内容を変えることもできた。皆それに従ったんだ。でも今回作っているのは映画だから、そんなに融通を利かせるわけにはいかなくて、プリンスは気が狂いそうになってたよ」

「マグノーリにも問題があったね。彼は新人監督だから、スタッフを完全には信頼してなかった。監督としてての資質に欠けていたんだ。スタッフの中には――もっといい呼び方があればいいんだが――ジャーニーマン（熟練職人）が何人かいた。たくさんの映画プロジェクトに参加して、専門技術を身につけてはいるが、全体像がわかるほどの経験がなくて、そのくせ不満を時々口に出すような人たちだ。ストレスをためて、自分が監督になるべきだと考えている下っ端がひとりでもいれば、現場はめちゃくちゃになる」

プリンスが撮影中にも脚本を書き直したため、マグノーリ監督の立場はますます弱くなった。「プリンスはマグノーリからすべて取り上げたわ。脚本も自分で書いてた」とスザンナ・メルヴォワンは振り返る。「『だめだ、僕が考えてたのと違う。ここにはルールなんてない――これは僕の映画だから、僕は自分でやれる』って調子よ。脚本のどこかを読んで『ハジける感じが足りない。僕はこんなこと言わないぞ』とかね。次の瞬間には、床に座り込んで書き直してる。それをスティーヴ［・ファーグノリ］に渡して事務所へ持っていかせると、次の日には変更された脚本が配られるの。〝僕のやり方に従えないなら出ていけ〟っていう方針を押し通して、周りもそれを止めなかったわ」

誰もがいちばん戸惑ったのは、音楽と映画の文化の違いだった。両者が融合したＭＴＶが台頭してきてはいたが、それでも音楽業界と映画業界ではスケジュールがまったく違い、プロの仕事のやり方も大きく異なっていた。「僕は音楽の世界と映画の世界を近づけようと努力した」とマグノーリ。「方法は簡単。夜7時以降は仕事をしないこと。プリンスに、君がチーム全体の考え方をそう改めるべきだって言った。生活を夜型から昼型に変えるのさ。彼が召集をかけてそう命じたら――皆〝ええっ？〟って感じだったね。でもこれが映画業界の時間だって理解した。文句はひとつも出なかったよ。全員台詞をきっちり覚えて現れるようになった」

「映画の人間は私たちにまったく敬意を払ってなかった」とアラン・リーズ。彼は仕事柄、ちょうど両者の板挟みになっていた。「向こうはこっちをただのラッキーな人々の集団だと考えていてね――映画側の人間っていうのはスタッフのことだよ、アーティストたちやプリンスじゃなくて。彼らはプリンスを嫌ってたね。基本的に、この映画の成功を信じていなかったら。こういう頭の固いＡＤやカメラマンにとっては、よくあるライヴの撮影だったのさ。厳しい冬の真っ最中に、地の果てにあるミネソタの安ホテルに押し込められて、名前も聞いたことがないような若造を撮影し、何の実績もない監督や照明監督からあれこれ命令されるんだ。照明監督はリロイ・ベネットといって、パフォーマンス・シーンがあんなに素晴らしいのは90パーセント彼のおかげなんだが、映画畑出身じゃなくてロックの仕事をしてたんだよ」

「文句があるやつは私に話をするしかなかった。映画側が話していい音楽側の人間は私だけ、とプリンスが決めたからだ。ＡＤなんかはモーリスやアポロニアと話せなくてね――皆私を通さなければならなかった。だから私は思いあがって、自分が重要人物になったような気がしたよ、大きな勘違いだったが。当然ＡＤたちは私に反感を抱いた。私が両者の真ん中にいたから嫌ったのさ。私は仲良くやろうとしただけだが、向こうはそういうふうに見ないで、障害物だと思ってたんだ。こういう目に見えない悪意が流れていたから、私たちのうち何人かは、プリンスとカヴァロとファーグノリをできるだけ煩わさないように気をつけていた。カヴァロとファーグノリは制作資金の調達に忙しくて、他のことを心配する余裕はなかったからね。プリンスはプリンスでいることで一杯いっぱいだし、彼らがこういうやっかい事に関わらないようにするのが、私たちの役目だと思っていたんだよ」

映画を作る上で他にも問題はいろいろあったかもしれないが、明らかにいちばん重大な疑問が残っていた。果たしてプリンスは演技ができるのだろうか？　脚本の大部分は、じっと立ってクールに構える彼を取り巻く物語として描かれている。だが『パープル・レイン』が成功するかどうかは彼の演技次第なのだ。「心の中では思ってたよ。『いったい、プリンスが演じたら、こういうシリアスなシーンはどんなふうになるんだ？』ってね。彼は本格的な演技の経験なんてまったくなかったからさ」とマット・フィンク。「メディアに登場する時は、いつもミステリアスで無口で内気だった。でもバンドのメンバーといる時は、皆と一緒に大笑いしてたよ。そういう意味では社交的だったね。でも俺は心配だった──ボビー・Zに『プリンスがちゃんと演技できるって本気で思うか？　うまくやり通せるかな？』って何度か聞いたのを覚えてる」

撮影中のプリンスはどうだったか尋ねると、誰もが同じ言葉を口にする──集中していた、何かに突き動かされていた、夢中だった、自信にあふれていた。「前進する列車みたいに止められなかったわ」と言うのはスーザン・ロジャースだ。「断固とした感じ。ゆっくりだけど、確実に進んでいく。すべてに確信を持っていて──セッションにも、映画のセットにも、録音スタジオにも。アルバムを作っている時、ジャム・セッションをしている時、ポストプロダクションの作業中、すべてのことが計算済みだった。彼は軍隊に入ったら素晴らしい将軍になったでしょうね。自信に満ちあふれて、自制心がとても強い上に、自分にすごく厳しいの。自分がどんな人間か、自分は何ができるのか、理解していたのね。だから映画作りは、ある意味、自分の切り札は他にないか探る絶好のチャンスで、そのチャンスは今回だけかもしれないってわかってたのよ──実際、チャンスって二度目はないものね」

演技のかたわら脚本に手を加えながら、プリンスは（いつもどおり）精力的に曲を作り、レコーディングを続ける——秋いっぱい、ザ・タイム、ジル・ジョーンズ、そしてシーナ・イーストンらとセッションを行った。「プリンスはまるで〝底抜け大学教授〟だったわ〔訳注：映画で〝底抜け大学教授〟を演じたコメディアンのジェリー・ルイスは、いたずら電話が趣味で、相手とのやり取りを長年にわたり密かに録音していた〕」とスザンナ・メルヴォワン。「明け方の4時に電話をかけてきて『ヒット間違いなしの曲を録音してるところさ。君は何してる？』なんて言うのよ。『眠ってるわ』『はい、不正解』——電話はそこで切れる。つまり、スタジオに行かなきゃならないってことよ。カルト宗教みたいに聞こえるだろうけど、ほんとに行ったわ。そしてもちろん、私はその曲をとても気に入った。あんなことプリンス以外は誰もしてなかったから、皆が彼を信じたのね。だから私たち、素晴らしい仕事ができたのよ」

プリンスは編集用フィルムを熱心にチェックした。その態度は、ツアーで毎晩コンサートのビデオを見る時と同じだった。「プリンスは画面で自分を見て、求めるレベルに達していない部分を見つけると、それと同じことは二度としなかったね」と編集者のケン・ロビンソンは証言する。「絶対にくり返さなかった。それをじっくり見て、次の時は直す。実践から学んでいったんだ。だから彼のパフォーマンスは飛躍的に良くなっていった。なかなかできないことだよ」

プリンスはまた、時間が許す限りマグノーリのそばにいて、監督の仕事に関する情報をできるだけ多く吸収しようとした。「プリンスはずっとマグノーリのうしろに立って監督業を学んでたわ」とジル・ジョーンズ。「いつも好奇心いっぱいで、照明をどう操作するのか知りたがってた。〔訳注：照明の責任者でもある〕撮影監督がお気に入りだったのよ。プリンスはアポロニアをすごく尊敬してたみたい。演技では自分より経験があったから。それに彼は、自分が詳しくないことについて仕切ろうなんてしてなかったわ。自分が知ってることしか話さない人だったもの」

キッドの父親役に起用されたクラレンス・ウィリアムズ3世は、現場でいちばん経験が豊富な俳優だった。若者向けのテレビドラマ・シリーズ『モッズ特捜隊』(68~73年)でクールなリンカーン・ヘイズ刑事を好演。以来、舞台や映画を中心に活動を続けていた。『パープル・レイン』全体から見れば時間は短いが、父親と息子の関係は映画中で特に感情を揺さぶる重要な要素だ。プリンスの野心的なプロジェクトに重みを与えられる人物に、この役を任せたのは賢い決断だった。

「クラレンス・ウィリアムズが現場に現れた瞬間、本物の役者じゃないミュージシャンたちに、それまでなかったプロ意識みたいなものが芽生えた。皆すぐ、クラレンスの仕事ぶりを見るために、撮影場所に集まってきたよ」とマグノーリ。

「プリンスはクラレンス・ウィリアムズの演技を見て、完全に圧倒されてたわ」とジル・ジョーンズ。「『彼はすごいよ。なんてパワフルなんだ』って言ってた。とにかく興奮してたわね。クラレンスのあいう演技を目にして、このプロジェクトは素晴らしくなるって思ったみたい。彼の夢がますます実現に近づいたのよ」

父親がピアノを弾いている部屋へキッドが入っていき——このメロディーは実際にプリンスの父ジョン・L・ネルソン作で、「Computer Blue」の中間部に使われる——父親に結婚は絶対するなと言われるシーンは、映画のドラマチックなハイライトのひとつだ。マグノーリによれば、ここのやり取りはプリンスの実体験がもとになっているという。父親と昔交わした会話を、ずっと忘れずにいたのだ。

役者プリンスにとっていちばん大きな挑戦だったのは、家に帰って父親が銃で自殺を図る姿を目にし、両親を乗せた救急車が去ったあと、地下室を破壊して、自分の死体の幻を見てから、最後に、今破っている紙束は父親が作った曲のかけがえのない楽譜だと気づくシーンだろう（これは父親が、俺は自分の曲を紙に書く必要はない、それが『俺とお前の大きな違いだ』と言ったあとの場面だ）。

「自宅の地下室を荒らすシーンをやった時」とスーザン・ロジャース。「私はセットにテープを何本か届けることになってね。ドアから入ったら、赤い照明が見えた。あのシーンの撮影中だったのよ。だから私は向こうから見えないように壁のうしろに隠れたの。プリンスはそのシーンを撮り終えるとすぐ、廊下の角を曲がってこっちへ来た。ちょうど私が立っているところへよ。気づかなかったんだけど、私が隠れてた壁は、地下室の奥にある本物の壁だったのね。プリンスはこっちへ来て私を見た。私は彼の顔を見たけど、何も言わない方がいいってわかってた。彼と同じ表情をしただけ。プリンスが経験していたのは、それまで音楽のアルバムで表現しなければならなかったことより、すごくもろいものだったんでしょうね。孤独を愛する人だから、胸の中では矛盾する気持ちが渦巻いてたと思う。自分の心の中を人に見せることになってしまうから。私が見て理解したのは、人生を芸術に変えるのはとても奇妙だけど、本物のアーティストはそれをやらずにはいられないってことかもね」

「自分の部屋をめちゃくちゃにする重要なシーンで、プリンスは自分の気持ちをさらけ出したの」とウェンディ・メルヴォワン。「ほんとにつらかったでしょうね。クラレンス・ウィリアムズともうひとりの登場人物〔訳注：キッド〕が、争って、怒鳴り合って、絶対なりたくなかった〝ビッグなロックスターじゃない自分〟を見なきゃいけない。でも役者としては、傷つきやすい人間を演じる必要がある。だからすごく心が乱れたと思う。涙を流したり、流したとしてもそれを人に見せたりするような人じゃなかったから。撮影されるプリンスは光を放ってるみたいだったわ。彼にとって、とても素晴らしくて、真実を表して、傷つきやすい瞬間だった」

しかしマグノーリによれば、撮影期間中にプリンスが動揺を見せたのは、自分の幻が地下室の天井からぶら下がっているのを見た場面だけだという。「あれは恐ろしかっただろうね。本気で怖がってた。重みがあって緊張感にあふれる瞬間だった。地下室のシーンは、すごく盛りだくさんで、暴力が多くて、自分を見つめ直すくだりもたくさんある。すべてが張りつめてるんだ」。この部分にはキッドの母親（演じたのは女優のオルガ・カーラトス）の台詞があとから追加されたが、結局使われなかった。描き出したい感情が、言葉なしでも表現できていたからだ。

こういった感動的なシーンとは対照的に、性を描いたシーンもある。トゥーレはプリンスの評伝の中で次のように指摘した。「映画全体にはポルノめいた美しさがある。ナイトクラブの世界に作られたポルノのセットのようだ……これほど過剰にセクシーで虚栄心が強く、いつも誰かをベッドに引きずり込みそうに見える黒人がふたり出てくるような映画は、ほとんどない」。『パープル・レイン』全編に性的要素が満ちているのは事実だ――アポロニアの服、モーリス・デイのいやらしい目つき、ほのめかされるセックス、妖しい雰囲気。こういったものが、わずかにある露骨な性描写の場面より強烈な印象を与える。

地下室のベッドルームでキッドとアポロニアが愛を交わす場面を観ると、ふたりの睦言《むつごと》や、ぼかしの入ったカメラワークに、エロスを感じるというよりうんざりする。しかし84年のティーンエイジャーたちにとっては、この程度の刺激で十分だった。このシーンは、MPAA〔訳注：米国映画協会。映画の格づけや著作権保護を行う〕による3種類の格づけ基準を想定して、3つの演出で撮影した。最終的に採用したのは、いちばん過激な〝R指定（成人向け）〟版だ。
「いくつかのキスシーンでは、『ほんとらしくない』『そんなふうに人にキスしないだろ――バカげて見える』なんて声が飛び交ったわ」とウェンディ。「キスシーンとラブシーンはすごい見ものだったわよ。ハーレクイン・ロマンスか、映画の『続・蘭の女／官能のレッドシューズ』みたいだった」

しかしアポロニアの演技力不足ばかりを責めるのは不公平だろう。完成版のいくつかのシーンを見れば、制作がどれだけ混乱した状況で進められたかよくわかるからだ。例えば、ジェローム・ベントンとモーリス・デイが街を歩き回りながらガールズ・バンドの問題を議論するシーン。モーリスは「昨日の夜見かけたアポロニアって子だが」と言うが、この台詞はお粗末なアフレコなのが明白で、唇の動きが台詞と合っていない。

演奏シーン以外で『パープル・レイン』の名場面はどこかと聞かれれば、たいていの人が「ミネトンカ湖のシーンだ」と答えるだろう。キッドがバイクのうしろにアポロニアを乗せて街を離れ、湖のほとりでバイクをとめる。アポロニアがキャリアのあと押しをしてくれるか尋ねると、キッドは、だめだ、まだ入会儀式《イニシエーション》を通過していないから、と答える。まずは「ミネトンカ湖の水で自分を清めるんだ」。勇敢な人間であることを示すため、アポロニアは服を脱ぎ捨ててパンティー1枚になり、湖に飛び込む――だが水中をよろめきながら歩いて岸に戻った彼女に、キッドは「それはミネトンカ湖じゃないよ」と告げ、バイクに乗って走り去る。ずぶぬれのアポロニアは裸同然で立ち尽くす。キッドが迎えに戻ってくると、彼女はくすくす笑い、いたずらのお返しに頬に軽くキスする。
「あの夜、雪が降りだしてね」とアポロニアは後年語った。「あのシーンを撮った時、スタントマンのアル・ジョーンズはスキューバダイビングのスーツを着てたのよ。私が飛び込んだ湖には薄い氷が張ってたわ。スタッフのひとりが、年寄りの男性だったんだけど、『明日は上等なコニャックを持ってきますよ！』って言ってくれて。次の日、それをひと口飲んだら少しは温まったけど」

アポロニアは役者魂を発揮して、撮影のため湖に3回飛び込んだという。だが2014年にミネアポリスの公共ラジオ局、カレントからインタビューを受けた時、実際は4回で、そのあと事態がドラマチックに展開したと語った。「スタッフが私を小さなテントに入れてね。『オーケーだ、あのカット、素晴らしかったよ……』なんて言ってたの。そこには看護師がいて、私の体温を測り始めた。そのあと覚えてるのは、目の前が真っ暗になり始めたことと、彼女が『低体温症になりかけてるわ――電話で救急車を呼ばなきゃ』って言ってたことだけ。私はただ、ああどうしよう、神様、今死ぬなんて絶対いや、映画を完成させたいんですって思ってた。聞こえるのは、遠くでしゃべってる看護師の声だけで――あの人パニックを起こしてたのよ――そのまま意識が遠のいていった」

「気を失いながら思ったわ。何が起きてるか知らないけど、私はタフな戦士《ファイター》よ、負けるもんかってね。その時プリンスがテントに入ってきた。彼の温かさを感じたのを覚えてるわ。彼は私を抱きかかえ、『どうか死なないでくれ、お願いだ、アポロニア』って懇願したの。その声はかすれていて……私は話せるようになると、こう言った。『いいえ、私はどこにも行かないわ！　もっと撮影して、フィルムの編集をしなくちゃならないのよ！　どこにも行くもんですか、もっともっと撮らなきゃ！』。そうしたらプリンスはくすくす笑った……彼は私を救ってくれたのよ。彼の温かさと愛と思いやりでね」

ふたりの会話場面の撮影になった時、ミネソタの大自然の中でまたもやアポロニアを脱がせるのはかわいそうだ、ということになった。そこでシーンの残り（大部分がクローズアップ）は、ロサンゼルスにある湖のほとりで撮影された。映画の完成版では、２箇所のロケ映像がつなぎ合わされている。プリンスがミネソタで話しかけ、アポロニアがロサンゼルスで答えているわけだ（アポロニアのメークが一部のカットで異なり、乾いていた髪が濡れてまた乾くのもそのせいだ）。

　このシーンのアポロニアはひどい扱いを受けている。これは『パープル・レイン』に漂う女性蔑視の空気の表れだ、と指摘する声が多い。キッドの母親が暴力の犠牲者として描かれていること、そしてもちろん、女性たちの衣装がランジェリーを基調にしていることも同じだ。女性に対する嫌悪がいちばんはっきり表現され、現代の我々が目を覆ってしまうシーンは、怒り狂った女性が歩道に現れ、デートをすっぽかしたとモーリス・デイをののしる場面だ。モーリスと子分のジェローム・ベントンは顔を見合わせ、ジェロームが女性をつかんでゴミ箱に投げ込んでしまう（２０１４年、クエストラブがニューヨーク大学の講義で『パープル・レイン』を上映した時、この場面では息をのむ音や『ひどい！』という叫びが聞こえた）。

　マグノーリによれば、このシーンについてワーナーから何度も文句をつけられたが、脚本は出演者全員のインタビューに基づいている、と主張して書き直しを拒んだという。「あのふたりが自分たちで言うのをちゃんと聞いたんだよ、女の子をゴミ箱に投げ込んだことがあるって」とマグノーリ。「ある文化《カルチャー》を描く映画を作るなら、そのカルチャーを尊重して、あるがままを見せる必要がある。事実をわざと曲げて正しい方向に向かせるなんて、バカげてるって思ったんだ」。マグノーリはまた、『パープル・レイン』は性差別的だという批判について、次のような意見を述べる。「女性はか弱い存在だなんて、僕はまったく信じてない――ウェンディとリサは権限を与えられてるし、アポロニアは反撃の仕方を学ぶ。彼女たちはタフな女の子だよ」

「映画の女性を演じるのはそんなに難しくないわ」とジル・ジョーンズ。「彼女たちは誇張されて描かれてるだけだから――ヴァニティが辞めたあと、アポロニアのキャラクターはジーン・ハーロウ〔訳注：1930年代にセックス・シンボルとして活躍した映画女優〕を大いに参考にして作られたんじゃないかな。ただしハーロウより陽気でユーモラスにして、捉えどころのない妖婦みたいな感じを抑えて。プリンスが観てた昔の映画では、ハーロウはまさに妖婦だったんだけど。プリンスとアル〔・マグノーリ〕は脚本を書いてる時、周りの状況をじっと見て、皆が何を経験してるか観察してたわ。〔訳注：映画の制作中に〕男たちは男性優越主義のジョークも口にしたけど、女性を性的な対象としてしか見てないって感じはあまりしなかった。『フラッシュダンス』のヒロインよりちょっとタフで自立した女の子を見るのは、なかなか気持ち良かったわよ。母親が殴られてる？　あの頃も実際にあったことだし――それに、家庭内暴力をきちんと取り上げた映画は珍しかったもの」

「プリンスは〝聖女―娼婦コンプレックス〔訳注：愛する女性に性欲を感じず、性欲を感じる女性には愛を感じないという、相反する感情を持っている状態〕〟を抱えてると思うの」とジルは続ける。「ああいう時代に、あんなに人気があれば、ほとんどの男性はそうなるわよね。プリンスはいい子《グッドガール》と悪い子《バッドガール》の両方とつき合ってたわ。どっちでも良かったのよ。私はいい子の方だったけど――お行儀良くて、泣き虫で、か弱い女の子。まあそういうわけで、ゴミ箱に女の子を放り込むっていうのはただの内輪のジョークなの――あのふたりは、こりゃウケるぞ、チャップリンの映画みたいだって思ったんでしょうね。ほんとに悪趣味な、ただのバカ話よ」

リサ・コールマンもあのシーンを弁護する。「大人になり切ってないからよ。この映画は男の子が書いたものだし、男性陣は皆ガキ大将だった。彼らには、道で転んだ人を笑うような、悪趣味なユーモア・センスがあったわ。だから女の子をゴミ箱に投げ込むっていうのは、彼らにとってほんとに笑えることだったのよ。私はそんなの幼稚でバカげてると思うだけ。私はフェミニストだけど、あのシーンを見ても侮辱されたとは感じなかった。どっちにしろ、ああいう〔訳注：男性優位の〕文化とはまったく関係なかったからね。ただのくだらないジョークだから、無視したわ。プリンスだって女性を軽蔑なんてしてなかった。いつも女性たちを雇って、仕事の相棒にしてたもの」

一方ウェンディ・メルヴォワンの意見では、『パープル・レイン』に出てくる女性たちはプリンスの性格のやっかいな部分を暗示しているという。「プリンスはつき合う女性を尊重しないのよ。彼女たちを褒め讃えて崇拝してるように見えるかもしれないけど、それはまったく違う。恋愛関係では自分が完全に支配権を握らなきゃいけないっていう考えに取りつかれてるの。今まで長くつき合った女性全員に対してそうなのよ」

プリンス自身は85年、ＭＴＶの番組で、映画には女性に対する嫌悪が描かれているという批判についてどう思いますかと聞かれ、一笑に付した。「僕が『パープル・レイン』を書いたんじゃない」と、自分で書き直してオーケーを出した脚本の責任を別人になすりつけている。「書いたのは他の誰かだよ。それにあれはただのお話、フィクションだから、そう受け取るべきだ。暴力は日常的に起こってることだし、僕らは物語を語っただけだよ。そういう目で見てもらいたいね。僕らがやったことはすべて必要だったと思ってるから。時にはユーモアのために、やりすぎたかもしれない。そうだったら申しわけないと思うけど、悪意はないんだ」

登場する女性たちには、確かにフィクションの要素が（かなり）入っているかもしれない。一方プリンスとバンドの関係は、より複雑に描かれている。物語の中心は、キッドがメンバーと一緒に創作活動をしたくないこと、メンバーの意見を取り入れたくないことだ。だが心を開いてウェンディとリサが作った音楽を聞き、愛情を経験し、それを「Purple Rain」のパフォーマンスに結実させる。「バンドの女の子たちが書いた曲だ」と紹介してから。

ウェンディとリサはマスコミに対し、『パープル・レイン』はバンドの内情をそのまま描いたものではないと一貫して主張してきた。実際、プリンスのキャリアを見ても、コラボレーションに興味を示した時は何回かある。しかしマット・フィンクは「俺が完成した曲を渡すと、プリンスは気を悪くしたね」と言う。「俺のアイデアをちょこちょこ採用するのは、ジャム・セッションの時に限られていた。歌詞がついて、メロディーが書かれて、スタジオでプロデュースした曲は聞きたがらなかったんだ。リハーサルで自然に生まれる音楽の方が好きだったね。歌詞とメロディーについて彼自身のビジョンを持ってたから」。バンド・メンバーは誰もがこの時期のリハーサルを楽しかったと思っているようだが、あれほど野心と才能にあふれ、自分で何もかもやろうとするリーダーと一緒に仕事をするのは、難しいことだったに違いない。マグノーリはその張りつめた空気を誇張して、話をよりドラマチックに仕立て上げたのだ。

「リサと私がふたりだけで楽屋にいると、プリンスが入ってきて話しかけてくる。すると私たちは黙りこんで、険悪な雰囲気になる、あのシーンのこと?」とウェンディ。「そうね、あれにはちょっと真実が入ってるわ」

「あの部分はすべて事実よ。脚色は一切なし」と言うのはスザンナ・メルヴォワンだ。「プリンスは自分が知っていることしかできなかった。彼はバンド内に緊張感が漂っているのを知ってたわ。ウェンディとリサにはとても才能があって、人間としてすごく成長したことも理解していた。だから自分はふたりよりもっと高いレベルを目指さなきゃいけないってこともね。映画では、ウェンディが足を止めて『こんなのウンザリよ』って言うでしょう。あの瞬間、映画では、彼女の心の中に渦巻いていたいろいろな思いが集まって、すごいエネルギーを持つ。撮影中にその言葉を聞いて、プリンスもうろたえてたわ。あの場面を観た人は、誰でもあれが真実だってわかるわよ」

プロの俳優から短期集中レッスンを受けたものの、バンド・メンバーは自分たちの演技に自信がなかった。だが最終的に、バンドの中で本格的な演技が求められるのはウェンディだけということで落ち着き（マーク・ブラウンはただひとり、台詞が与えられなかった）、全員が果敢に新たな冒険に挑んでいく。「バンドのメンバーはいつもくっついて、〔訳注：演技を〕チェックし合ってた――『大丈夫？　こうやってみたらどう？』って感じでね」とリサ。「仲間意識があったし、皆ちょっと――ううん、すごく〔訳注：音楽とは〕勝手が違うと感じて戸惑ってたから、頻繁に『これってサイアク？』『私バカみたいに見える？』なんて聞いて、お互いにサポートしてたの」

ザ・レヴォリューションのメンバーは、プリンスの過酷なリハーサルに慣れていたので、映画の撮影中、ルールに従うことにも退屈に耐えることにも苦労しなかった。「仕事三昧だったわ」とスザンナ・メルヴォワン。「これから皆で９０００本の映画を撮るのかっていうくらい。トレイラーでさんざん待ったわね。お楽しみは何もなし。ただ足を組んで、来る日も来る日も座ってるだけ。音楽史に残る重大なことをしてるんだってわかってたけど、そんな資格が自分たちにあるような気はしなかった。皆ただ、それに関われたことを名誉に思ってたわ」

バンド・メンバーは、重要な場面の撮影にほとんど立ち会っていない。しかし映画が形になっていくところを見られなくても、どのシーンがうまくいくかは感覚的にわかった。「俺は映画の重要なシーンについて、詳しい内容は全然知らなかった。例外は、皆で楽屋にいて、プリンスがおかしな芸〔訳注：腹話術〕を披露するシーンだ」とマット・フィンク。「あそこの彼の演技は素晴らしかったね。だから『大丈夫だ、彼はこのプロジェクトをやりとげるだろう』って思ったよ」

「一部の演技は、いかにも素人って感じだったね」とフィンクは続ける。「でもすごく説得力があった。何しろ皆、自分自身を演じてるわけだから。終わり近くに、モーリスが『家族はどうだ？』とか、ひどいことを言うだろ。それから自分の言葉を後悔する。彼はその感情をカメラの前で見事に表現したんだ」

ひとつ確かなのは、モーリス・デイとジェローム・ベントンが、ひとりでもふたり一緒でも、天性のコメディアン振りを発揮しているということだ。もちろん、彼らの出演場面は、脚本が練られていないし、性格がほとんどステレオタイプに描かれているところもある。しかしふたりのお気楽さと軽妙なやり取りが、脱力したユーモアを生み出し、『パープル・レイン』を仰々しさの一歩手前から引き戻している。ふたりの滑稽でテンポがいい掛け合いは素のままだ。実際、アポロニアがファースト・アヴェニューに現れた時の合言葉を決めようとするカット――お笑いコンビ、アボットとコステロの古典的ギャグ〝フーズ・オン・ファースト？〟〔訳注：「一塁手は誰だ？」「一塁手はダレ（という名前）だ」「だから一塁手の名前は？」「ダレだよ」という珍妙なやり取りが延々と続く〕の完全なパクリ――は撮影最終日に1テイクで撮ったものだ。編集者のケン・ロビンソンによれば、モーリスとジェロームのサイド・ストーリーを短くした理由のひとつは、彼らの登場場面が生き生きしすぎて、物語の焦点がプリンスから移ってしまうからだったという。

しかしモーリスはカメラの外では怒りっぽく、何度も問題を起こしていた。ザ・タイムの主導権をめぐるプリンスとの確執のせいで、不満を募らせていたところへ、ドラッグを使用したため、精神状態がさらに悪化したのだ。「ザ・タイムを仕切るのはどっちかとか、誰のバンドかとか、映画作りについて話し合ってる時は一度も話題に出なかった」とマグノーリは言う。「でもある日、編集用フィルムを一緒にチェックしてたら、プリンスが『モーリスは何か〔訳注：薬物を〕ヤってるんじゃないかな』って言った。僕は見てないんだけど、モーリスが現場に遅刻してきて、プリンスと殴り合いのけんかになったらしい(「俺がふたりを引き離さなきゃならなかった」とザ・タイムのドラマー、ジェリービーン・ジョンソンはかつて述べている)。ジェローム・ベントンがキッドの楽屋に来て、その夜行われるアポロニア6のライヴ・チケットを彼に向って投げるシーンがあるよね。あれはモーリスがやるはずだったんだ。でも撮影日の朝、彼が雲隠れしちゃったんだよ」

「モーリスは本当にやっかい者だったね」とアラン・リーズは振り返る。「とても気難しくて、問題もたくさん起こした。現場に遅れてくるし、協力もしない。ちょっとイライラさせられるなんて程度じゃない。頭痛の種だったよ。彼が現れないから、撮影スケジュールを大慌てで変更しなきゃならない日が何日もあった。『ええと、今日はあと何時間残ってる？　どの場面なら撮れる？』なんて感じだったね。映画っていうのは複雑だよ。レコード作りなら、〔訳注：メンバーが足りなければ〕ギターを1本取り出して、別の曲を弾けばいい。でも映画だと、照明、衣装――すべてを変えなければいけないんだ」

モーリス自身はこの映画に対し、相反する思いをずっと抱いているようだ。２０１２年の談話からもそれがうかがえる。「『パープル・レイン』の出演料は4万ドルだった。俺の台詞は全部自分で書いたんだ。つまり、音楽作りだけじゃなくて映画作りでも、俺の貢献が無視されたってわけさ。でも素晴らしい経験だったよ。何も知らないから突き進めたんだろうな。誰もこのプロジェクトがどこに向かってるのかわからなかったし、自分たちのキャリアにどう影響するか見当もつかなかったから」

演技の面でマグノーリ監督をいちばん手こずらせたのは、実はアポロニアだった。「まあ新人女優だったからなあ。とにかく彼女でがまんするしかなかったよ」。実際、プリンスの代役だったバイロン・ヘクターは撮影中、地元の週刊誌にアポロニアは「ひどい大根役者だ」とコメントしている（そのためクビにされた）。結局、彼女の演技を何とかするため、登場シーンの3分の1を後日ロサンゼルスで撮り直すことになった（それでもアポロニアは、その年の最低の映画に贈られるゴールデン・ラズベリー賞の〝最低新人俳優賞〟にノミネートされた）。ビリー・スパークスもマグノーリの悩みの種だった。デトロイトのプロモーターで、ファースト・アヴェニューの経営者役に起用された人物だ。アポロニア6をデビューさせるからバンドがひとつ要らなくなる、とキッドに伝える場面では、緊張しすぎて演技にならなかったため、マグノーリが人払いをしてしばらくひとりにし、落ち着かせてやらなければならなかった。撮影中にそんなことをしたのは一度だけだという。スパークスは最後のシーンで地元デトロイト・タイガースの野球帽をかぶり、都会的な雰囲気を出そうとしているが、演技はぎこちなく、映画の中でいちばんと言っていいほど説得力がない。

撮影台本に書かれていたが実際には撮影しなかったり、撮影してもボツになったシーンはたくさんある。ジル・ジョーンズが演じたファースト・アヴェニューのウェイトレスは、当初もっと重要な役だった。プリンスと並んでピアノに向かい、彼から子犬をもらって、お返しに自分で作った曲をプレゼントするシーンがあったのだ。この「Wednesday」という曲はサントラの最初のテスト・プレス盤に収録までされた（この場面で映画の完成版に残されたのは、クライマックスの「Purple Rain」演奏前、楽屋に子犬を抱きしめた彼女がいるカットだけだ）。マグノーリは、他の未採用シーンをいくつか挙げた。ひとつは、夜の闇の中、モーリス・デイ、ジェローム・ベントン、アポロニアの3人がクラブに近い街路を走るシーン。もうひとつは、ザ・タイムのメンバーがキッドの楽屋に現れて「彼を痛い目に遭わせる、つまり床に突き倒して頭を踏みつける」シーンだ。

　プリンスとアポロニアが愛を交わす場面については、もうひとつ別のシーンがあったといううわさが今も絶えない。納屋の中で撮影したもので、〝紫の雨《パープル・レイン》〟のようなシャワーの水に打たれるカットが含まれていた、というのだ。マグノーリはこれを事実だと認める。だが以前は、はっきりとした答えは避け、納屋の映像は映画に一切使っていないと言っていた。しかしこの場面のいくつかのカットは、実際に『パープル・レイン』の予告編と「When Doves Cry」のミュージック・ビデオに登場する。「あのシーンは撮影開始から1週間の間に撮ったんだ」とケン・ロビンソン。「皆で編集用フィルムを確認したら、アポロニアの演技がちょっとオーバーだってことになってね。プリンスの表情もぎこちなくて気まずそうだった。それを見て、すぐボツにした」

　立ち消えになったサイド・ストーリーもたくさんある。どのエピソードが採用されて誰が演じるのか、あらかじめ把握している関係者はひとりもいなかった。「俺がコメディアンのハーポ・マルクスみたいにおかしなことをするっていうシーンがあったんだ」とマット・フィンク。「俺は待ったね。人をつかまえては『ええと、今日あのシーンをやるのか?』って尋ねながら。ヘアメークと顔のメークをして、ファースト・アヴェニューで1日中待ってたんだが、何も起こらない。そこでアル・マグノーリのところへ行って『なあ、アル、俺が出るあの愉快なシーンを、そのうち撮るんだよな?』と聞いたりした。俺はちょっと自分勝手だったね。あのシーンがなくなった時、プライドが少し傷ついたよ。撮影もしなかったんだ。練習して、ジル・ジョーンズと稽古までしたのに、『ああ、このシーンは本編と全然関係ないな。なしにしよう』ってことになって、それで終わりさ」

「プリンスからのプレゼントって、いつもちょっと反応に困るのよね」とジル・ジョーンズ。「例えば「Wednesday」。あれは自殺について歌った曲なの。そう、私はイカれた女の子だったわけ。彼はあのシーンがとても気に入っててね。ボツになったって私に伝えるのはつらかったと思う。撮影中の私の態度って最低だったもの。他に仕事の予定はなかったから、一応は自分から出演するって言ったのよ。でも映画の最後で泣く場面を撮る時、私はすごく不機嫌になって『ねえ、どうして私はここに突っ立って泣いてるわけ? 全然わかんないわ』って騒ぎ立てたの。ザ・タイムもカットされたシーンがあって、それが問題になった。皆が全力で映画に取り組んできたのに、〔訳注:出演シーンが減ったと〕友達に言わなきゃならないでしょう。誰もが期待されてたのよ。プリンスが君ならうまくやれるって皆を褒めて回ってたから。それなのに登場シーンが減らされたら〝勝手にしろ〟って気持ちになるわよね。〝だましたな〟って感じで。そこはビジネスだから仕方ないけど」

ジルによれば、プリンスは友人や仕事仲間を映画で正確に描写した。当時は描かれた本人たちさえ、自分がそういう人間だとは気づいていなかったという。「あの映画ですごく奇妙なのは、プリンスの私たちに対する印象——彼はそれを美化してるんだけど——それがすべて彼（キッド）との関係にはっきり表れているところよ。最初はリアルじゃなくても、制作が終わる頃には皆、映画のとおりの人間になっていた。まるで、彼がこうなってほしいと思う私たちを書いたら、私たちがほんとにそうなったみたいだったわ」

プリンスの広報係、ハワード・ブルームが宣伝資料を集め始めるためミネアポリスに呼ばれた。しかし到着すると、実際の制作作業を見ることは一切許されなかった。その代わりプリンスから、アポロニア、ジル・ジョーンズ、プリンス・ファミリーの新メンバーたちに会い、準備中のプロジェクトについて話し合うよう命じられる。「現場には1週間いたが、映像を見ることはできなかったね。プリンスに言われて、彼が面倒を見ている人たちと次々に会わなくちゃいけなくて」とブルームは言う。「でもあそこにいる間、映画の宣伝資料を90枚は書いたかな。僕はどういう映画になるのか見当もつかなかったが、皆はプリンスが何を目指しているかわかっていた。これは普通の映画とはまったく違う、個人的な感情を表した作品になるだろうってね」

85年、デトロイトの伝説的なラジオDJ、エレクトリファイング・モジョの電話インタビューで、映画作りとアルバム作りの違いを尋ねられたプリンスは次のように答えた。「違いはないよ。それとは反対の意見もたくさん聞かされてきたけど……僕は完璧主義者だから、自分のやり方にちょっとこだわりすぎることがある。皆にわかってほしいのは、僕の頭にはいろんなアイデアが詰まってるけど、ひとつに集中するようにしてるってこと。その過程で誰も傷つけないように努力してるよ」

プリンスは映画『パープル・レイン』を理解する上で欠かせない大局的なビジョンを語り、他の映画の企画があることもほのめかしたあと、こう続けた。「映画はアルバムよりもう少し複雑だけど、僕にとってはアルバムの拡大版みたいなものさ。〔訳注：映画には〕いくつかシーンがあって、〔訳注：アルバムには〕いくつか曲がある。それらが集まると1枚の絵になる。僕は画家なんだ。そして君たち皆は絵の素材なんだよ」

Don't Break Up the Connection

Chapter 6

関係を壊さないで

ファースト・アヴェニューのステージに立つと、クラブ全体がまるで小さな部屋のように感じられる。ここで伝説が作られたとは、にわかに信じがたい――しかし世の理《ことわり》とはそういうものだろう。収容人数は約1500人だが、バルコニー席も含めてなので、フロア面積はその分、狭いことになる。また奥行きがあまりなく幅が広いため、ステージからダイブすれば客の群れに跳ね返されてうしろの壁にぶつかりそうだ。

フロアに対してステージはとても広い。しかしリード・ヴォーカルの定位置である中央手前に立ち、ザ・レヴォリューションのセットアップ（設置面積の大半をキーボード2台とドラム・セットが占めている）が視界に入らないようにして会場を見渡すと、プリンスが映画『パープル・レイン』の激しいパフォーマンスをここでやったとは信じられない。それに80年代仕様の大きな撮影カメラを何台も使ったので、フロアの大部分がカメラに占領されていたはずだ。パフォーマンスの撮影中、クラブはさぞ狭苦しく感じられただろう。

それでも、ここがその聖地なのだ！　プリンスはこのステージの真ん中で、「The Beautiful Ones」のクライマックスであお向けになってもだえ、「Baby I'm a Star」では後転から開脚へと流れるような動きを披露した。まさにここに彼は立ったのだ。観客の前に現れてスターの座を獲得するために。そして『パープル・レイン』を不朽の名作にする7曲のために。私が恥も外聞もかなぐり捨て、会場を見渡せるこの場所で「Dearly beloved（最愛なる者よ）……」と語りかけないでいるには、ありったけの自制心が必要だった。

ビートルズが腕を磨いたキャヴァーン・クラブを訪れることはもうできない（現在リヴァプールにあるのは再建されたもので、かつてクラブがあった位置の道路を挟んだ向かい側に建つ）。パンク発祥の地であるニューヨークのＣＢＧＢは売却され、建物にはジョン・ヴァルヴェイトスのファッション・ブティックが入っている。マンチェスターのクラブ、ハシエンダはイギリスのダンス・ミュージックの聖地だったが、21世紀まで生き残れなかった。サンフランシスコのフィルモアは移転し、ニューヨークにあった同系列のフィルモア・イーストはずいぶん前に閉店した。だがファースト・アヴェニューは一度も休まず営業を続けている――実際、『パープル・レイン』のおかげで観光客がひっきりなしに訪れるせいか、店は長年にわたって拡張されてきた。今はレストランが増築され、その2階はレコード・ルームという名のレンタル・パーティー・スペースになっている。クラブの内部は何度か改装され、バルコニーも広げられたが、他の部分は83年当時からそれほど変わっていない。

２０１４年1月、私がこのクラブを訪れた日の午後、会場は『パープル・レイン』プロジェクトの時と同じように、チャリティー・コンサートのセッティング中だった。今回の収益はミネアポリスの公共ラジオ局、カレントに寄付される。外は本格的なミネソタの冬だ。明け方の気温はマイナス27℃を記録した。ファースト・アヴェニューの周辺一帯はこの30年で大きく変わった。ＮＢＡ（全米プロバスケットボール協会）のミネソタ・ティンバーウルブズの本拠地、ターゲット・センターが90年にオープンし、道の向こうにそびえ立っている。1ブロック離れたところにはハードロックカフェ。ファースト・アヴェニューの外壁には、歴代出演者の名を書いた無数の星が一面に描かれている。ざっと見ただけでも、Ｕ2、レディオヘッド、ビースティ・ボーイズといったビッグネームが目に飛び込んでくる。内部のバルコニーの壁にも星が並ぶ。その中のひとつは、グレイハウンド・バス・ステーションを改装したこの会場で、初めて行われたライヴを記念したものだ――〝ジョー・コッカー、70年4月〟。

「ライヴ会場が少ない街で、ファースト・アヴェニューは創造するチャンスを与えてくれた」とボビー・Zは言ったことがある。彼の指摘によれば、プリンスがメイン・ステージの最大の呼び物だった80年代、小さなセカンド・ステージの〝セブンス・ストリート・エントリー〟は、リプレイスメンツを旗手とするオルタナティヴ・ロック・ムーヴメントの中心地だった。ボビーが言うように「同じ部屋で進化を続ける2種類のメジャーな音楽」が同時に存在していたのだ。

だから『パープル・レイン』の演奏シーンをどこで撮影するか、迷う必要はまったくなかった。ファースト・アヴェニューはプリンスにとってなじみの会場で、のびのびと演奏できるだけでなく、人種と性別が交じり合ったミネアポリスの冒険的なミュージック・シーンを体現していた。このシーンをプリンスは讃えたかったのだ（アポロニアがかつてテレビで「さまざまな人種が交ざってたわ。黒人の男とイチャつくラテン系の女性。ユダヤ人の男たち、レズビアン……文化《カルチャー》が美しく混じり合っていたの」と語ったように）。映画会社はあらかじめ、ドラマの場面の撮影が終了してからすべての演奏シーンを撮ると決めていた。そうすればミュージシャンたちが役になり切ってさまざまな経験をし、行動の動機づけになる感情を持った上で、パフォーマンスに臨むことができるからだ。

しかし撮影チームがファースト・アヴェニューに移動する時になると、大きな問題がふたつ起こった。ひとつ目は、またもや天候だ。マグノーリは撮影前半（11月）の過酷な気象条件を誇張して語ったかもしれない。しかし撮影後半に入る12月の1週目までには、気温がマイナス10℃以下まで下がり、積雪量は30センチを超えた。「トラックの運転手たちを集めて、融雪機を配ったんだ」とマグノーリ監督。「電力を供給するトラックのバッテリーが、ひと晩で凍結して、それを溶かさなきゃならないっていう事件があってね。それからはすべてのトラックのバッテリーを毎晩取り外すことにした。撮影隊が朝ちゃんと現場に着けるように、除雪車を何台か先に走らせたよ。撮影をこなすためにいろいろ工夫しなくちゃならなかった」

リサ・コールマンも回想する。「ファースト・アヴェニューで撮影してる時、外にトラックを何台かとめて、そこから太いケーブルを引っ張ってドアから入れなきゃならなかったの。だからドアは少し開いていた。会場の隅の狭いスペースをシートで区切って見えないようにして、皆そこで着替えたんだけど、凍りつくぐらい寒くてね。でもステージに出ていって1シーン撮影すると、暑くなって汗びっしょりでしょう。そのまま着替え場所に戻ると、汗が凍って、全身が氷に覆われちゃうのよ。ほんと、ありえなかったわ」

だが天候よりもっと重大な問題だったのは、撮影スケジュールの遅れと、映画を完成させる締め切りが目の前に迫ってきたことだった。「制作スケジュールでは、1ヵ月でプリンスとザ・タイムとガールズ・バンドの演奏を全部撮る予定だった」というのは、映画のプロデューサーを務めたマネージャーのロブ・カヴァロだ。「だが実際に撮る頃には3週間の遅れが出ていてね。そうなると映画会社が監督をお払い箱にしかねない。彼らにはその権利があるんだよ――私たちを追い出して、自分たちで完成させるっていう。でもマグノーリは、1日中でも喜んでバイクのナンバー・プレートをじっくり撮影するようなやつだったからね」。カヴァロの記憶によれば、マグノーリはプリンスが非常階段を下りてくる1ショットに何時間もかけた。ブライアン・デ・パルマ監督の『スカーフェイス』を参考にして人物やカメラなどを配置した、こだわりの場面だったらしい。

マグノーリはそれぞれの曲について、できるだけ多くテイクを撮りたがった。だがプリンスの当初の提案は、1曲につき1テイクというものだった。互いに妥協した結果、1曲3テイクということで話がまとまる。クラブの中に4台のカメラを設置して、1テイク撮影するたびにそれぞれの配置を変える。こうしてマグノーリは1曲につき12アングルの映像を手に入れた。

「どういう見せ方をすればいいか、1曲ごとに考える必要があってね」とマグノーリ。「スモークが大量にたかれていたし、撮るたびにすべてを配置し直さなきゃならなかった」。最後の3曲――映画ではひと続きに演奏される「Purple Rain」「I Would Die 4 U」「Baby I'm a Star」――以外は、どの曲も衣装と照明が異なる。そうでなければ、すべて同じ夜にパフォーマンスしたということになり、ストーリーと矛盾が生じるからだ。コンサート映像では、照明監督のリロイ・ベネットと撮影監督のドナルド・E・ソーリンが見事な手腕を発揮した。これらのパフォーマンスに対するマグノーリの視覚的アプローチは、ボブ・フォッシー監督の作品、特に『キャバレー』（72年）に大きく影響されている。「フォッシーはライヴのパフォーマンスを感情的に、エロティックに、官能的に描き出した」とマグノーリは讃えたことがある。

演奏シーンは映画の中核を成し、最大の魅力にもなるはずだ。それはわかっていたが、バンド・メンバーにとって、こういった場面に必要なやる気を奮い起こすのは簡単なことではなかった。「パフォーマンスの場面は、最後の方で撮ったんだ」とマット・フィンク。「大変な毎日だったね。朝すごく早くからスタンバってなきゃならない。ヘアメークと顔のメークをして、ただ待ってるんだ。スタッフの準備ができたらステージに上がるんだけど、『ちょっと休憩だ。カメラ・アングルと照明とあれとこれを変えなくちゃ』とか言われる。周り中の人間がいろんな物やセットを動かして、何か作って、何かをして、バタバタ走り回ってる。カメラマンたちもいる。そういう人たちが目の前に立って、こっちが演技するのをじっと見てるんだ。そんな状況で、どうやって人目を気にせず、役になり切ったままでいられる?」

しかし今こそ、リハーサルと準備にかけたプリンスの情熱が真に報われる時だった。複数のテイクをつなぎ合わせて1曲のパフォーマンス映像に仕立て上げるには、完璧な口パクの技術が求められる。ダンスをし、ギター・ソロを弾き、バンド・メンバーと掛け合い、観客に交じった役者たちとコミュニケーションをとる時も。そしてプリンスはどのテイクでもそれを見事にやってのけた。「まさに神業だったね」とカヴァロ。「彼の口パクはいつもパーフェクトだった。毎回同じように百点満点だったよ」

「プリンスはそういうのすべてにうるさい人でね」とウェンディ・メルヴォワン。「『自分のパートを絶対失敗するな』『自分の振りつけを間違えるなよ』ってさんざん言われたわ。こっちは面白くないわよ。彼はもっとうまくやらせるために、わざと恥をかかせるような言い方をするんだから。それも戦術の一種なんだけど。『君ならできる！　さあ、やってごらん！』なんて励ます代わりに、『顔色が悪いし、どんくさく見えるぞ。何してるつもりだ?』って言う。ののしられた方は自分が恥ずかしくなって、次はちゃんとやる。だからすごいプレッシャーだったわ」（プリンスはまた、無意識なのか意識してかはわからないが——おそらく意識的に——ウェンディがデビューした8月のチャリティー・コンサートと同じように、「Purple Rain」のソロを弾きながら彼女に歩み寄り、頰に軽くキスをした）。

タイトル・ソングを撮影する時、プリンスはアポロニアにも観客の中にいてほしいと伝えた。彼女はファースト・アヴェニューに呼び出されたが、実はオフの日だった。「パジャマ姿で、メークもしてなかったの」と本人はかつて明かしている。「歯磨きをして大きなコートを羽織って、いちばんてっぺんの、照明システムやミキサーがあるところへ行ったわ。だから映画で、プリンスが何回か視線を上げて、上の方に目をやる時、彼は私に向かって歌ってるのよ」

『パープル・レイン』の演奏シーンでは、ステージに乗るバンド・メンバーだけでなく、ファースト・アヴェニューの観客も、雰囲気作りに絶対必要な存在だった。クラブの内部にネオンライトと照明を追加し、何台ものカメラを設置すると、収容人数は通常の約3分の2、つまり900人程度になる。ミネアポリスの流行を担う若者たちにエキストラ募集の声をかけたところ、街の最先端のファッションとメークで決めた人々がクラブにあふれかえった。マグノーリはメークや衣装に特定の強烈な色だけを使うことにした。さらに、ステージの撮影中でもクラブの通常の営業を止めないと決断。これが絶大な効果を生み出した。振られる多くの手、火がつけられるタバコ、運ばれるドリンクのトレイ。こういったシーンのおかげで、演出された撮影という感じがなくなり、本物の観客の前で生演奏するバンドを見ているような感覚と興奮が保たれた。演奏シーンを撮る際、一般的に〝パーフェクト〟アングルとされるのはパフォーマーの頭上からだが、この映画では多くのショットがステージをやや見上げる角度、つまり観客の視点から撮られている。「演奏シーンは『パープル・レイン』の成功に多大な貢献をしたね。それに当時、映画ではロックをこう扱うべきだっていうお手本になった」とツアー・マネージャーのアラン・リーズ。「コンサートのライヴ感と緊張感を出せなかったせいで、台なしになったロック映画が何本あると思う？　そういう感覚を映像に置き換えていなかったんだよ」

バンド・メンバーは準備万端、会場の内装は理想どおり。制作チームの戦略もうまくいった。その結果、4週間かかると見られていた撮影――プリンス・アンド・ザ・レヴォリューションの7曲、ザ・タイムの2曲、デズ・ディッカーソンの新しいバンド〝モダネアーズ〟の演奏――が10日もかからずに完了する。「3週間遅れで演奏シーンの撮影を始めて、スケジュールどおりに終わったんだ」とカヴァロ。

制作チームは後日、ロサンゼルスでさらに7日間撮影する――これで撮影日の合計は42日間、総額費用は720万ドル――ミネアポリスの悪天候のせいで断念したショットを、この地で撮るためだ。街をバイクで走り抜けるキッド、歩道を歩くモーリス・デイとジェローム・ベントン、そしてもちろん〝ミネトンカ湖〟の会話の残りが撮影された（このため映像にいくつか矛盾が生じた。よく見れば、ミネアポリスには自生しないヤシの木が、「When Doves Cry」の最後の方のカットに映っている）。

しかし大きな意味では、ファースト・アヴェニューのシーンをクリスマス直前に撮り終えた時点で、プリンスにとって初めての映画の撮影は終了した。映画のせいでレコーディングのペースが落ちることはなかった。撮影終了から数日経った12月30日には2曲を録音。のちにファンたちがアルバム未収録のB面曲の中でいちばんのお気に入りとして挙げる「She's Always in My Hair（シーズ・オールウェイズ・イン・マイ・ヘア）」と「Erotic City（エロティック・シティ）」だ（後者はアルバム『Purple Rain』収録曲のどれよりもビートが効いたダンス・ミュージック。プリンスは以前、この曲はパーラメント／ファンカデリックのロサンゼルス公演を見てインスピレーションを受けたと語っている）。

「私たちの撮影の最終日はあっという間だった」とウェンディ。「それから私とリサは飛行機でロサンゼルスへ戻ったの。ミネアポリスでは冷たい風が吹き荒れてて、気温はマイナス20℃以下でしょう。それが飛行機を降りたら、いきなり20℃を超えてるんだもの」

マグノーリはこう言う、「僕がミネアポリスを発ったのは12月25日か26日だ。離陸した飛行機の窓から、10月31日以来初めて太陽が見えた。暗くてじめじめした世界で働いてたから、飛行機が雲を抜けた瞬間、『ああ、太陽が久しぶりに輝いてる』って感動したね」

84年2月2日付の『ローリングストーン』誌は、〝ランダム・ノーツ〟コーナーに「プリンス初の映画撮影完了」という見出しの小記事を載せた。「アル・マグノリー［同誌ママ］監督は現在、春の公開に向けて準備中」「映画のストーリーは三角関係を中心に展開する。プリンスとザ・タイムのモーリス・デイが、アポロニアという女性の愛をめぐって争うのだ……編集用フィルムを観た関係者によれば、プリンスは上手に演じているが、モーリスと子分のジェローム・ジョンソン［同誌ママ］が、この小柄な君主から主役の座を奪っているとのこと」

『ローリングストーン』誌が事実確認を怠ったのかもしれないが、この年、こういった不正確な報道はますます増えていく。一応弁護しておくが、同誌は当時、プリンスの映画プロジェクトよりもっと大きなネタを少なくともふたつ追いかけていた。リリースが長らく延期されていたブルース・スプリングスティーンのニュー・アルバムと、変更がくり返されるジャクソンズのツアー計画だ（実質的にはマイケル・ジャクソンの『Thriller』ツアーになる）。84年夏、これら3つのイベントが同時に起こり、ポップ・ミュージック・ファンの心をつかもうと競い合うことになる。

映像の構成を終わらせる前に、ラフカット（粗《あら》編集）版をワーナーの重役陣に見せる時が来た。「ビクビクしたね」とカヴァロ。「これからバッサリ切らなきゃならないバカげた場面がいくつもあったし、「When Doves Cry」のビデオとかコメディーの部分とか、未完成のシーンも山のようにある。そんな状態じゃ見せられないだろう。上映時間は2時間20分近くになったよ。私は体を縮めるようにして椅子に深く座ってた。映画に入れるべきじゃない恥ずかしいシーン、ワーナー側には絶対見せられないようなシーンに、いたたまれなかったからさ」
「上映が終わると、テリー・セメル〔訳注：ワーナー・ブラザース・ピクチャーズの共同会長〕が立ち上がって、ボブ・デーリー〔訳注：同共同会長〕とモー・オースティン〔訳注：ワーナー・ブラザース・レコード会長〕と話し始めた。『なあ、モー、これからもお抱えのクソみたいなミュージシャンを連れてきて、映画を作れって言うつもりかね？』。セメルはポール・サイモンの『ワン・トリック・ポニー』の大失敗で大損をしてたからね。私はマイク・オーヴィッツ〔訳注：『パープル・レイン』の企画を引き受けるようワーナー・ブラザース・ピクチャーズを説得したハリウッドの大物エージェント〕に近寄って、『マイク、金はもらえなさそうだ』と言ったら、マイクは聞こえよがしにこう返事をした。『あっちが金を出さないつもりで、映画をやりたくないなら、この話をパラマウントに持ち込もう。きっと大ヒットするぞ。私にはわかる』。次の日ワーナーから電話があって、金をもらえることになったよ」

プリンスは映画会社との打ち合わせに一度も顔を出さなかった。こういうことに対処するために、彼のビジネス・チームがあるのだ。それに、作るべき曲がたくさんある。まずやらなければならないのは、サントラの数曲分の穴を埋めることだった。キッドとアポロニアの間にロマンスが芽生え始めたことを強く印象づけるような、明るい歌が必要だと決め、プリンスはアポロニア6のアルバムに入れるつもりだった曲を自分で使うことにした。プリンスとアポロニアがバイクで秋の林を走るシーンに合わせ、ふたりのデュエットに編曲した「Take Me With U」は、1月24日にレコーディングされた。

レコーディング・エンジニアのスーザン・ロジャースは、アポロニアのヴォーカル録りに苦労したが、やりがいがあったと語る。アポロニアはビートルズのボードヴィル調な「When I'm Sixty-Four（ホエン・アイム・シックスティー・フォー）」で声出しをした。スーザンには、プリンスと作業する場合とはまったく別の忍耐とサポートが要求された。「ちょっと時間がかかったけど、アポロニアは何とかやりとげたわ。プリンスが彼女をうまくノせて、やる気にさせたの。彼は人の長所と短所を見抜くのがとてもうまかった。優れたリーダーの素質があって、どこまで押せばその人から最上のものを引き出せるか知っていた――どこでやめるべきかもね、ほとんどの場合だけど」。アポロニアがちゃんと歌えるかどうか疑っていたスーザンだが、最後には彼女のパフォーマンスに納得する。「アポロニアの歌声ってわざとらしいのよね。それがこの場合ぴったりだった。女優が歌うふりをしてるみたいに聞こえたわ」

はしゃいだ掛け合い（「You're sheer perfection（君はほんとに完璧さ）」「Thank you!（ありがと！）」）も交えた「Take Me With U」の陽気さは、アルバム『Purple Rain』全体の雰囲気を明るくし、温かみを与えている。ストリング・アレンジメントはリサ・コールマン。ドラムを担当したのはプリンス・ファミリーの新顔で、数週間前にプリンスとのデュエットで「Erotic City」を録音したシーラ・Eだ。サンタナの元メンバーでパーカッションの名手、ピート・エスコヴェードを父に持つシーラは、のちにプリンス子飼いのミュージシャンの中で最も成功することになる。

「シーラに初めて会ったのは、私たちがリハーサル中だった倉庫へ、彼女が空港から直接来た時よ」とスーザン。「靴はコンバースのオールスター。下はジーンズで、フットボールのジャージを羽織ってた。テニスシューズとジーンズ姿の彼女を目にしたのは、あの時が最初で最後だったわ」。シーラはプリンスによって美しく飾り立てられ、アメコミに出てくるような美女に生まれ変わり、セックスの女神とあがめられるようになる。「彼女は大変身したの――髪型、メーク、服、何もかも」とスーザン。「他のバンド・メンバーと同じように――プリンスに『これが君のアイデンティティーだ。いいか。これこそ本当の君なんだ』って、くり返し聞かされてね」

アルバムのタイトル・ソングは、ファースト・アヴェニューの音源を使って完成させた。イントロとギター・ソロを短くし、ピアノ・パートは膨らませて、3つ目のヴァース（恋人の金に興味はないと歌う、あまり出来の良くない歌詞4行分）をカットした。ヴォーカル・ハーモニーも追加。いくつかの部分でわずかなエコーをプリンスの声にかけた。きらびやかではないがドラマチックなストリングスも加わり、「Purple Rain」はさらに荘厳なアンセムめいた雰囲気をまとう。

だがパズルの最後のピースがまだ欠けていた。ぎりぎりになって完成し、映画の撮影終了後に追加されたものの中で、これがいちばん重要な曲となる。

編集作業の最終段階で、マグノーリはあるモンタージュを挿入することにした。キッドが頭の中に渦巻くさまざまな妄想と闘っていることを伝える場面だ。「曲が必要だった」とマグノーリ。「父親、母親、喪失、罪の償い、救済――僕らが映画に込めている、あらゆるテーマを歌った曲が欲しい、とプリンスに伝えた。次の日の朝、彼は電話をかけてきて『オーケー、2曲できたよ』って言ったんだ」

3月1日、ロサンゼルスでグラミー賞授賞式に出席したあと、プリンスはサンセット・サウンド・スタジオに入り、新曲の片方をレコーディングした。おそらくヴァニティ／アポロニア6のメンバー、スーザン・ムーンジーとの関係からインスピレーションを受けた曲、「When Doves Cry」だ。歌詞には映画の内容に触れているような部分もある（「Maybe I'm just like my father, too bold（僕は父さんにそっくりかもね、厚かましすぎる）」）。だがもっと印象的なのは、きしるような、インダストリアルに限りなく近いサウンドだ。欲望と欲求不満にあふれたこの曲は、プリンスを含めそれまで誰が作った音楽とも似ていなかった。

独特な効果を狙い、プリンスは大胆にもベース・パートを取り除く。そのため、どこへ向かっているのかわからないような、かすかな不安感が生まれた。

「『When Doves Cry』を録音してから、ヴォーカルを入れる前、プリンスは曲をあれこれいじってて、そのうちベースを取ってしまったの」と証言するのは、このセッションでエンジニアを務めたペギー・マクリアリーだ（ニックネームとクレジットは〝ペギー・マック〟）。「彼はこう言った。『こんなことする根性のあるやつはいないだろうな』。そして大きくニヤリと笑ったわ。彼はこれが最高の曲だと感じて、ヒットするってわかってた……だからすごく素敵なアレンジをしようと決めたんでしょうね」

「プリンスは大きくて白いキャデラックのヴィンテージ・カーをレンタルして、ロサンゼルスで乗り回してた」とマット・フィンク。「ある日ボビー・Zと俺をスタジオへ呼んでこう言った。『なあ、ドライブに行こう。映画用に作った新曲を聞かせたいんだ』。皆で車に乗り込んで出発すると、プリンスがカセットをデッキに入れた。それが『When Doves Cry』だった――俺とボビーはその時初めて聞いたんだ。曲が終わって、俺は『ベースがないな。キックドラムだけだ――これで完成なのか？』って尋ねた。プリンスの答えは『ああ、完成だ』。『でもベースなしなんて、どうしてだ？』『そういうものだからさ――この曲はそうなるんだ』『マジか？　ベースなしでほんとにいいのか？』。俺は食い下がったよ。だってどうしても理解できないっていうか、俺の世界観にはないことだからさ。でもプリンスは『いや、これは今聞いてるような曲になるんだ』の一点張りだった」

「俺は納得できなくて、こう思ったね。『どうしよう、皆これを聞くのか？　スカスカに聞こえるんじゃないか？　この曲をどうすればいいんだ？』。俺はまだ受け入れられなかった――頭が拒否してたんだ

——でも今考えれば、あれはまさに天才の作品だね。他のどの曲とも全然違ってたから。メロディーか歌詞がうまくハマらなかったり、聞く人の心にちゃんと触れなかったら、別のものになってただろう。でもふたを開けてみれば、あのアルバムで最大のヒット曲になった。最初はそれが信じられなくて、気に入らなかったね。俺はプリンスを厳しい目でなかなか見られないから、彼を批判したことはほとんどなかった。バンドに入って以来、彼が作るものに疑問を感じたのは、あの時が初めてさ——だからアルバムのベスト・ソングだっていうのに、ベースがないせいで、俺の方はしこりが残ってるんだ」

確かに「When Doves Cry」はミックスで手を加えすぎたかもしれない。特にシングル・カットが決まっていた曲としては珍しいことだ。しかしこれは、プリンスが長年温めてきたアプローチの延長でもあった。マイルス・デイビスは89年に出版した自伝で、プリンスと交わしたある会話を紹介している。プリンスは晩年の名トランペット奏者と交流を深め、一緒に音楽活動を行っていた。「ある日俺はプリンスに聞いた。『あの作品のベース・ラインはどこにあるんだ?』。すると彼はこう答えた。『マイルス、僕はそんなの書かないんだ。もしベースが聞こえたら、ベーシストをクビにするよ。ベース・ラインは邪魔だからね』」

ミュージシャンのクエストラブはかつて次のように語った。「ベース・ラインありの「When Doves Cry」を聞いたが、ピンと来なかったね。ベースがないと、何もかもあきらめたような冷めた感じになる。すると聞く人は彼の声に集中するんだ。あの曲の歌詞は〝どうして自分はこんな人間なんだ?〟という思いを歌っている。歌詞に物語を描かせるのが重要なんだよ。ベース・ラインがあると、それに気を取られて道に迷うかもしれない。あの曲は、ベース・ラインありでもクールだが、なしだから傑作なんだ」

スザンナ・メルヴォワンは、プリンスが「When Doves Cry」を取り巻き全員に初披露した日を覚えている。「皆、曲作り用の倉庫の中でぼんやり座って、プリンスを何時間も待ってたの。やっと来た彼は4日ぐらい寝てないような顔をしてたわ。自分のリムジンを倉庫に入れて、〔訳注：車のカセット・デッキを使って〕テープを最大音量でかけた。彼はハイになってたわね。曲をすごく気に入ってて——興奮の嵐の中にいたわ。その瞬間、これが歴史的な名曲になるって皆わかった。プリンスは映画のテーマをまとめ上げて、それですべてが動きだしたの。彼は自分が探し求めていたもの、つまりこれ〔訳注：映画で描きたかったものすべて〕を一気に解き放つ噴火口を見つけたのよ。皆でこの曲を聞いた日に、ビデオも撮影したわ」

プリンスが次々と曲を書いたため、サントラに入れる予定だった他のアーティストの作品が押し出された。ザ・タイム、デズ・ディッカーソン、アポロニア6の曲はすべて自分たちのアルバムに入れることになる。ジル・ジョーンズの「Wednesday」はテスト・プレス盤に収録までされたが、映画から彼女のシーンがカットされると、曲もサントラから外された。「Electric Intercourse」に代わり「The Beautiful Ones」を採用。プリンスが作った「G-Spot（G-スポット）」も落とされ、のちにジル・ジョーンズのアルバムに収められた。レコード（およびカセット）が音楽配給の手段だった時代、アルバムの収録時間や片面に入れられる曲の数は限られていた。マグノーリが映画のオープニングで使えるよう、プリンスは「Let's Go Crazy」の演奏時間を延ばしていたが、このフル・ヴァージョン（不協和音を使った激しいピアノ・ソロ入り）は12インチ・シングル用にとっておき、アルバムには短く編集したものを収録した。プリンスの父親ジョン・L・ネルソンがクレジットされたインストゥルメンタル、「Father's Song」は独立した曲として入れる案もあったが、3月23日にプリンスがアルバムを構成し直し、ショート・ヴァージョンを「Computer Blue」に組み込むことになった。「Computer Blue」自体も〝廊下の演説《ホールウェイ・スピーチ》〟がカットされ、時間が短縮された。

こうして完成したアルバム『Purple Rain』は一分の隙もない出来栄えだった。全9曲、収録時間は44分弱。すべてプリンスの演奏で、ザ・レヴォリューションの参加曲あり。映画の添え物であるサントラから、完璧にバランスが取れて独立したアルバムへ進化をとげたのだ。どの曲も一切無駄がなく、曲調もバラエティーに富んでいる。強烈なロックの「Let's Go Crazy」から、切ない恋心を歌い上げる「The Beautiful Ones」(エレクトロニック・ミュージシャンのモービーはかつて「シンセサイザーだけの音楽からライヴ・バンドの演奏へ――まるで1曲に4つの曲が入っているようだ」と指摘した)まで。また、「Baby I'm a Star」で陽気なジャムを聞かせ、「Darling Nikki」では怒りを爆発させる。プリンスはどの曲でも〝すご腕のギタリストでバンドのフロントマン〟である自分を強調している。ロック・ファンの世界観に一致するイメージだ。「When Doves Cry」などの音は非常に斬新で、聞けばすぐ、作ったのはプリンス以外ありえないとわかる。だがプリンスのそれまでのレコードに入っていたような、もっと長く実験的な曲はアルバムに見当たらない。

他にも重大な決断がいくつか下されている。プリンスは収録の曲順を、映画での順番から1箇所だけ変更した。「Purple Rain」をエンディングに移動させ、リスナーが最後に聞くようにしたのだ。この曲は、映画ではドラマチックなクライマックスを提供する。ファースト・アヴェニューの観客の心を勝ち取ったあと、万感の思いをこめて演奏する場面だ。一方アルバムでは、感動が頂点に達したところでこの曲が流れるように配置された。また、「Darling Nikki」でサイド1を締めくくったあと、プリンスは逆回転の短い語りを加えた。レコードをプレイヤーの針の下で反対方向に回すと、プリンスの声が聞こえる――「Hello, how are you? I'm fine, 'cause I know that the Lord is coming soon. Coming, coming soon.（やあ、元気？僕はいい気分だよ。だって主《しゅ》がもうすぐ来るのを知ってるから。来るんだよ、もうすぐね）」（ファンがこんなにせっせと手を動かしてレコードを逆回転させたのは、ビートルズの時代以来だった。何しろプリンスのメッセージは、アルバムで最も性表現が露骨な曲のあとに置かれていたのだ。聞かれる回数もさぞ多かっただろう）。

「あのレコードの配列は大仕事だったわ」とスーザン・ロジャース。「曲を順番に並べて、逆回転の部分を用意して、それらを全部差し込んでいくの。消費者が芸術作品としてアルバムを買ってた時代、これはとても大事な作業だったのよ。シングルは違ったけど。初期のレコードだと、手を加えてなくて生の音がむき出しの曲があるわよね。でも『Purple Rain』はすごく音を作り込んでいる。あれは傑作よ」

プリンスがアルバムの仕上げをしている間、マグノーリと制作チームも映画の編集を終わらせようとしていた。カヴァロは強引なプロデューサーになり切り、指示を飛ばしたという。「こう言ったんだよ。『私のことを、タバコをくわえたデカいユダヤ人だと思え。いいか、映画ってのはこういうふうに進むもんだ。歌、女の胸とケツ、ジョーク、ストーリー。また歌、女の胸とケツ、ジョーク、ストーリー。ジョークを抜かしたら、物足りなくなるだろう。わかったな』。それともこういう順番だったかな。『歌、ストーリー、女の胸とケツ、ジョーク』――まあどっちでもいいが、私は下品なやつになり切ろうとした。あれは偉大なる芸術作品じゃなくて、プリンスのことだけ描いた映画だったからね。ある意味では名作さ」。映画を成功させたければ、大衆受けしないカルト的な芸術作品に仕上げるのではなく、プリンスに焦点を当て続け、彼を紛れもないスターとして描くしかないと、カヴァロにはわかっていた。

マグノーリはすぐ、映画の成功の鍵は、演奏シーンとドラマのシーンを巧みに連携させることだと気づく。すべてが同じプロジェクトの一部のように感じられることが大事なのだ。「作ってたのは基本的にバックステージもののミュージカルだからね」とマグノーリ。「重要なのは、いくつものパフォーマンスをひとつにまとめ上げる方法を見つけることだった。そうすれば音楽が言葉から自然に流れてくるだろう。台詞と台詞の間に挟むコマーシャルみたいじゃなくて。観客の反応に画面を切り替えることで、音楽とリアルさを両方描くことができた。そうすれば効果抜群ってことを、僕はこの時からはっきり理解し始めたんだ」

「プリンスが入ってきて、3つのテイクが見事にひとつの映像にまとまってるのを見て、ちょっと圧倒されてたね。『このショットでは僕のシャツのボタンが外れてるのに、次のショットでは留まってる』とか、『あそこのスピンはテイク3でやったのよりユルいな』とか、そういうのに数箇所気づいたぐらいだった」

　またマグノーリによれば、映画のオープニングをめぐってカヴァロと少々もめたという。「カヴァロに言われたんだ、『プリンスは音楽で映画を始めない方がいいと考えてる』って。ミュージシャンは最初に演奏をびしっとキメて自分のすごさを見せつけたがるけど、それはロック映画にありがちな間違いだ、っていう理屈さ。でも僕は反対した。常にファンを尊重するべきだってね。オープニングに音楽を持ってくれば、映画が始まってすぐ、クロスオーヴァーなファンも引きつけることができる。プリンスが何者か知らない人でも、あの7分間が終わる頃には知るようになるんだ」

　しかし新たな問題が発覚した。キッドと両親が地下室で争う重要なシーンのネガフィルムが紛失したのだ。そのためマグノーリは、5つのショットでワークプリント（訳注：撮影用ネガフィルムを現像した編集用ポジフィルム。編集が終わったワークプリントに基づき、ネガフィルムをつないで完成版を作る〕を使うしかなかった。この場面だけ明らかに画面が暗くなってしまったが、最終版の上映会の日は容赦なくやってきた。

「〔カヴァロから〕電話があってね」とプリンスの広報係だったハワード・ブルームは言う。「『こいつの編集に何週間もかかりっ切りなんだが、どうしても映画の形にできない。うまくいってないのに、明日の昼11時にはワーナーに見せることになってるんだ。君も来てくれ』って言われた。だから朝、飛行機に乗って、ワーナーに到着して、それまで見たこともないような巨大な試写室に入っていった。座ったのはずっとうしろの席だ。他の人たちから10列ぐらい離れて、誰にも邪魔されず、自分が感情的にどう反応するか見るためにね」

ブルームによれば、〝意識のある自分〟は何を描いた映画なのかさっぱりわからなかったが、〝意識下のもうひとりの自分〟は『パープル・レイン』が放つ理屈抜きの強烈なパワーに圧倒されたという。試写会が終わると、重役陣とアドバイザーたちは全員会議室へ入った。

「彼らは意見を言い始めたんだが、皆葬式みたいにシケた顔で、おどおどして、言葉を選んでたね。でも言ってる中身は全部一緒。『この映画はもう終わりだ』さ」とブルーム。「僕の番になったんで、立ち上がって、皆の目からうろこをたたき落とすようなスピーチをしてやった。『これは映画史上、最も重要な映画のひとつです。この映画をボツにすることは罪に等しい』ってね。そして『オズの魔法使』みたいな映画の歴史を語った。あの作品もキワモノ扱いされて、誰もが失敗すると思ってたんだ」

「それから僕は核心に入った——64年まで、シンガーなら、作曲してくれる人がティン・パン・アレー〔訳注：ブロードウェイの一角。楽譜出版社や楽器店が集中〕にたくさんいました。自分のイメージを決めてくれるマネージャーもいました。シンガーそのものが芸術作品だったのです。やがてビートルズが登場し、革命を起こします。彼らは自分の音楽を自ら管理しました。今ではそれが普通だと考えられていますが、当時は衝撃的だったんです。ビートルズが音楽でやったことを、映画業界でやったアーティストは今までひとりもいません。それを成しとげたのがプリンスです、とね。そしてこう続けた。『この映画をボツにすれば、エンターテインメント史に残る名作を汚すことになりますよ』。すると会議の空気が変わった。この演説はボブ〔訳注：ボブ・デーリー。ワーナーの共同会長〕にすごく効き目があったみたいだね。ワーナー側が、チャンスをやろう、アリゾナの6つの映画館で公開すると言い出したから。でも結局は、何百もの映画館にかかることになるんだけど」

マグノーリは、ワーナーの事務方とマーケティング担当との打ち合わせの様子を語る。「向こうは『うちの分析によれば、この映画の上映は1回の週末だけ、観客はインナーシティー〔訳注：都心部のスラム街〕に住む14歳の黒人少女が中心だね』と言ったんだ」。一方カヴァロは――打ち合わせの場ではワーナー側の前提を否定せず、クロスオーヴァーな観客が来る可能性も指摘しなかったが――自分にはうまくいくとわかっていたと主張する。「4000万ドルは稼ぐってワーナーに言ってやったよ。共同会長のボブ［・デーリー］とテリー［・セメル］には笑われたがね。『この数字は必ず実現させるから、そっちは〝ワーナー・ブラザース提供、プリンス初の映画『パープル・レイン』〟っていう広告を、黒人のコミュニティーがあるすべての街に出して、皆があのクソ映画を観にいくようにしてくれ。〝何とか映画会社提供、ある黒人アーティスト初の映画〟なんてのが今まであったか？　つまり、これはものすごい大事件なんだよ。それに、曲はきっとヒットするし、公開のかなり前からラジオ・キャンペーンを張る。映画をいろんな街の大きなラジオ局に渡して、夜中に上映会をやってもらうとか、方法はたくさんあるさ』。それから数字の根拠を上げて『4000万ドルは軽くいくぞ』って言ったんだ」

プリンスのマネージメント・チームがワーナーのマーケティング担当を説得している間、映画の制作チームは音楽のミックスの最終段階を迎え、技術的な挑戦を続けていた。マグノーリは説明する。「プリンスのやり方は、まずたくさんのトラックを用意する。メモったりは絶対しない──そして僕がモンタージュを作るみたいに、ひとつずつつないでいくんだ。でも映画のミックスの場合、すべての曲を構成するトラックを全部ミキサーに入れて、それらをドルビー・システムでちゃんと並べなきゃいけない。1曲入れると、プリンスは座ったままこう聞いてくるんだ。『その装置の中でどうやってあの曲を見つけるんだ?』って」

マグノーリはこう続ける、「決定的な瞬間だったね。ワクワクしたけど怖くもあった。プリンスと僕で1日作業したあと、音楽はもういじらないでおこう、曲はこのままでいいって決めて、音楽用のミキサーを運び込み、フィルムの編集機の隣に置いた。それから音楽を映像に同期させていった──2、3トラック再生して、それに音をいろいろ足して、映像とのずれを修正して、サウンドを大きくしていくんだ。オリジナルのトラックに音を重ねていくから、分厚いハーモニーが生まれる。そこまで作り込んでから、群衆の音を入れる。すると本物のクラブで、リアルタイムで演奏してるように聞こえるんだ。完璧じゃなくてちょっと音ズレはあったけど、効果は抜群で、音にもっとライヴ感が出せたよ」

映画会社での上映会のおかげで、いいことが少なくともひとつあった。マグノーリは回想する、「映画会社側が最終版を観た時、『クレジットは「Baby I'm a Star」にかぶせるのか? 演奏が終わってからクレジットを流すようにしてくれ』って言われたんだ。あっちがまだ要求を出してくるなんて予想もしてなかったね。僕はチャンスだと思って『あの曲は3分半しかありませんが、プリンスは曲をまだ追加できますよ』と言ってみた。そうしたら、『曲を適当な長さに延ばせるよう、もっと撮影していい』って許可されてね。ロサンゼルスで1場面を追加撮影することになったんだ」

「〔訳注：ロサンゼルスの〕セットをファースト・アヴェニューに似せなきゃならなかったんだけど、あまりうまくいかなかったわ」と言うのはスーザン・ロジャースだ。「カメラをステージにすごく寄せて、そこに観客を数人立たせたの。ちょっとしたペテンよね。ステージでスモークをたいたんだけど、ファースト・アヴェニューのステージより狭いから、スモーク・マシンがダンス・フロアに近くて、皆が踊ってる場所まで油性の煙が流れ出してしまった。床の油で滑ったプリンスが『これを何とかしなくちゃ』って言ったんだけど、映画のスタッフは突っ立ってるだけなの。だから私が駐車場に走っていって植木鉢を見つけ、両手で土をすくって走って中へ戻った。そして誰にも断らないまま、いきなり土をばらまいて、四つんばいになって床になすりつけたの。それで油が吸収できたわ」

「あとでアラン・リーズが教えてくれたんだけど、プリンスは私のしたことに大満足だったそうよ。だから、彼が私たちに望んでるのはそれ――〝自分で考えること〟だってわかったの。彼の視点から彼の世界を見て、するべきことを自発的にしてほしかったのね。プリンスの気持ちを理解するのにすごく役立ったわ。私たちの中で、彼との関係が長続きして、ずっと一緒にいた人は、皆そういう心構えだったと思う」

Something That You'll Never Comprehend

Chapter 7

君には決して理解できないもの

ワーナーは『パープル・レイン』の公開を了承したが、この映画を本当には理解していなかった〔社名をクレジットするかどうかもまだ決めかねていた〕。次の事務仕事は、実際の観客の反応を確かめることだ。ワーナーはカリフォルニア州カルヴァーシティーで試写会を開くと決定。そこなら観客の人種が偏らないと踏んだからだ。

試写会は座席数600ほどの大きな映画館で行われた。若い観客たちは映画を観て大興奮する。上映後、いつもどおり質問用紙に観点ごとの点数を記入してもらった。プロデューサーを務めたロブ・カヴァロによれば、結果はワーナーが初めて目にするような高得点ばかりだったという。「最初の試写会の点があまりにも高かったから、テリー・セメル〔訳注：ワーナー共同会長〕は激怒して私をさんざんののしった」とカヴァロ。「『こんなのありえないぞ。そうだ、どこかのクソいまいましいラジオ局からファンを連れてきて、高い点を書かせたんだな？　こんな数字、意味がない！』って怒鳴られたよ。だから『そういうことは何もしてないよ、やり方さえ知らないし……』と答えた。実はテリーの言葉はほんのちょっと当たってたんだがね。『とにかく、そいつらには〔訳注：点数操作を〕やめさせなきゃならん。こんなのは時間の無駄だ』なんて怒ってたね。でも私は観客に交じって観てたんだが、周りは熱狂してたよ。だから『こういう反応はここだけじゃないはずだ』って思ったね」

ワーナーは真実を見極めるため、2回目の試写会が必要だと決断。今度はロサンゼルス以外の場所で開き、都合のいい観客を選べないように、カヴァロにも開催場所を知らせなかった。「『お前たちは飛行機に乗る。どこで試写会を開くかはあらかじめ知らせない。離陸したら教えてやる』って言われたよ。着いたのはデンバーの郊外だ。そうしたらテリーとボブ〔・デーリー。同共同会長〕と私が乗ってるリムジンまで男が走ってきて、『どうしたらいいんでしょう――あまりにもたくさん人がいるので、暴動になりそうです。上映は何度もするって言わないと収まりがつきません』って泣きつくじゃないか。『いやー、白状するよ。私が仕込んだんだ』ってからかってやった。ここでの評価点数もすごかったね。若者たちは2回目の上映の席取りでケンカしてたよ。1回目を観てるやつでも」

最後の試写会がサンディエゴで開かれた。ここでも評価点数は素晴らしかった。「映画館のロビーにはワーナーの社員がたくさんいてね」とマグノーリ監督。「『よし、3回連続でレビューは超高得点。アル（・マグノーリ）、私たちは間違っていたよ。公開はまず200館から始めて、この映画にふさわしいように、できるだけ増やしていこう。900を超える勢いでな』って言われたよ」

プリンスの広報係のハワード・ブルームは、サンディエゴの試写会を利用して『パープル・レイン』をマスコミに宣伝し始めた。「カヴァロに電話で『サンディエゴで試写会をするんだが、マスコミにはそれを知らせないことになってる』と教えられてね。よし、じゃあ僕がマスコミを連れていこうってことになった。ワーナーはまだ映画の出来を信じてなかったから。鍵になる人を何人か潜り込ませることができたら、彼らは映画に思い入れを抱いてくれるだろう。つまりグルになるわけだ。僕らは映画評論の第一人者を数人選んだ――マイケル・ギルモア［『ロサンゼルス・ヘラルド・エグザミナー』紙］、デヴィッド・アンセン［『ニューズウィーク』誌］、ロバート・ヒルバーン［『ロサンゼルス・タイムズ』紙］――そして、当日しかるべき時間にサンディエゴへ行ってくれたら、映画館にこっそり入れて差し上げます、と知らせた。観たあとで全員、映画の熱心な支持者になったよ」

一連の試写会の結果、マグノーリは〝ゴミ箱シーン〟の扱いでも勝利を収める。ワーナーが場面に難色を示したため、2回目の試写会では削除に同意したが、3回目で復活させると、時代背景もあったのか、このミニコントは観客にかなり受けた。そこでワーナーの執行副社長マーク・カントンが、最終版に残すことに同意したのだ。

『パープル・レイン』公開のスケジュールを組む時になると、調整のためにいくつもの難しい決断が下された。ワーナー・ブラザース・レコード会長のモー・オースティンは、映画公開のかなり前にアルバムをリリースしたがった。そうすれば映画が失敗してもアルバムの売り上げは確保できるからだ。つまりシングルを映画の劇場公開の何ヵ月も前に出すことになる。もちろん、それ自体のリスクがないわけではない。期待ほどシングルが売れなかったり、アルバムの売れ行きが最初から伸び悩んだりすれば、今映画を取り巻いている熱狂的な雰囲気が消えてしまう。プロジェクト全体の行く末は、シングルの成功にかかっていたのだ。

カヴァロによれば、彼を含むプリンス側は迷わず「When Doves Cry」をファースト・シングルに推したが、ワーナー・ブラザース・レコードのアーバン・ミュージック部門は、それほど実験的ではない「Let's Go Crazy」を望んだ。カヴァロはワーナーの選択に疑問を抱く。「『私が間違ってるのか？』って言ったね。先のことはわからないし、プリンスの曲は確かにちょっと奇妙に聞こえることがある。だからクライヴ・カルダー［2002年、自ら設立したジャイヴ・レコード（運営はゾンバ・レーベル・グループ。ブリトニー・スピアーズやイン・シンクが所属）をソニーに27億ドルで売却し、音楽業界一の富豪になる］を食事に誘って意見を聞くことにした。ホテルで彼を車に乗せて、『今から2曲聞いてもらう。どっちがシングルにふさわしいと思うか教えてくれ』と頼んだ。まず「Let's Go Crazy」をかけると、気に入ってくれてね。それから次の曲をかけた。イントロから最初のヴァースに入り、コーラスが始まるとクライヴが『こりゃなんだ、ジョークか？』って言ったんだ。『気に入らないか？』と聞くと『いや、最高だよ』って答えだった」

「When Doves Cry」がリリースされたのは5月16日。同月中にハイスクールの卒業を控えた私は、リリース前夜に遅くまで起きていて、カセット・レコーダーを準備し、シンシナティのR&B専門ラジオ局、WBLZに周波数を合わせ、日付が変わってプリンスのニュー・シングルが初放送されるのを待った。ついに曲が流れてきた瞬間のことは一生忘れない。ステージのプリンスは見たことがあったし、どれほどすごいギタリストかも知っていた。しかし不協和音が爆発するイントロはまさに衝撃的だった。

この曲はいったい何だ？　ファンキーだが、曲調はロックそのもの。プリンスは何を歌っているんだろう——「animals strike curious poses（動物たちが奇妙なポーズをしてる）」ってどういうことだ？　サウンドはメカニカルで、気だるく、聞いているとトリップしそうだ。キーボードがコーダに向かって盛り上がり、テンポがどんどん速くなって、突然終わる。私はノックアウトされた。聞くのを止められず、何度もテープを再生した。

「When Doves Cry」に魅了されたのは私だけではなかった。発売後6週間でポップ・チャートの1位を獲得。プリンスのシングルでNo．1になったのはこの曲が初めてだ。その後も5週連続でトップの座を維持し、結果的に84年に最も売れたシングルになる。

「アルバムからカットするファースト・シングルがあんなに変な曲だっていうのは、当時すごく珍しかったね」とコメディアンでプリンスの熱狂的なファンのクリス・ロックは語る。「ファースト・シングルは普通、アルバムのちょっとした味見で、いちばんいい曲はセカンドかサードに持ってくる。『Thriller』ではファースト・シングルが「The Girl Is Mine（ガール・イズ・マイン）」だっただろう。あの頃はシングル・リリースの鉄則があって——最初にああいうのを出すのは誰もいなかった」

「歌詞も突き抜けてたね。完全に意味が通ってるのに、まったく意味をなしてない。今はああいう曲は書けないよ——現代の音楽には隠喩《メタファー》がないからね。文字どおりのことを歌ってるだけ。レコード会社に〔訳注：〝when doves cry（鳩たちが泣く時）〟ではなく〕〝when love dies（愛が終わる時）〟とか何とか言わせられるんだ。『鳩たちって何のことだね？』って聞かれて終わりさ」

（2000年、私が音楽雑誌『スピン』の編集長だった時、ケーブルテレビ局VH1の『ザ・リスト』のシーズン初回に出演した。指定されたテーマについて、4人のパネリストがそれぞれのベスト3を挙げ、スタジオで討論する。観客と視聴者がそれを聞いて投票するというショー番組だ。この日のパネリストは、シンガー・ソングライターのメリッサ・エスリッジ、シットコム『サード・ロック・フロム・ザ・サン』に出演中だったフレンチ・スチュワート、女優のキャシー・ナジミー、そして私。お題は〝オールタイム・ベストソング〟だ。私が挙げたのはチャック・ベリーの「Johnny B. Goode（ジョニー・B・グッド）」、ボブ・ディランの「Like a Rolling Stone（ライク・ア・ローリング・ストーン）」、そして「When Doves Cry」だった。他の3人が何を推したかはあまり記憶にないが、エスリッジがピーター・ゲイブリエルの「In Your Eyes（イン・ユア・アイズ）」、何人かがビートルズの曲を挙げたのは覚えている。投票の結果、少なくともロサンゼルスの視聴者は「When Doves Cry」を史上最も偉大な曲だと考えていることがわかった。）

シングルのB面は美しいメロディーの「17 Days」（アルバム未収録）。ジャケットに書かれたフル・タイトルは「17 Days（The Rain Will Come Down, Then U Will Have 2 Choose. If U Believe, Look 2 the

Dawn and U Shall Never Lose）（17日間：雨が降ってくる。そうしたら君はどちらかを選ぶんだ。信じるなら、夜明けを見てごらん。もう決して迷うことはない）」。これだけ見ると宗教的な曲のように思えるが、歌詞はプリンスお得意のもうひとつのテーマ――女に去られたみじめな気持ちを歌っている。当初はヴァニティ／アポロニア6のアルバムに提供する予定だったが、リサ・コールマンとウェンディ・メルヴォワンのコーラスを入れて録り直し、「When Doves Cry」のB面にした（ガールズ・バンドのこのアルバムはリリースが難航した。他のミュージシャンに提供するため、プリンスが取り戻した曲はいくつもある。その中の「Manic Monday（マニック・マンデー）」は86年にバングルスがヒットさせ、チャート2位を記録した）。注目は、「When Doves Cry」のクレジットはいつもどおりプリンスだけだが、「17 Days」は〝録音：プリンス・アンド・ザ・レヴォリューション〟となっていたことだ。『1999』のジャケットにバンド名をこっそり入れて以来、プリンスの曲がソロではなくバンドの作品としてリリースされたのは初めてだった（結局アルバム『Purple Rain』全体のクレジットが〝プリンス・アンド・ザ・レヴォリューション〟になる）。

「When Doves Cry」のミュージック・ビデオはMTVでくり返し放送されたが、映画の内容を紹介するものではなかった。時々『パープル・レイン』のショットが唐突に挿入されるが、中心になるのはバスタブからはい出てくるプリンス（複雑な形に盛り上げた髪の毛は1本の乱れもない）と、フリルが付いたペイズリー柄の衣装で決め、空っぽの白い部屋でポーズを取るザ・レヴォリューションだ。このビデオ映像からカットされたスチール写真が、付録ポスターとしてアルバム『Purple Rain』に付けられる。数ヵ月後、私が大学寮の部屋の壁に初めて貼ったのが、このポスターだった。シングル盤「When Doves Cry」の裏ジャケットには、小さな文字で〝ワーナー・ブラザースが間もなくリリースするアルバムおよび映画『パープル・レイン』より〟と印刷されていた。しかし映画についての情報はほとんど公開されないままだった。84年6月下旬、『ローリングストーン』誌がまた〝ランダム・ノーツ〟コーナーでプリンスを取り上げる（この時点ではまだ小さい記事だ）。「プリンスの映画7月に公開予定」という見出しに続き、封切りの予定は「〔訳注：ロサンゼルス・〕オリンピックの熱狂が最高潮に達する時期」で、「完成したての作品を観た人は、何よりもコンサート・シーンを絶賛」と報じた。

　マグノーリはある日映画館へ行き、『パープル・レイン』の予告編が初めてスクリーンに流れた時、映画の成功をさらに強く確信した。「僕も観るのは初めてでね」と本人は言う。「〔訳注：予告編の制作担当者は〕僕らの編集スタイルをそっくり取り入れてた。何の予備知識もない観客が熱狂するのを目にして、すごいと思ったね。感動で胸が震えた。予告編は見事に役目を果たしたわけだ。大掛かりな宣伝はあれだけだったよ——だから観客は『これは他の誰でもない、自分たちの映画だ』って言えたのさ。あの映画はお薦めだなんて言うテレビ俳優はいなかったし、インタビューも、嘘八百の宣伝も、まったくなかった」

　さらに、プリンスは映画公開のルールを少なくとももうひとつ破ろうとしていた。特に大手映画会社の作品としては異例のことだ——彼はインタビューを一切受けないつもりだったのだ。実際、83年に『1999』をリリースしたあと、85年春に『Around the World in a Day（アラウンド・ザ・ワールド・イン・ア・デイ）』を出すまで、プリンスはアルバム『Purple Rain』、映画、ツアーについて、マスコミに対し沈黙を貫いた。

「プリンスにあれ以上インタビューを受けさせる必要はなかった」と広報係のハワード・ブルームは言う。「人間っていうのは記憶力がすごく悪いだろう。何かを15回はくり返さないと意識にちゃんと焼きつかない。だから条件反射の〝パブロフの犬〟理論を取り入れて、いろんな媒体でプリンスの名前をできるだけ頻繁にくり返すようにした。普通こういう宣伝は無駄な努力に終わる。ギリシャ神話のシーシュポスみたいに、大きな岩を担いでせっせと山を登っても、てっぺんの一歩手前で岩はもとの場所に転がり落ちてしまうんだ。でもプリンスというイメージを作り上げる場合は違う。彼の名前をあらゆる文章で何度も何度もくり返して、岩をじりじり動かしていくと、山の頂上に着いた時、重力がはたらいて、勢いづいた岩は勝手に向こう側へ動き続ける。僕らは頂上を乗り越えたんだ。映画が公開される頃までに、プリンス本人に勢いがついていたんだよ」

「リズ・スミス［新聞連盟を通じて各紙に論説を配信するゴシップ・コラムニスト］は、ずっと前から僕のライバルみたいなものでね。でも何とか彼女にぴったりなネタを次々に提供するうちに、最高の協力者になったんだ。ゴシップ・コラムだと、誰かの名前を毎週出すことができるだろう。だから映画を観に行く頃までには、彼の名前が長い時間をかけて皆の頭に刷り込まれたってわけさ」

一方、ワーナー・ブラザース・レコードの広報担当だったボブ・メーリスによれば、レコード会社側もプリンスを無理やりマスコミの前に出すつもりはなかったという。マーケティング戦略としては、雑誌などの報道よりラジオでの宣伝の方が重要だったからだ。また、プリンスが過去にインタビューを受けた時、かみ合わなかったり的外れな受け答えが多かったので、謎めいたイメージを台なしにするよりは、そのままにしておく方がいい、という判断だった。

だが現在では、映画会社が映画の公開そのものを渋った上、主役が宣伝活動をしないことに同意するというのは、ほとんど想像できない。「今より単純な時代だったからね」とツアー・マネージャーのアラン・

リーズ。「現代だとソーシャル・メディアとかいろいろな媒体が絡んでくるが、あの頃はプリンス抜きでまとまった宣伝をした方が楽だったんだ。彼は、一度だけ許されるようなことをするのが得意だった。誰か他の人がプリンスのやったことに挑戦しても〝プリンスの二番煎じ〟と言われるだけだ。でもプリンスは、音楽業界だけじゃなくて世界中に自分の神秘的なイメージを売り込んだ。人前に姿を現さないからこそ、そのイメージに価値と説得力があったんだ。彼はイメージ戦略を見事に成功させたよ。気が遠くなるほど長い時間をかけて、自分に有利な方向へことを進めるためにね」

「プリンスが前から計画してたのか偶然かはわからないけど」とレコーディング・エンジニアのスーザン・ロジャースは言う。「謎めいた存在でいることが報われたのよ。彼は『Dirty Mind』のあと、神秘のベールをどんどん厚くしていったでしょう。たくさんレコードを売って大金を稼いでいるミステリアスな人物が、『自伝映画を作りたい』って言ったら、『それは絶対見なくちゃ！』ってなるわよ」

「プリンスと同じ時期に、マイケル・ジャクソンとマドンナとブルース・スプリングスティーンがいたわ。でもあれほど謎めいていたのはプリンスだけだった。皆マイケル・ジャクソンのことはわかってると思ってたし、マドンナもまあ理解できた。ブルース・スプリングスティーンは裏がまったくない人だったしね。だから神秘的な存在でいるっていうのはすごく有利なの。でも通用するのは一度だけ。明らかになることがあまりに多いから、ベールを全部脱いだあとは、素《す》の自分しか残らないのよ」

ジャケットに〝プリンス・アンド・ザ・レヴォリューション〟とクレジットされたアルバム『Purple Rain』は、84年6月25日にリリースされた。「When Doves Cry」がチャート1位を獲得したのと同じ頃だ。

ザ・レヴォリューションのメンバーは、バンドの名前がどんな形で出るのか、そもそもクレジットされるのかどうかさえ、直前まで知らなかった。ボビー・Zはかつて、テスト・プレス盤のジャケットを見て初めて、バンド名が大々的に打ち出されることを知ったと語っている。「これは現実だってわかって身震いしたよ」

マルチメディア戦略の次の一手を準備しながらも、プリンスはアルバムに対するマスコミの反応を心配していた。本人がのちにこう告白している。「アポロニアと僕はホテルのテーブルの下に寝て、「アルバムの」レビューが出るのを待っていた。興奮して眠れなかったよ。発表されたレビューを見たら、全部褒めてあった」

しかし、発売が長らく延期されていたブルース・スプリングスティーンの『Born in the USA（ボーン・イン・ザ・U．S．A．）』が数週間前に発売され、ロック関係のほとんどのマスコミがそちらに集中していたため、『Purple Rain』の影は薄くなってしまう。同じ夏にリリースされた2枚のアルバムについて、『ローリングストーン』誌はレビュー・コーナーで『USA』を大特集し、『Purple Rain』は二番手として扱った。また評価点は『USA』が最高の星5つ、『Purple Rain』はひとつ足りない星4つだった。

同誌の記者、カート・ローダー（MTVのニュース番組の司会者に転身する数年前）のレビューは、ジミ・ヘンドリックスやスライ・ストーンとの比較に重きを置きすぎているが、プリンスを初めて聞くロックのリスナーに向けて、わかりやすい言葉で説明しようという懸命な努力が感じられる。彼はレビューで、「プリンスの過激主義は、無難なレコードを作って型どおりのヒット曲を売るこの時代、人の心を引きつける」と書き、続けて『Purple Rain』は「昨年の「Little Red Corvette」のようなヒット曲は生まないかもしれない」と考察しつつ、「偉大なクリエイターが好きな人は、このレコードを持つべきだ」と結論づけている。『ニューヨーク・タイムズ』紙では、優れた音楽ライターのロバート・パーマーが『Purple Rain』を詳しく分析し、ロックの金字塔になるだろうと絶賛した（当時は普通だったが――素早い反応が期待され、必要とさえされる現代とは大きく違う――彼のレビューはアルバムのリリースからほぼ1ヵ月後、映画の公開直前に掲載された）。それによれば、『Purple Rain』は「音楽的にも感情的にも、2年前の前作『1999』を含め従来のどのアルバムよりも力強く、個人色が強く打ち出されている。プリンスの個性は今まで以上に発揮されているが、我々が目にしているのは新生プリンスの一面なのだ」。彼はまた、特に映画と関連づけ、この音楽はミステリアスなアーティストがついに心を開いたことを示す、と指摘している。「霧が消え始め、プリンスと彼の世界がよりはっきり見えるようになってきた。アルバムの一部の歌詞と映画から、プリンスが今まで彼自身と生い立ちについてほとんど語らなかったのは、あまりにもつらいテーマだからだ、ということがわかる……プリンスは初期の曲で、性的に露骨な歌詞による言葉のストリップ・ショーを演じた。しかし今回は、より有意義なやり方で、自分をさらけ出すことにしたのだ」

パーマーは続けて、ソロではなくバンドと作り上げた音楽なので「サウンドがさらに生き生きとして、より官能的になった」と指摘。最後に、アルバム・レビューのお決まりで、今シーズンにリリースされた他のいくつかの作品――この時点では『Purple Rain』より大きな扱い――と比較し、「この夏にヒットしたいくつもの曲が忘れられ、ジャクソンズやブルース・スプリングスティーンのアルバムが棚の奥にしまい込まれても、『Purple Rain』は人々の記憶にとどまり、ロックの不朽の名盤として聞かれ続けるだろう」と締めくくっている。

実際、完成版の『Purple Rain』は傑作だった。無駄な要素は一切なし（「『Purple Rain』に出来の悪い曲はひとつもない」とクリス・ロックは言う。「『Thriller』は歴史に残る名盤だといわれてるが、少なくとも2曲、駄作が入ってる。だが『Purple Rain』には「Baby Be Mine（ベイビー・ビー・マイン）」みたいのは1曲もないからね」）。9曲すべてがシングルとしても十分通用するレベルの高さだが、それが1枚にまとまっているのだから圧巻だ。プリンスのサウンドは完全にオリジナルでありながら親しみやすく、人の心を強く引きつける。ロックとR&Bの間で絶妙なバランスを取り、どちらかのスタイルにすり寄ったり、無理やり型にはめたりということは、まったくしていない。のども裂けんばかりに絶叫する「Darling Nikki」や、陰うつなニューウェーヴの「Computer Blue」で大胆な冒険に挑む一方、軽快な「Take Me With U」では純粋なポップを聞かせる。

ロカビリー調の「Let's Go Crazy」から、ゴスペルのように歌い上げる「Purple Rain」まで、このアルバムはアメリカのポップ・ミュージック史をすべて網羅しているかのようだった。映画をまだ観ていなくても、全9曲をひとつの物語として感じ、そこに込められた感情の動きを体験できた。プリンスの華麗なギター・テクニックに魅せられた若いロック・ファンは気づかなかったかもしれないが、トゥーレが著書で指摘するように「このアルバムは、人々を教え導く言葉で始まり、リスナーが罪を許され洗礼を受けて終わる。つまりひとつの宗教的イベントを体験させてくれるのだ」。プリンスのそれまでの作品に見られたあらゆる可能性が、この45分間の『Purple Rain』で完全に花開いたのである。

「『Purple Rain』はプリンス自身と同じくらい謎めいてるね」とナショナル・パブリック・ラジオ（NPR）で語ったのは、マルーン5のアダム・レヴィーンだ（ヴォーカル・オーディションのテレビ番組『ザ・

ヴォイス』の審査員も務める)。「ジミ・ヘンドリックス、ジェームス・ブラウン、宇宙、教会、セックス、ヘヴィメタル、こういったものすべてが詰まってるが、突きつめていけば、最高の状態のプリンスがいる……アルバム『Purple Rain』がこんなに特別なのは、誰もああいうものを聞いたことがなかったからだ。ほんとに大胆なレコードだよ。音楽に限界が一切なくて、しかもすごく自然なんだ」

しかしアラン・リーズだけは、アルバムに失望を感じていた。「ブラックな要素が足りなくて、残念に思った」と本人は語る。「『When Doves Cry』はヒットするとわかってたよ。『Purple Rain』もね。だが他の曲はまったく確信が持てなかった。自分の基盤であるリスナーに背を向けたって非難されるんじゃないか、ちょっと心配していたんだ。私はジェームス・ブラウンに引っ張られてこの業界に入ったからなのか、自分の基盤を大事にしなきゃいけないっていう思い込みがあってね。自分自身を思う存分表現したり、こうあるべきだっていう完璧なアーティストになるのはいい――制限しろとか限界を超えるなとか言ってるんじゃないよ――でも自分の仲間を見捨ててはいけない」

「一方で、その点を少しでも心配しているのは、仲間の中で私ひとりだってこともわかっていた。他の誰も気にしてなかったんだ。マネージメント・チームが全員白人だったせいかもしれないね。彼らのブラック・ミュージック体験は、アース・ウインド・アンド・ファイアーみたいに、クロスオーヴァーなヒットを狙える人たちだったから。ファーグノリは以前スライ・ストーンのマネージャーを務めていたし。だから彼らは私みたいには考えなかった――ありがたいことにね。心配する人が多すぎると良くないから。ふたを開けてみれば、プリンスが正しかった。彼は黒人のファンをそれまで行ったことのない場所へ連れていったんだ」

『Purple Rain』がリリースされた時、ブラック・ミュージックの代表的な評論家たちは、アラン・リーズのような懸念はまったく示さなかった。例えばグレッグ・テイトは『ザ・ヴィレッジ・ヴォイス』紙で次のように書いている。「ファンカデリックの『Let's Take It to the Stage（レッツ・テイク・イット・トゥ・ザ・ステージ）』以来、ブラックとホワイトのポップ・ミュージックをこれほど官能的に結びつけたアルバムは初めてだ……これはプリンスがずっと作りたいと願ってきたレコードである。なぜなら〝混血《ムラート》〟の音楽のように聞こえるからだ。おそらく彼はレコード会社と契約を結ぶ前、ミネソタで、ホワイトとブラックの音楽を継ぎ合わせ、こういう曲を演奏していたのだろう」

世間の反応は素早かった。『Purple Rain』はリリースから1週間（6月の最後の週）で150万枚の売り上げを記録。映画の公開前にも関わらず、続く4週間でさらに100万枚が売れた。数週間で『1999』の総売り上げ枚数に追いついたことになる。「When Doves Cry」がまだ全米シングル・チャート1位をキープしていた7月18日、セカンド・シングルの「Let's Go Crazy」が発売される。B面は「Erotic City」。ロックとファンク——プリンスのシングルの中でおそらく最強の組み合わせであるこの2曲は、音楽のスタイルこそ違ったが、両方ともラジオの電波を独占した（露骨に性を歌った「Erotic City」もちゃんとオンエアされた。プリンスは夜明けまで何ができると言っているのだろう。〝ファック〟それとも〝ファンク〟？一部の慎重なラジオ局を除き、多くのDJが喜んで放送禁止用語ではない方に賭けた）。また、映画のオープニング・シーン、熱演するザ・レヴォリューション、ギターの超絶テクニックを披露するプリンスの映像を組み合わせた「Let's Go Crazy」のミュージック・ビデオが、MTVでくり返し放映された。これは映画の最高の予告編だった。アルバム・チャートの1位は『Born in the USA』が4週間維持していたが、映画の公開からわずか数日後の8月第1週、『Purple Rain』が全米売り上げNo．1になり、トップの座を奪い取る。

準備はすべて整った。あとやるべきことはただひとつ。映画を公開して何が起こるか見るだけだ。

『パープル・レイン』のワールドプレミア（初の公式上映）は、アルバムのリリースから1ヵ月後の7月26日、ハリウッド随一の映画館、マンズ・チャイニーズ・シアターで行われた。興奮して叫び声を上げる若者たちが歩道を埋め尽くす中、バンドのメンバーが到着する様子がMTVで放映された。紫のロールス・ロイスで乗りつけたプリンスは、トレードマークの紫のトレンチコート姿。車に乗る前に摘んだ一輪の花を手にし、誰とも話さずレッドカーペットを踏んで映画館へ入っていった。

招待客には80年代を代表するスターたちが顔を揃えていた。エディ・マーフィ、ピーウィー・ハーマン、トーキング・ヘッズ、〝ウィアード・アル〟・ヤンコビック、キッスのメンバー。「ジョン・メレンキャンプをはじめ、たくさんのミュージシャンがプリンスにあいさつしてたよ」とボブ・メーリス。「それを見て思ったね、『この男は大物だ――他のやつらが太刀打ちできるような相手じゃない』とね」

上映後、近くにある有名なクラブ、パレスで開かれたパーティーの様子も、MTVの特別番組で生中継された。ビデオ・ジョッキーのマーク・グッドマンが多くの出席者にインタビューした（話を引き出せるかどうかは相手次第だった）。ウェンディ・メルヴォワンは、映画のメイン・テーマは「私たちが音楽を大切に思ってることを、［プリンスに］必死で伝えようとしている」ことだと説明。リサ・コールマンは、「映画はすごく暗い雰囲気で始まって、たくさんのことが起こるけど、観た人を、もっと素敵で幸せな場所へ連れてってくれるの」とコメントした。リトル・リチャードはプリンスに贈るつもりの聖書を振り回し、「あいつはこの世代の俺だ！」と断言した。

「俺はプリンスの追っかけでね」と打ち明けたのはエディ・マーフィだ。「あいつは天才だよ」。生真面目なライオネル・リッチーは、プリンスの才能に対する敬意を表明した。「彼は『風と共に去りぬ』をまねしようとしたんじゃない。自分のものを作っただけなんだ……自分のアルバムを素材にして映画を作り上げたんだよ。これはすごく重要な一歩だと思う」。その夜、最高のコメントをしたのは、もちろんアル・ヤンコビックだ。「プリンスが素晴らしい役者だってことは皆知ってたさ。でも歌も歌えるなんてね！」

ザ・レヴォリューションのメンバーはプレミア上映会の夜、これから身を投じる新たな世界をかいま見た。「車で映画館に行ったんだ。いかにもハリウッドのプレミアって感じだったね。人がたくさん集まってて、叫んだり怒鳴ったりしてたな。一大イベントだったよ」とマット・フィンクは振り返る。「それから満席の映画館に入って、上映中の観客の反応を見て、周りの会話を聞いて――そこで、俺たちはどうやら波に乗ってるって気づいたんだ。『よし、やったぞ。秋にはデカいツアーをやれそうだ。映画もひっくるめて、皆が絶賛するだろう』って思ったね」

「〝作曲、レコード作り、ツアー、作曲、レコード作り、ツアー〟のくり返しで、すごく勢いがついたまま、私たちはずっと仕事をして、団結を強めながら、次のレベルへ進み続けたわ」とリサ・コールマン。「だからプレミアでは、『ワオ、このイベントでは何が起こるのかしら？』って感じだった。皆あの夜をとことん楽しんだわよ。着飾って、メーク・スタッフに大金を払って、お金を積んでビバリーヒルズ・ホテルの部屋を昼間だけ借りて。リムジンからどうやって降りようか相談したり、あの日はそんなことばかりだったわ。まるで礼儀作法を習うフィニッシング・スクールみたいだった。ビッグスターにふさわしい自己紹介をしなきゃいけなかったの。あの頃のファッションは奇抜でクレイジーだったけど、さらに過激な装いをするのは楽しかった。『ねえ、髪をそんなに盛る気？　私のヘアスタイルなんかこうよ！』って感じでね。今見ると正気とは思えないけど。〔訳注：ヘアスプレーに使われているフロンで〕オゾン層を破壊してたんだもの」

プリンスとモーリス・デイはパーティーで口を閉ざし、そのせいでかえって目立っていた。3人組によるブレイクダンスとシーラ・Eのパフォーマンスがあり、さらにプリンスとザ・レヴォリューションがステージで3曲を披露した。「17 Days」、「Irresistible Bitch」（『1999』から最後にシングル・カットされた「Let's Pretend We're Married（夜のプリテンダー）」のB面）、そしてマーク・ブラウンのベースを加えた「When Doves Cry」だ。

パーティーでいちばん注目されたのはプリンスの母親、マッティ・ベイカーだったかもしれない（プリンスの父と離婚後、ヘイワード・ベイカーと再婚）。彼女は息子があっという間にスターになったことに、まったく驚きを示さなかった。

「あの子は3歳の時、いつかスターになるって言ったのよ」とマッティは語った。「あの頃は鍋やフライパンや、音楽を奏でられる物なら何でも楽器代わりにしてたわ」。こうしてプリンスの家族の実情が徐々に明らかになっていった。妹のタイカは次のように語ったという。「『パープル・レイン』の中の出来事が、うちの家族にほんとに起こったって考える人がいたのは、微笑ましくて何だか笑っちゃったわ……皆はもちろん、銃についてとか、ああいう悪いことを根掘り葉掘り知りたがったけど」

映画にはプリンスの実生活がどれだけ反映されているかとパーティーで聞かれ、マッティは「本人に聞くべきよ」と答えた。

映画は当人たちの手を離れた。あとはレビューを待つだけだ。スーザン・ロジャースは当時を振り返る。「映画の公開が近づいてきたある日、プリンスはリハーサルで皆に、前の晩に見た夢のことを話したの。シスケルとエバート（訳注：映画評論家のジーン・シスケルとロジャー・エバート。当時は公共放送ＰＢＳの映画紹介・評論番組『アット・ザ・ムーヴィーズ』の共同ホスト）が『パープル・レイン』のレビューをして、『あの太っちょ（エバート）はクソミソにけなしてた』ってね（笑）。でも現実の番組であのふたりがレビューした時、ロジャー・エバートは映画をすごく気に入って、べた褒めしてたわ」

実際、シスケルとエバートはふたりとも『アット・ザ・ムーヴィーズ』で『パープル・レイン』を熱狂的に支持した。エバートは「音楽とドラマを融合させた映画として、今まで観た中で最高傑作のひとつ」と絶賛。重ねて「ピンク・フロイドの『ザ・ウォール』以来、最高のロック映画」と断言した。またアポロニアに（異様なほど）注目し、次のようにコメントする。「私もただの人間だからね。ひと言だけ人間らしいことを言ってもいいかな？　彼女はぞくぞくするほど魅力的だ。ずいぶん長い間映画を観てきたが、プリンスと絡む場面は、その中でもいちばん官能的なラブシーンだと思う」

「この映画から音楽の物語的な使い方を学ぶべきだね」とシスケルが続けた。「この作品はミュージック・ビデオとして、とても洗練されている……音楽が物語を動かして、新たな情報を付け加えているんだ」。また『サタデー・ナイト・フィーバー』と比較し、『パープル・レイン』は「監督の手腕が非常に優れている」と述べ、さらにモーリス・デイを「素晴らしい俳優」だと褒めたたえた。84年の末、両評論家は『パープル・レイン』を今年のトップ10映画に選出。エバートがつけた順位は10位、シスケルは5位だった。

『ニューヨーク・タイムズ』紙の映画評論主筆、ヴィンセント・キャンビーはこのふたりよりも辛口な評価で、『パープル・レイン』を「これまで映画として公開された中で、おそらく最もけばけばしいアルバム・ジャケット」と呼んだ。さらにプリンスを「誰かが口ひげを落書きしたライザ・ミネリのポスター」や「ハーレー・ダビッドソンに乗るカエルのカーミット〔訳注：テレビ・シリーズ『セサミストリート』などに登場する操り人形〕」になぞらえ、「かごに閉じ込められたネズミのような、抑圧された激しい怒り」をあらわにしている、と皮肉った。またプリンスの音楽の多様なルーツに触れ、「プリンス本人も混血《ミックス》だ」と続けている（プリンスは当時、自分の本当のルーツをまだ明かすつもりはなかったようだ）。さらに、女性の登場人物を「女を手荒に扱う男たちのいいカモ」と呼び、「演奏シーン以外はまったくのナンセンス」で、音楽のシーケンスだけが「唯一価値がある」と結論づけている。

『ザ・ニューヨーカー』誌のポーリン・ケイル（おそらく全米で最も影響力があった映画評論家）は、プリンスのイメージとパフォーマンスをどう解釈すればいいか戸惑ったようだ。「プリンスは自分の見せ方をわかっている――まるでギリシャ神話の酒神ディオニソスが、初めて酔っ払った若き修道女に腹を立てているようだ。彼の直感は正しい……彼は厚かましい悪ふざけで観客を笑わせ、数々の曲で映画を盛り上げ続ける。まったくひどい出来だが（リアルなシーンがまったくない――ロックのけばけばしいビデオの断片が並んでいるだけだ）、プリンスをセックスの救世主として喜んで受け入れる人たちは気にしないだろう」。続けてこうも書いている。「この映画が思春期の若者に受けるのはよくわかる。プリンスの曲は性的エネルギーの解放を求める叫びであり、彼の苦しみは、ジェームス・ディーンを若い映画ファンのアイドルに仕立て上げた苦悩の強力版だからだ」。一方、モーリス・デイについては「一人前の若きコメディアン……才能と複雑さを欠いたリチャード・プライアーを思わせる」と評した。

大手メディアで『パープル・レイン』を論じる機会を得た黒人ライターは少ない。その中のひとり、音楽評論家のグレッグ・テイトは「この映画は、自己満足におぼれるのではなく、それを超越している」と『ザ・ヴィレッジ・ヴォイス』紙に書いた。「例えば、プリンスがピアノに向かう父親を見つけるシーンは、黒人の父と息子をおそらく何年にもわたり隔ててきた深淵と、そこから生まれる悲劇を想像させる……黒人の主要登場人物たちの人間性と彼らの境遇は、嘘くさく思えるかもしれないが、真実に忠実に描かれている。自主制作のブラック・シネマもどきだろうという私の予想は外れた」（ブラック・シネマの歴史を研究するドナルド・ボグルは、プリンスのパフォーマンスについて少々異なる見解を示した。彼によれば、プリンスはステレオタイプの「悲劇の混血児《ムラート》」を思わせ、また自己陶酔に浸っている。「映画の中でこれほど崇拝される黒人のスターは初めてだ……プリンスは50年代の美人映画女優のように、すねて、くよくよ悩み、いちゃつき、気取って歩く。向こう見ずな若者に見えるが、中身は妖艶な女なのだ」）。

ロック雑誌――映画を見る目はそれほど厳しくなく、コンサートのチケット売り上げに大きな影響力がある――の反応は絶賛の嵐だった。『ローリングストーン』誌で以前アルバムのレビューもしたカート・ローダーは、「今まで作られたロック映画の中で、おそらく最も洗練され、最も精神的な高みを目指した作品だろう。ビートルズがスクリーンで大暴れした20年前の『ビートルズがやって来るヤァ！ヤァ！ヤァ！』以来、ポップ・シーンに新しい世代が台頭してきたことを、これほど生き生きと、そして刺激的に伝える映画は初めてだ」と評した。さらに『パープル・レイン』は「カリスマ的なスターを生み出すことに大成功」したと述べ、コンサートのシーケンスは『ウッドストック／愛と平和と音楽の三日間』やザ・バンドの『ラスト・ワルツ』の演奏シーンに匹敵すると続けた。60年代、一気に爆発したロックの〝声〟を伝えるために創刊された雑誌としては、最大級の褒め言葉だ。

興味深いことに、ローダーは『パープル・レイン』の最大の特徴として、バックステージの物語から倫理観が強く感じられる点を挙げている。「登場人物たちは……大部分の時間を仕事に費やしている――労働倫理がこれほどクールに描かれたことは今までほとんどなかった」。さらに「わいせつさを感じさせない性的魅力」を指摘。「登場人物たちが平等につき合う様子は、静かな感動を呼び起こす」と付け加え、「肯定的であるという点だけでも、『パープル・レイン』は過去のロック映画と明らかに一線を画している」と締めくくった。また『ロサンゼルス・ヘラルド・エグザミナー』紙のマイケル・ギルモア――広報係のハワード・ブルームがサンディエゴの試写会に送り込んだマスコミ関係者のひとり――は、『パープル・レイン』を『市民ケーン』と比較してから、「今まで作られた中で最高のロック映画」とまとめた。

30年後の今こういったレビューを読むと、映画に好意的なものも否定的なものもすべて、何らかの真実を語っていることがわかる。『パープル・レイン』のパフォーマンスの場面は、今観ても強烈なインパクトだ。マグノーリが下した最高の決断は、間違いなく、オープニングに演奏のシークエンスを持ってきたことだろう。熱狂的な「Let's Go Crazy」から、ほとんど間髪入れず、ザ・タイムのファンクな「Jungle Love」へ。登場人物を紹介する短いカットが挿入される以外、カメラは11分以上ファースト・アヴェニューのステージを映し出す。息をするのも忘れるほどエキサイティングな、最高の音楽――この時点で、映画の残りで何が起ころうとほとんど気にならなくなる。

エンディングも4曲の連続演奏シーンだ。こちらの合計時間は20分以上。つまり上映時間のうち実際の物語に当てられたのは、オープニングとエンディングの演奏シーンに挟まれた1時間程度ということになる。さらにそのストーリー展開も、頻繁に音楽で中断される。巧妙な編集のおかげで、曲に切り替わるまでドラマの場面が10分以上続くのは、映画の中で1回だけ（しかも途中にラブシーンが入る）。『パープル・レイン』を1時間の映画だと割り切って考えれば、たっぷり45分間、7曲の演奏を堪能できるのだ。

音楽はストーリーを押し進め、登場人物に肉づけしている。その効果は驚くほどだ（あらためて考えてみると、アルバムは映画公開の1ヵ月も前にリリースされたので、私たちは音楽が映画で果たす役割を理解する前に、曲を聞き込み心に刻みつけていた）。「どの曲も映画で流れる時、すごい効果を発揮してる」とマット・フィンク。「［プリンスは］その効果を狙って、成功させたんだ。彼が天才だってことの証しだよ――ミュージカルを作り上げるようなものさ、ロジャース＆ハマースタイン〔訳注：作曲家リチャード・ロジャースと作詞家オスカー・ハマースタイン2世のコンビ。50年代を中心に『王様と私』『サウンド・オブ・ミュージック』など数多くの名作ミュージカルを発表〕みたいにね」。プリンスのパフォーマンスは、クラブの観客が初めて聞くという前提の実験的な曲でも（ビリー・スパークス演じる経営者は「お前の音楽はお前自身にしかわからないんだよ」と言うが）、十分に魅力的だ。

何十年も輝きを失わない音楽に対し、当時でさえ薄っぺらいと評された演技と台詞は、今観てもやはり陳腐に感じられる。確かにプリンスは、ドラマチックなシーンの大部分で立派に主役を演じた。特にクラレンス・ウィリアムズ演じる父と息子が絡むシーンでは、カメラの前でクールなポーズを見事に決めている――これは重要なことだ。彼の強烈な存在感に支えられなければ、映画は崩壊してしまうからである。ウェンディ・メルヴォワンの演技には光るものがあるが、アポロニアとのラブストーリーは、わざとらしさが目立つだけだ。のちにファッション誌『ヴァニティフェア』が『パープル・レイン』を「おそらく史上最もひどい演技の映画」と評したのは、この〝ロマンチックな〟要素のせいだろう。

もうひとつ明らかなことがある。この映画が作られたのは、偏見や差別を排除する〝ポリティカル・コレクトネス（政治的公正さ）〟という概念が定着する直前だということだ。アポロニアの衣装、悪名高い〝ゴミ箱〟シーン、ウェンディのPMS（月経前症候群）に関するマット・フィンクの発言など、女性はたいてい最悪な描かれ方をしている（ただし、公平を期するために言っておくと、ウェンディとリサのキャラクターのおかげで、この卑劣な男性優越主義はかなり相殺されている）。最も複雑なのはモーリス・デイの役だ。持ち前のユーモア・センスとジェローム・ベントンとの才気あふれるやり取りは素晴らしいが、どんぐり眼《まなこ》を見開いて下世話なジョークを飛ばす好色なキャラクターは、あとひと息で典型的な〝いやなやつ〟になりかねない（「俺はもっとまともな役だってできるさ」と本人は言ったことがある。「黒人だからって、必ずこういうふうに演じなきゃいけないわけじゃないからな」。だが思い出してほしい――彼は、自分の台詞のほとんどを自分で書いたと主張していた）。

「パソコンでポルノが観られる前の時代だからね」とクリス・ロックは言う。「湖のほとりで裸になるアポロニアを見るだけでも、映画館に4回足を運ぶ理由になった。黒人向けのエクスプロイテーション映画（訳注：興行収入を上げるためにセックスや暴力シーンを強調した映画）みたいだったね。いわばギャングスタ・ラップ（訳注：都会の暴力的な日常生活を歌う、過激な歌詞のラップ音楽）のハシリさ――男たちが女の子をゴミ箱に頭から投げ込んだり、プリンスがアポロニアを叩きのめしたり、父親が結婚なんか絶対するなと言ったり。あの映画を今作るのは難しいだろうね。ジャスティン・ビーバーみたいなミュージシャンを起用した現代の映画より、

『タクシードライバー』に近い作品だから」

84年を思い返してみると、確かに私たちは『パープル・レイン』にくだらない部分があることを知っていた。特にバカげた台詞は、仲間とふざけて言い合ったものだ。しかしコンサートのシーケンスを観れば、プリンスが当時活躍していた中で最も才能のあるミュージシャンだと確信できたし、彼のスタイル、イメージ、私生活での振る舞い――コアなファンでも知らなかった一面――に、私たちは大満足だった。物語のどこまでが真実でどこからがフィクションか、調べれば調べるほどもっと知りたくなった。母親を白人にしたのは、映画をドキュメンタリーとして受け止められたくないからか、多様な人種の興味を引くためか、その両方が目的か？　映画の中のウェンディとリサは、自分たちにも作曲の才能があることを証明しようと必死だったが、ふたりとプリンスの衝突は、ザ・タイム やヴァニティ6といったプリンス・ファミリーのバンドの支配権争いを象徴しているのでは？

「ミステリー、あいまいさ、フィクションなのか現実なのか、それはもう見たままに受け取るしかない。プリンスに近い私たちさえそうだったわ」とスザンナ・メルヴォワンは言う。

こういった謎を評論家たちが気にしたかどうかは、あまり問題ではない。いちばん重要なのは、いい映画だ――予想よりもいい出来だ――という噂が広まったこと、そして興行収入が一気に跳ね上がったことだ。映画会社の懸念にも関わらず、『パープル・レイン』は公開した週末に780万ドルの収入を上げ、総制作費を回収した上に、興行収入全米トップの座を『ゴーストバスターズ』（同年6月公開）から奪い取った。5月にシングル、6月にアルバム、7月に映画をリリースするというモー・オースティンの戦略が見事に当たったわけだ。『パープル・レイン』の成功により、プリンスはアメリカのアーティストとして初めて、ひとつのプロジェクトでシングル、アルバム、映画のチャート1位を同時に獲得した。

「『パープル・レイン』があれほど大きな影響を与えるとは予想外だったね。プリンスはわかっていたようだが」とツアー・マネージャーのアラン・リーズは振り返る。「観客が映画を観てコンサートみたいに反応していると報道されても、彼は驚いていないみたいだった」。プレミア上映会のあと、プリンスはお忍びでロサンゼルスのある映画館に入った。アラン・リーズも同行した。「彼が映画に登場して数分もたないうちに、若者たちがスクリーンに向かって金切り声を上げていたよ」

同じ日、マグノーリ監督はプリンスに偶然出会った。プリンスは白いリムジンに乗ってウエストウッドの周辺をドライブしていたという。「彼は僕を見て、車に乗せてくれた。その辺を流しながら『いったいどうなってるんだ？ 大騒ぎじゃないか』って言い合ったよ」

ワーナー・ブラザース・レコードの元広報担当、ボブ・メーリスも当時を振り返る。公開後、最初の週明けの月曜日、彼はエンターテインメント業界紙『ハリウッド・レポーター』を開き、週末の興行収入を見て「僕らは大袈裟に騒ぎ立ててるんじゃない――これは現実だ！」と思ったそうだ。メーリスによれば、公開してすぐこれほど大ヒットしたのは、マネージャーのロブ・カヴァロ、広報係ハワード・ブルームをはじめ、プリンスのブレーン陣の功績だ。「プリンスを軽視していた人たちに、彼は重要人物だと思い知らせたんだ」。また、好意的なレビューが多いこと、映画の評判が口コミであっという間に広まったことから、ヒットはしばらく続くと思ったという。「最初の週末だけ観客が詰めかけて、すぐ消えてしまうような今の映画とは違う。もっと自然な流れで物事が進んでいったんだよ」

メーリスによれば、84年はMTVが今ほど普及していなかったため、これほど視覚に強く訴えかける音楽のパフォーマンスを観るのは、斬新なことだったという。ウェンディ・メルヴォワンも、映画が公開された時、その〝斬新さ〟をはっきり感じた。「こう思ったのを覚えてるわ、『アルバムがもう出てるから、『パープル・レイン』は実質的にあのレコードのミュージック・ビデオなんだ——天才的なアイデア！　MTVじゃなくて本物の映画を利用するなんて！』」

「アルバムがトップに登りつめたのは、映画での音楽の見せ方が巧みだったからだ」とマルーン5のアダム・レヴィーンは指摘する。「映画は音楽そのものと同じくらい、エキサイティングでさまざまな要素を含んでいる。映像として実際に自分の目で見て初めて、皆はそれが何なのか完全に理解できたのさ」

「あれは本当の意味で、初の長編ミュージック・ビデオだった」とアラン・リーズ。「プリンスのキャリアの中で、ちょうどいいタイミングだったんだ。映画の観客の中には、彼のことを知っていて、もっと知りたいと思う人がいる。一方、彼のパフォーマンスを一度も見たことがない人——ラジオで「1999」や「Little Red Corvette」は聞いたが、実際にパフォーマンスする姿を目にしたことはない人もいる。その両方の人たちが、プリンスに興味を持って、このエネルギーあふれる人物が銀幕で生き生きと動くのを目の当たりにした。つまり、ちょうどいいタイミングで、傑出したパフォーマーを、カメラが見事に捉えたんだ。映画については、もちろんいろいろ戦略も練ったが、運にもすごく恵まれていたね。〝何事も初めては特別〟ということわざがあるだろう。あの時、たくさんの観客が、彼はすごいパフォーマーであることを発見した。大勢の人たちにとって〝初めての体験〟だったんだ。あれ以上のタイミングは望めなかったね」

シンガー・ソングライターのトーリ・エイモスは、メリーランド州ロックビルでデートをした時『パープル・レイン』を初めて観たという。「一緒に行った相手が、映画を理解できなくてね。その場で別れたわ──『あれがわからないなら、もう何も言うことはないわ、さよなら！』よ」

「あれで私はライヴのパフォーマンスの見方が完全に変わったの。彼のエネルギーには圧倒されたわ。どうやってあの力を手に入れたのかしら。ほとんど新しい言語みたいだった。あんなの見たことがなくて──たぶんレッド・ツェッペリンとミック・ジャガーは別だけど──フロントマンがすさまじいパワーを持っていて、観客と完全に一体になるのよ。プリンスにじっと見つめられてるような気がした。彼がスクリーンから手を伸ばしてきて、のどをつかんで揺すり、目覚めさせてくれたみたいだったわ」

「田舎でのんびり暮らしていた私は、あの映画で完全に目覚めたの。あれはおとぎ話に出てくるような〝プリンス〟じゃなかった──少なくとも、牧師の娘が自分の本棚に置くのを許されるような物語とは違ったわ！　彼はディズニー映画の王子様《プリンス》とは全然似てなかったもの」

フーティー・アンド・ザ・ブロウフィッシュのリード・ヴォーカルとして出発し、今はカントリー・ミュージック界のスターでもあるダリアス・ラッカーも、『パープル・レイン』を初めて観た時のことを鮮明に覚えている。生まれ育ったサウスカロライナ州チャールストンで、ステイシー・ミラーというガールフレンドとの初デートで行ったという。「黒人のコミュニティーに住んでた俺たちにとって、ミネアポリス出身のやつが映画を作らせてもらったっていうのは、驚きだったね。『スゴい、こんなことほんとに起こるんだ！』って思った。その映画が成功したから、もっと嬉しくなったよ」

夏の間に『パープル・レイン』を8回観たというラッカーは、この映画が自分の将来に決定的な影響を与えたと断言する。「それまではソロ・ミュージシャンになりたかったんだ。でもあの映画を観たあとは、バンドに入ることしか頭になかった。自分のキャリアに望むことが大きく変わったんだ――ひとりでやるより、何かの一部になりたいと考えるようになった」

マスコミが『パープル・レイン』フィーバーは本物だと知ると、また報道ラッシュが始まった。『ローリングストーン』誌は8月30日号の表紙に再びプリンスを登場させる――ただし本人とは連絡が取れないままだった。まだ『パープル・レイン』熱が冷めないカート・ローダーは、「監督はこれが処女作。出演者は……ふたりを除き演技の経験がない。予算は限られ（700万ドル）、撮影スケジュールも厳しかったが（7週間）、それでも素晴らしい作品に仕上がった」と解説している。さらに同誌は次の号で大きな紙面を割き、プリンス・ファミリーの他のミュージシャンを特集した。シーラ・Eの最新ニュースと彼女のアルバム『Glamorous Life（グラマラス・ライフ）』のレビュー、そしてモーリス・デイのロング・インタビューだ。彼は記事の中で、プリンスとの関係が悪化したため、ザ・タイムは映画の公開前に崩壊したと認めている。

モーリスはこのインタビューで、「過去には隠してることがあったよ。でもこれからは話すつもりさ」とライターのマイケル・ゴールドバーグに語った。「いやなことはたくさんあって、話そうと思えば話せる。でも記事にはしてほしくないね。俺は今でもあいつを友人だと思ってるからな」。続けて、自分の演技が注目されていること、本格的な俳優になるために本拠地をロサンゼルスへ移したことが、プリンスとの間に緊張感を生んだと明かした（役のイメージを壊さないためだと思いたいが、『パープル・レイン』に見られる女性蔑視については次のようにコメントしている。「［女は］いるべき場所に置いとかなきゃな。そのためにゴミ箱に放り込む必要があるなら、そうしなくちゃ」)。

一方、大手のマスコミは、プリンスをどう判断すればいいか決めかねていたようだ(そういう反応を、本当のファンはいつものように、プリンスへの称賛と受け取った)。『タイム』誌は彼を「現在のようなゆがんだ時代にふさわしい奇妙な「スター」」と呼んだ。ソ連共産党の機関紙『プラウダ』は、意外にも肯定的なコメントを掲載する。「当紙としてはまったく賛成しかねるが、アメリカの無気力な若者の多くが、破滅——核あるいは他の災害によるもの——をほのめかすアイコンに魅了されたのは、当然であり望ましいことだ」

プリンスのあからさまでなまめかしい性的表現は、それまでは斬新とされ、好奇の目で見られていた。彼がメインストリームのスポットライトを浴びるようになると、世間の注目は当然そこに集まった。『ピープル』誌は、ミネソタ州ノースセントポールにあり複数の教派を受け入れているシオン・キリスト教会の牧師、ダン・ピーターズにインタビューを行い、プリンスは「今までステージで跳ね回ってきたロックンローラーの中で、最もみだらな者」というコメントを掲載する。ピーターズはその数年前からロック撲滅運動を率先して行い、〝不愉快な〟アルバムを破棄するよう人々に呼びかけていた人物だ。

ピーターズは「Darling Nikki」の最後に入っている逆回転メッセージを取り上げ、内容に納得できないだけでなく不愉快であると非難した。「若者が我々のところへ来て『これが、プリンスがクリスチャンであることの証拠です』と言うんだ。だから私はこう答える。『歌詞を聞く限り、彼の〝主〟はペニスだね』」。『パープル・レイン』に対するこういう反応の中で、最も過激だったのは、もちろん翌年ティッパー・ゴアが起こした運動だ。彼女は娘が聞いていた「Darling Nikki」を耳にし、「I met her in a hotel lobby/

Masturbating with a magazine（ホテルのロビーで彼女に会ったんだ／雑誌を見てマスターベーションしてた）」を聞きとがめて、米国議会の上院にはたらきかけ、ペアレンツ・ミュージック・リソース・センター（PMRC）を設立。同団体の検閲により、不適切な歌詞を含むアルバムには警告ステッカーが貼られるようになった。

人を激怒させるようなものかどうかはともかく、プリンスの性的表現は、ポップ・ミュージック界で初めて見られるものだった。エルヴィス・プレスリーやミック・ジャガーといったロックの神が登場した時と同じように、プリンスは人々に大きな衝撃を与え、さらに危険な世界へ導いた。「プリンスの曲は、性的表現が露骨であればあるほど、過激になっていったわ」とウェンディ。「彼は意図的に女物の服を着てメークをしてた――デヴィッド・ボウイやリトル・リチャードと同じね――ホモセクシャルじゃなくて、すごくかっこいいまま、ファルセットで歌い、黒いランジェリーを身に着けて、ハイヒールをはいていた。〔訳注：世界中で『パープル・レイン』を買った〕2000万人がそれに魅了されて、『プリンスの曲が大好きなだけじゃない、彼とヤりたいんだ』って思ったの。すごいことよね」

「プリンスは皆の心をとりこにする。彼らの幻想を現実にするからだ」とマイルス・デイビスは自叙伝に書いている。「彼にはみだらなところがある。ポン引きと娼婦がひとつのイメージをまとったような、服装倒錯者的ないかがわしさだ。しかしセックスや女について、ファンキーで際どいたわごとを歌う時は、甲高い、ほとんど女の子みたいな声だ。もし俺が誰かに『くたばれ《ファック・ユー》』と言ったら、警察に通報されるだろう。だがプリンスがあの少女みたいな声でそう言えば、皆それをキュートだと言うんだ」

とはいえ、確かに映画『パープル・レイン』は性的要素に満ちている――いちばんあからさまなのはアポロニアとのラブシーンだが、プリンスは「Darling Nikki」のパフォーマンスでもスピーカーと性交してみせる。「Computer Blue」では裸の上半身から汗をしたたらせ、SMプレイのようにバンダナで目を覆う。さらにギター・ソロではウェンディ・メルヴォワンが彼の前にひざまずき、フェラチオをまねた動きをする――これでも以前のプリンスのイメージからはかなりトーンダウンした型どおりの演出だ。たっぷりしたフリル付きの服と豊かな巻き毛が、両性具有の雰囲気を醸し出しているが、トレンチコートとビキニのブリーフだけまとっていた頃には遠く及ばない。「Darling Nikki」の歌詞にはマスターベーションが出てくるが、「Jack U Off」(〝手でイカせてやる〟の意)や「Head」(〝オーラル・セックス〟の意)といったタイトルの曲に比べるとかわいいものだ。

またプリンスは従来のサウンドとイメージから脱却し、すご腕ギタリストのロックヒーローに転身したため、男らしい要素と女らしい要素をさらに自由に取り混ぜ、組み合わせられるようになった。他のロックスター、あるいは異性愛者の男性有名人が、もろさと女らしさを備えたキッドのような役をあえて演じてみせる姿は、想像しにくい。プリンスは映画の冒頭で、自らメークをし、鏡でヘアスタイルをチェックして、両親と住む家に戻り父親に殴り倒される。シルヴェスター・スタローンが扮するマッチョな元兵士ランボーとは大違いだ。しかし同時に、ギターの超絶テクニックを見せつけ、カスタム・バイクに乗ってクラブの前に集まった人々をかき分け、攻撃的な男らしさを常に漂わせている。

「プリンスはギターを弾いても、ソロを奏でても、全然女らしくなかった――男そのものだったわ」とウェンディ。「他の人のライヴを見ている時でも、それは変わらなかった。相手がブルース・スプリングスティーンだろうがスティングだろうが、闘志を燃やしてたわ。だから彼はギターを持つ時、『今この瞬間、ピンクの口紅を付けていても、自分は完全に男だ』って自分でわかってたのよ」

9月、販売戦略の次の矢が放たれる。「Purple Rain」のシングル・リリースだ。このレコードはシングル・チャートを駆け上がり2位を獲得した（1位はジョージ・マイケルとアンドリュー・リッジリーの陽気なデュオ、ワム！の「Wake Me Up Before You Go-Go（ウキウキ・ウェイク・ミー・アップ）」）。「Let's Go Crazy／Erotic City」がプリンスのシングルの中で最も男らしいA面B面の組み合わせだとすれば、この「Purple Rain」はいちばん神聖なシングルだ。静かに瞑想するようなB面「God（ゴッド）」の歌詞は、聖書の一節を連想させる。インストゥルメンタル版が映画で使われたが、よりにもよってラブシーンのBGMだった（イギリスでは「God (Love Theme from *Purple Rain*)」というタイトルの12インチ・シングル盤で先行発売）。8月20日、プリンスはこの曲に歌詞をつけてミネアポリスで再レコーディングする。彼は「God made you, God made me/He made us all equally（神が君を作り、神が僕を作った／僕たちすべてを平等に作りたもうた）」と歌い、続けて「wake up, children/Dance the dance electric（目覚めよ、子供たち／刺激的《エレクトリック》なダンスを踊るんだ）」と呼びかけた。

『パープル・レイン』フィーバーは秋の間ずっと続いた。映画の興行収入は7000万ドル近くに達する（「チケット代は、そうだな、あの頃だと2ドル50セントぐらいか？」とロブ・カヴァロ。「だから興行収入は、今の値段に換算すると3億ドルぐらいだね」）。10月、『ローリングストーン』誌が、『パープル・レイン』のサントラはライバル作品の4倍売れている、と報じた。160店舗を展開するレコード店、レコード・バーのバイヤーを務めていたノーマン・ハンターは当時次のように証言している。「プリンスなら、〔訳

注：他のミュージシャンに比べて）1週間に1万枚は多く売れるね。クリスマス・シーズンを別にすれば、これまでに扱ったレコードの中で、『Purple Rain』が今のところうちの売り上げNo．1だよ」

「あれほど文化に強い影響を与えた人物は、他にいないと思うね——ジャンルとしてはヒップホップの影響力も強いが、ひとりのアーティストに特定できないだろう」とアラン・リーズは語る。「プリンスは人々の服装、つき合う仲間の選び方、男らしさをどう表現するか、あるいは表現しないかについて、影響を与えた。それが他と違う点だと思うね。なぜならファッション全体が変わり始めたんだ——若い男性の服も、若い女性の服も。あのレコードを気に入らない人でさえ、袖口にフリルが付いた服を着るようになった。その影響力はものすごかったね。あれほど一気に流行して文化を変えたものは見たことがない。例外は『エド・サリヴァン・ショー』に出演したビートルズぐらいじゃないかな」

アルバム『Purple Rain』はチャート・トップに君臨し続けた。その座を『Born in the USA』に明け渡すのは、ほぼ6ヵ月後の85年1月半ばだ。どちらがロック界の頂点に立つかをめぐり、ブルース・スプリングスティーンとの激しい争いは続いたが、84年末までには『ローリングストーン』誌さえ勝者を決定する。年末号で『Purple Rain』をレコード・オブ・ザ・イヤーに選んだのだ。同誌はレビューの要約で、『Purple Rain』は「必聴」であり、プリンスは「まったく独自の才能を持つ」とコメント。その下の枠に『Born in the USA』の短いレビューを載せた。当初、両アルバムの掲載順は逆になるはずだったという。

音楽評論家のグレッグ・テイトは次のように書いている。「『パープル・レイン』（映画とアルバム）で、プリンスはベリー・ゴーディ以来、最も抜け目のない黒人プロデューサーとしての地位を確立した。彼は、アメリカのポップ・ミュージック界にはびこる人種隔離政策《アパルトヘイト》を、根絶やしにする方法を編み出したのだ」

Dig If U Will

Chapter 8

君にわかるかな

『パープル・レイン』フィーバーについて、考慮に入れなければならない重要な点がある。それはタイミングが完璧だったことだ。84年——厳密に言えば84年の夏——、ポップ・ミュージック文化はかつてないほどの輝きを放っていた。歴史に〝もしも〟はないという。だがもし『パープル・レイン』が1年、いや数ヵ月ずれて公開されていたら、世の中にあれほどの影響を与えなかっただろう。音楽とパフォーマンスの素晴らしさはどの時代でも通用しただろうが、反応の大きさは違っていたはずだ。

特に84年卒業生の私たちにとって、この年は薄闇の中にそびえ立つ山のような、何となく不気味な存在だった。ジョージ・オーウェルの小説『1984年』のせいだ。ハイスクール生活を送るうちに、彼が描いたディストピア（反ユートピア）的な未来がどんどん近づいてきた。主人公ウィンストン・スミスと独裁者ビッグ・ブラザーの戦いは、すべてが現実にはならないかもしれない。しかし間もなく1期目を終えるレーガン大統領が、ウォルター・モンデール候補との大統領選で歴史的な大勝利を収めることが、すでに確実視されていて、多くの若者が強い疎外感と大きな失望を感じていた。

戦略防衛構想、通称〝スターウォーズ〟計画が真剣に議論され、国防省のある役人は、十分なシャベルがあれば核兵器で攻撃されても土を掘り進んで安全な場所へ出られる、とまじめな顔で主張した。そんな中、プリンスが描き出す世界の終末は、とても身近に感じられた。小説家のリック・ムーディは84年に関するエッセイで「あれは最悪の時代だった」と書いている。「原子力の脅威に満ちていた」。グレナダ侵攻という政府の愚行〔訳注：83年、カリブ海の島国グレナダで、左派政権の親ソ連派によるクーデターが発生。アメリカを中心とする多国籍軍が軍事介入し、左派政権を倒して親米政権を樹立した〕、イラン・コントラ事件〔訳注：イラン・イラク戦争を背景に、イラクを武器支援していたアメリカが、イランにもひそかに武器を売り、その代金の一部をニカラグアの反共産ゲリラ、コントラに提供して、親米政権の樹立を図った秘密工作）がニュースを独占していたが、世間の反応は鈍かった。失策続きの政府は迷走しているように見えた——一方、俳優時代に〝頼れる父親のカウボーイ〟というイメージを身に着けたレーガン大統領の人気は、うなぎ登りだった。

ビジネスを成功させるには、当時の保守的な価値観を具体的な商品にすれば良かった。会社の規模は大きくなり、金が文化を決定した。この風潮はポップ・カルチャーまで及び、大ヒットする商品がいちばん重要だとされた。過剰の時代だった——盛り上がったヘアスタイル、明るい色、大きな野望。

「聞いたことあるかしら。アメリカでは、保守派が政権を握ると、胸の大きい女性が美しいとされ、リベラル政権になると、小さい胸が美しさの基準になるんですって」とプリンスの元レコーディング・エンジニア、スーザン・ロジャースは言う。現在はボストンにあるバークリー音楽大学の教授だ。「講義で生徒にこう話すことにしているの。アーティストとして、自分が属する文化を読み解き、次は何が来るかわかるようにならなくてはいけない、とね。何もかも過剰なレーガン時代、映画の『ウォール街』、〝強欲は善〟という風潮。あの頃は皆お金を払って、ヘアスタイルもメークもキメて目玉が飛び出るほど高価な服と靴を身に着けたミュージシャンのライヴを見に行ったものよ。やがて90年代に入り、クリントン時代になると、グランジが台頭して、粗削りなギャングスタ・ラップも流行した。華やかなものが消えるのは避けられなかったの。ウォール街やそういうものすべてと一緒にね」

あの時代をいちばんよく象徴していたのがＭＴＶだ。この音楽専門ケーブルテレビは、ポップ・ミュージックの成功の法則と規模を大きく変えた。ＭＴＶは81年に設立されると、実質的に公共ラジオ局と同じ役割を果たすようになる——ある曲のミュージック・ビデオをくり返し流せば、そのシングルは必ず売れた。そのため設立当時は、何がヒットするかわからない面白さがあった。ＭＴＶの手持ちのビデオがまだ少なかったため、放送時間の穴埋め用に奇妙な作品をしばしばオンエアしたからだ。その恩恵を受けたのがトーキング・ヘッズのようなバンドである。ラジオだと彼らの曲を聞き流すようなリスナー層にも、ＭＴＶでビデオが流れればアピールできた。しかしミュージック・ビデオの威力が明らかになると、超大物アーティストもこぞってビデオを作るようになり、制作費が高騰。予算が限られている小さなバンドはＭＴＶの画面から姿を消していった。

ロックスターが全員、ミュージック・ビデオに飛びついたわけではない。こういう宣伝方法は下品で、音楽が汚されると感じるミュージシャンもいた。リスナーが自分で曲のイメージを描き、音楽との関係を築くことができなくなってしまう、と考えたのだ。ブルース・スプリングスティーンは当初、ビデオを作るつもりはないと述べていたが、モノクロの抽象的な映像ならいいと妥協した。こうして作られたのが、救いのなさに覆われた陰うつなアルバム『Nebraska（ネブラスカ）』（82年）収録の「Atlantic City（アトランティック・シティー）」のビデオだ（ただし本人は出演していない）。もちろん『Born in the USA』を出す頃までに彼は考え方を変え、それがキャリアそのものの方針転換にもなった。

一方プリンスは、ミュージック・ビデオの導入に何のうしろめたさも感じていなかった。「『あ～あ、ＭＴＶが音楽を台なしにした』なんて考えずに、『すごいぞＭＴＶ！』って感じだったわ」とリサ・コールマン。「プリンスはいつも視覚的なアピールを重視してたもの」

「彼はＭＴＶに大興奮してたわよ」とウェンディ・メルヴォワンが補足する。「ビデオっていうアイデアをすごく気に入って、そのためにパフォーマンスをしてた」

「部屋に入っていくとプリンスが新曲を演奏していた。あの時のことは忘れられないね」とツアー・マネージャーのアラン・リーズ。「すごい大音量だったから、彼が何か言おうとしても、ひと言も聞こえないんだ。こっちはただうなずいて、聞こえている振りをするだけだった。そのうちやっと、彼はその曲をビデオでどう表現するか説明しているとわかった。私が『それは今朝作曲したばかりだろう！　もうビデオのことを考えてるのか？』と聞いたら、彼は『アラン、わかってないな。今じゃ音楽は聞くものじゃない。観るものなんだよ。僕は両方のアイデアを一緒に思いつくんだ』と答えた。目からウロコだったね。私は頭が古いから、ビデオはただのおまけだと考えていた。彼が音楽とビデオを本当に同時に作っていると気づいて、心から感心したよ」

ＭＴＶの影響は音楽業界の外へも広がり、広告、グラフィック・デザイン、映画など、あらゆる視覚メディアの形式が一新された。評論家のアーロン・アラディアスは、映画情報サイト『インディワイヤ』に投稿した『パープル・レイン』に関するエッセイの中で、「映画は音楽からヒントを得るようになった」と書いている。「ハリウッドはＭＴＶと共存関係に入った。映画業界にとってＭＴＶは物語を伝える新しい形式であり、さらに重要なのは、のどから手が出るほど欲しかった若い客層にアピールできる、強力なマーケティング手段だったのだ」。さらに彼は、84年公開の映画における音楽の役割と、ＭＴＶに影響されたすばやい場面切り替えの編集に触れ、例として『フットルース』（サントラはその年前半の最大ヒット・アルバム）、『カリブの熱い夜』『レポマン』を挙げた。アラディアスの指摘どおり、84年は映画と音楽が新しい形で融合した年だった。『ストリート・オブ・ファイヤー』や『ボディ・ダブル』といった作品のサントラとスコア盤〔訳注：映画に使われた音楽とは別に録音されたもの。インストゥルメンタルが中心〕がヒットし、ポップ・

ミュージックは映画体験に欠かせなくなった。レイ・パーカー・ジュニアによる『ゴーストバスターズ』のテーマ曲が「When Doves Cry」からチャート・トップの座を奪い取った。トーキング・ヘッズのライヴ映画『ストップ・メイキング・センス』がアート・シアターで大ヒットし、ポール・マッカートニー（『ヤア！ブロード・ストリート』）とリック・スプリングフィールド（『ハード・ツー・ホールド』）は、主役を演じた作品のサントラまでリリースした（ただし映画としての出来はいまひとつだった）。

しかしMTVの真の威力を引き出し、音楽の可能性を無限まで高めたのは、ひとりの男性の功績といえる。84年、ポップ・ミュージック界で起こったあらゆる出来事に影響を与えた人物、マイケル・ジャクソンだ。

『Thriller』旋風が巻き起こったのは82年末。リリース当初から大ヒットしたが、本当のフィーバーになったのは丸々1年経ってからだった。マイケルがモータウン創立25周年記念番組『モータウン25：イエスタデイ、トゥデイ、フォーエヴァー』に出演し、ムーンウォーク――エルヴィス・プレスリーが激しく腰を振りながら踊って以来、最大の衝撃を世界中に与えたダンス――を初披露する姿は、83年春に放送された。同年12月にはタイトル・ソングの〝短編映画〟が登場。マイケルのキャリアの中で最も野心的なこの14分間の作品は、現在もミュージック・ビデオの金字塔として絶賛されている。

「Thriller」のビデオは、マイケルが「Billie Jean（ビリー・ジーン）」と「Beat It」のビデオで始めたことの集大成だった。MTVは、この最も創造力に富み、最も人気のあるスターへの対応を迫られる。当初は黒人アーティストのビデオの放映を渋っていた（〝ロック〟番組であるというこだわりがあったからだ）が、もう抵抗はできなかった。アルバム『Thriller』は売れ続け2500万枚を突破。MTVが築いていた人種と音楽スタイルの壁は崩壊し、全国放送のポップ・ミュージック専門ラジオ局が流す曲は変わり始めた。

「ポップ・ミュージックのファンは、黒人アーティストと白人アーティストを同じビデオ・チャンネルで見るのに慣れ、やがてポップ・ミュージック専門ラジオにも、同じようにミックスした音楽の放送を期待するようになった」。これはレコード・プロデューサーのスティーヴ・グリーンバーグが2012年、『ビルボード』誌に寄せた記事「マイケル・ジャクソンの『Thriller』30周年：1枚のアルバムがどのようにして世界を変えたのか」の一節だ。「リスナーをジャンルごとに囲い込んでおくのはもはや不可能だった。この劇的な変化のおかげで、すべてのリスナー層をターゲットにするラジオ番組〝トップ40〟自体が、見事に勢いを取り戻した。あらゆる街のFM局が、独自の番組からトップ40の放送に切り替えた。この動きは83年初めにフィラデルフィアから始まり、急速に全国へ広まっていく。チャート・トップにのぼりつめる曲の多くが、MTVで人種やジャンルを問わず放映されて人気が出た作品――つまり若者向けのロックとアーバン・ミュージックのヒット曲だった」

ポップ・チャート入りするブラック・ミュージックの数は急増した。「ポップ・ミュージックの成功という点から見て、1982年は最悪の年だった」とグリーンバーグは続ける。「しかし85年になると、『ビルボード』誌の〝ホット100〟に入るヒット曲の3分の1以上が、もともとはアーバン・ミュージック専門ラジオでオンエアされた曲だった」。『Thriller』は、実質的にたった1枚で、ポップ・ミュージック専門ラジオが放送する曲の人種構成を変え、ディスコ・ミュージックの衰退とともに黒人アーティストには閉ざされた扉を再び開けたのだ。

プリンスとマイケル・ジャクソンの関係については、さまざまな憶測がささやかれてきた。特に多いのはふたりがライバルだったという説だ。プリンスがマイケルをどのくらい気にしていたか、プリンスの取り巻きの中でも意見が分かれる。アラン・リーズによれば、『Purple Rain』をリリースするずっと前から、プリンスはプロのミュージシャンとしてマイケルをライバル視していた。「『Controversy』ツアーの時でさえ、プリンスの仲間はマイケル・ジャクソンにライバル意識を持っていたよ。そのうちプリンスが向こうをやっつけるさって息巻いてたね」。アルバム『Purple Rain』がリリースされた6月、まだツアーのコンセプトを練っていた頃、プリンスはジェット機をチャーターして、アラン・リーズと照明監督のリロイ・ベネットを伴いダラスへ向かった。大きな注目を集めていたマイケル・ジャクソンの〝ヴィクトリー・ツアー〟を見るためだ。「『こっちのツアーの仕込みが終わる前に、彼らのコンサートを見たい』というのがプリンスの希望だった。私たちはどうしても自分の目で確かめたかったんだ。プロとして、自分たちが何を追いかけているのかを――〝勝つか負けるか〟という覚悟だったよ。〝彼がヤンキースなら、こっちは宿命のライバルのレッドソックスだ〟って感じでね」

一方、マイケル・ジャクソンの広報係を務めたこともあるハワード・ブルームは、プリンスにマイケルを意識している様子はまったくなかったという。「僕はその逆の捉え方をしてたね。マイケルの側近の中に、僕がプリンスのスパイで、マイケルの方が目立たないように画策してるって吹き込むやつがいたんだ。幸い、マイケルはうのみにしなかった。でもプリンスの仕事は〝プリンスでいること〟だったから――彼は唯一無二の存在だったんだ。ライバルなんていなかったし、そんなもの求めてもいないし、そもそも存在しなかった。プリンスの世界では、彼とその観客以外、すべてが視界の外だったんだよ」（マイケルのボディーガードのビル・ウィットフィールドによれば、マイケルは急逝する２００９年までプリンスをライバル視していた。死の直前にロンドンのＯ２アリーナで50公演を予定していたのも、２００７年に同会場で21公演を行ったプリンスに対抗してだったという。「ミスター・ジャクソンはプリンスと比較されて、ずっと対抗意識を持ってたからな」）。

「ツアーでは皆『Thriller』を聞いてたけど、プリンスはそれについて何も話さなかったし、自分ではレコードを聞こうとしなかったわ」とジル・ジョーンズは証言する。「もし聞いたとしても、皆には隠してた。あの頃は〝ポリティカル・コレクトネス（政治的公正さ）〟っていう概念がなかったから、プリンスは誰かのレコードを聞くとすぐ笑い飛ばしてたわね。彼はマイケル・ジャクソンに対してライバル意識を燃やしてたけど、自分ではそれを認めようとしなかった。誰とも違う黒人でいなきゃいけなかったからよ」

ジャーナリストのロニン・ローが２０１１年に出版した『Prince: Inside the Music and the Masks（プリンス：音楽と仮面に隠されたもの）』によれば、マイケル・ジャクソンはワーナーが開催した『パープル・レイン』のある上映会に出席し、映画が終わる10分前に会場を出ていった。彼は自分の取り巻きのひとりにこう言ったと伝えられている。「音楽はいいと思うよ。でもプリンスは好きじゃない。性格が悪そうに見えるし、女性の扱い方も気に入らないな。僕の肉親の何人かを思い出すよ。それに――あいつは演技がなっていない。ひどい大根役者だね」

84年9月、コラボレーションの可能性を検討するため、プリンスとマイケルは顔を合わせた。マイケルの弁護士ジョン・ブランカによれば、マイケルはプリンスからヴードゥー教の魔よけをプレゼントされ、動揺したという（マイケルは「あいつとは二度と話したくない」とブランカに言ったそうだ）。マイケルが「Bad（バッド）」をデュエット曲としてレコーディングしようと提案すると、プリンスは抵抗を示した。「歌の出だしが〝Your butt is mine（お前のしっぽはつかんだぞ）〟だろう」とのちにプリンスは説明している。「その歌詞を、どっちがどっちに向かって歌うんだ？　そこが問題だったんだよ」。後年、突然の死により実現しなかったO2アリーナ50公演のリハーサルを記録したドキュメンタリー映画『マイケル・ジャクソン　THIS IS IT』の中で、マイケルはこうジョークを飛ばした――夜、夢の中で思いついたアイデアを最後まで実行しなかったら、神様はそのアイデアをプリンスにあげてしまったかもしれないね。

レコードのリリース、ヴィクトリー・ツアー、コマーシャル出演（破格の契約料が話題になったペプシとの契約も含む）、その他さまざまなビジネス契約から、マイケル・ジャクソンは84年に9100万ドルを稼ぎ出す。同年のプリンスの収入は1700万ドル（マイケルがペプシと契約したあと、ライバル社のコカ・コーラからコマーシャル出演の依頼があったが、プリンスは断った）。キャリアの中でいちばん儲けが多かった年ではないが、いちばん重要な年だったのは確かだ。マイケルが生涯果たせなかった夢――映画スターになることを実現したのだから。

84年に路線を変更し、ルールを破り、歴史を作った黒人はプリンスとマイケル・ジャクソンだけではなかった。この年はポップ・カルチャー全体で大革命が起こり、アフリカ系アメリカ人の存在と影響力の強さが広く認知されたのだ。音楽ライターのネルソン・ジョージが『スリラー　マイケル・ジャクソンがポップ・ミュージックを変えた瞬間』で指摘したように、「マイケルは新しい時代の到来を告げる者だった」。84年に起こった大きな出来事の中には、人種的に当時重要な意味があるとされたものも、今になってその意義が認められたものもある。1月4日、オプラ・ウィンフリーがトーク番組『A.M.シカゴ』の共同司会者としてデビュー。2月、Run-D.M.C. がセルフタイトルをつけたデビュー・アルバムをリリースし、ラップのアルバムとして初めてゴールドディスクに認定される。6月19日、NBA（全米プロバスケットボール協会）のシカゴ・ブルズがマイケル・ジョーダンをドラフト1位に指名。9月20日、上位中流階級の黒人一家の生活を描いたコメディー『ザ・コスビー・ショー』がNBCで放映開始。11月、LLクールJの「I Need a Beat（アイ・ニード・ア・ビート）」が、ラッセル・シモンズとリック・ルービンが立ち上げたヒップホップ・R&B専門レーベル、デフ・ジャム・レコーディングスの第1弾シングルとして登場。12月5日には『ビバリーヒルズ・コップ』が公開され、すでにスターだったエディ・マーフィをスーパースターのレベルまで押し上げた。

同じ時期、公民権活動家のジェシー・ジャクソン牧師が、「虹の連合」〔訳注：異なる色が集まった虹のように、異なる人種、民族、文化に属するマイノリティーが連合した政治勢力〕をスローガンに掲げて大統領選に出馬。5つの州の予備選挙・党員大会で勝利を収めるが、失言問題（あるインタビューでニューヨーク市を〝ハイミー（ユダヤ人の蔑称）の街〟と呼んだ）で民主党の集票組織の支持を失ったため、党公認の大統領候補には選ばれなかった。しかし彼の政治活動は国民の関心を集め、選挙人名簿の作成にも大きな影響を及ぼす。これ以降、州および国の選挙で多くのアフリカ系アメリカ人が名乗りを上げるようになった。

こういった偉人たちは、大衆の動きに目を配りつつ、黒人である自分に強い誇りを持っていた。これは称賛すべきことだ。音楽評論家のグレッグ・テイトは『ザ・ヴィレッジ・ヴォイス』紙でプリンス、エディ・マーフィ、ジャズ・トランペットの若き名手ウィントン・マルサリスが同時期に台頭してきた現象を分析し、「現在は60年代以降でいちばん顕著に、黒人のアメリカ人によるクロスオーヴァー現象が起こっている。

面白いのは、ストリートから〔訳注：黒人の地位向上を求めて〕扇動する声が聞かれなくなった時代に、黒人たちが権力側《バビロン》の心をとりこにしていることだ……彼らは先祖と異なり、表現の鋭さ《エッジ》を丸めて妥協することなく、メインストリームの仲間入りを果たした」

さらにテイトは、黒人文化が一般のリスナーに爆発的に広まったこの現象で、マイケル・ジャクソンが果たした役割を解説。続けて、プリンスが『Purple Rain』によってこの動きに拍車をかけたと結論づけている。「マイケルは扉をけ破ったかもしれないが、プリンスは城全体に猛攻撃を仕掛け、ロックンロール王国の鍵を手に凱旋して、それを兄弟たち《ブラザーズ》や姉妹たち《シスターズ》に渡したのだ」

ＭＴＶがプロモーションの共同戦線になり、『Thriller』が音楽の無限の可能性を描き出し、ラジオはミックスがさらに進んだポップ・ミュージックを受け入れた。すべてが同時に起こった輝かしい瞬間、それが84年だった。ポップ・チャート・コラムニストのクリス・モランフィーは２０１２年、ナショナル・パブリック・ラジオ（ＮＰＲ）のサイトで次のように指摘している。「84年がポップ・ミュージックにとって最も偉大な年であることは、一世代前に広く認められた。この年は、驚くほど多様なレコードが生まれ、ラジオのトップ40が文化的なピークを迎えたのである」。また２０１４年、『ローリングストーン』誌は84年を「ポップ・ミュージックの最高の年」と呼び、その年のベスト・ソング１００リストを掲載。トップ10には1位の「When Doves Cry」をはじめ、プリンスの作品が5曲も入っていた（『Purple Rain』からのシングル3曲、チャカ・カーンの「I Feel for You（フィール・フォー・ユー）」、シーラ・Ｅの「Glamorous Life（グラマラス・ライフ）」）。

84年の方向性を定めたのは、おそらくアメリカで最も人気のあるハードロック・バンド、ヴァン・ヘイレンだ。それまでの作品では〝ノー・シンセサイザー〟を誇ってきたが、6枚目のアルバムに『1984』というタイトルをつけ、シングル「Jump（ジャンプ）」に華麗なシンセサイザー・パートを加える。この曲は彼らのキャリアで最大のヒットになった。この年を振り返って圧倒されるのは、メガヒット作の多さだ。1年を通じ、いつも誰かのアルバムが話題をさらっていた。シンディ・ローパーの『She's So Unusual（シーズ・ソー・アンユージュアル）』、ティナ・ターナーの『Private Dancer（プライヴェート・ダンサー）』、ZZトップの『Eliminator（イリミネイター）』。ジョン・クーガー・メレンキャンプは『Uh-Huh（天使か悪魔か）』とシングル「Pink House（ピンク・ハウス）」のヒットで、生意気なロック小僧から大人のシンガー・ソングライターへ成長を始めた。U2が「Pride（in the Name of Love）（プライド）」で初の全米トップ40入りを果たし、ボン・ジョヴィが「Runaway（夜明けのランナウェイ）」でブレイクした年でもあった。

「あらゆるものがどんどんビッグになっていくように見えたね」とワーナー・ブラザース・レコードの元広報担当、ボブ・メーリスは回想する。「ワーナー・ブラザースのレコード部門の収益が、初めて映画部門を上回って――会社の最大の稼ぎ手は音楽になったんだよ。音楽はそれまでとは比べものにならないほど大きな存在になっていた。何か歴史的なことが起こっていると感じたね。可能性にあふれた時代だった。そしてたくさんの可能性が『Purple Rain』のような作品によって実現したんだ――いや、〝ような〟って言うと、あれに匹敵する作品が本当にあったみたいだね。『Purple Rain』は唯一無二の存在だったよ」

84年には、世代交代が進んでいることを示す出来事もいくつか起こった。4月、マーヴィン・ゲイが父親に殺される。聖書に書かれているような理不尽な悲劇だった。ジョン・レノンの死からわずか数年。60年代の理想郷の夢がはるか昔に失われたことを、人々は思い知らされた。実際、ロック黄金時代の曲（84年当時はクラシック・ロック専門ラジオで盛んにオンエアされていた）の表現スタイルやイメージは、陳腐だとされて笑いの対象になっていた。ここからヒントを得たロック・パロディー映画の傑作、〝モキュメンタリー（偽物《モック》ドキュメンタリー）〟の『スパイナル・タップ』も84年に公開されている。

新たなアンダーグラウンド・ロックの旋律も聞こえ始めた。レッド・ホット・チリ・ペッパーズの粗削りなパンク・ファンク・サウンドから、84年にデビュー・アルバムを出したザ・スミスの文学的で陰うつな調べまで。こういった創成期の〝カレッジ・ロック（訳注：大学生が運営するラジオで紹介され、新しい音楽シーンを作り出した先鋭的なロック）〟は、やがて90年代初期の〝オルタナティヴ・ロック〟の爆発につながっていく。そしてもちろんジャンクな音楽が、楽しめる曲もそうでない曲も取り混ぜて星の数ほど生まれ、（音楽というよりビデオの魅力にあと押しされて）一気に流行しては、またたく間に消えていった。またこの年は、イエスの「Owner of a Lonely Heart（ロンリー・ハート）」、ビリー・アイドルの「Rebel Yell（反逆のアイドル）」、ヒューイ・ルイス＆ザ・ニュースの「The Heart of Rock & Roll（ハート・オブ・ロックンロール）」、デニース・ウィリアムスの「Let's Hear It for the Boy（レッツ・ヒア・ボーイ）」、デュラン・デュランの「The Reflex（ザ・リフレックス）」が次々と登場した。歴史的な名曲揃いとはいえないかもしれないが、こうやってタイトルを並べてみると、実にさまざまな音楽スタイルが同時に発生したことがわかる。

クリス・モランフィーはNPRのサイトで、84年に音楽は〝モノカルチャー化〟（訳注：ひとつの作品に依存すること。つまり、誰もが同じ大ヒット作を聞くこと）したと称賛し、「ふたつの要素が、ポップ・ミュージックの当たり年を作り出す。ひとつは多様性、もうひとつは楽しみの共有だ」と指摘している。「ポップ・ミュージックの世界では、これは文化的体験の共有を意味する。例えば、60年代半ばにAMラジオでオンエアされたビートルズやモータウン、83年から84年にかけてクロスオーヴァーを極めたマイケル・ジャクソンがそうだ。我々の多くは長い間、こういった体験の共有ができなくなったことを嘆き悲しんできた」

誰もが音楽の共有体験を求め、自分の好みに合う曲を探し、それと蜜月関係を築こうとしていた。この動きは84年夏、『Born in the USA』と『Purple Rain』の覇権争いで頂点に達する。どちらのアルバムも、ポップ・ミュージックの独自のスタイルを追求するひとりのアーティストが、可能性の限界に挑戦し、自分の本質を維持しながら、できるだけ多くの人々の心に訴えかける音楽を見つけようとして、すべてを注いで作り上げた作品だ。ブルース・スプリングスティーンは、より洗練されて現代的な要素を取り入れ、（愛する60年代のポップ・レコードと同じく）サビを強調して、取りつかれたようにボディー改造に励んだ。それまで非難していたミュージック・ビデオに入れ込み、「Dancing in the Dark（ダンシング・イン・ザ・ダーク）」のクリップの最後では、まだ駆け出しの女優だったコートニー・コックスと熱いダンスを披露した。さらにこの曲をダンス・ヴァージョンの12インチ・シングルにリミックスすることを、プロデューサーのアーサー・ベイカーに許可する。

しかしスプリングスティーンは作曲の根本的なテーマを捨て去ったわけではなかった——経済的・感情的な困難から抜け出そうとあがくアメリカの労働者階級。裏切られ続けても、正義と人の道に誠実であろうとする努力。試練の時に友情と仲間を求める心。タイトル・ソングはよく愛国主義の曲だと誤解されて激しい抗議を受け（レーガン大統領が若い有権者にアピールするため、この曲を引き合いに出したのは有名な話だ）、「Downbound Train（ダウンバウンド・トレイン）」や「My Hometown（マイ・ホームタウン）」といった絶望的な曲も収録されていたが、アルバムは7曲のヒット・シングルを生み、1500万枚以上を売り上げた。

2006年、私はスプリングスティーンにインタビューする機会があった。彼は『Born in the USA』のジャケットで、アメリカ国旗を前にポーズを取ると決めた時のことを振り返り、「あの頃は、自分がアメリカのミュージシャンであること、時事問題に目を向けることを、強く意識していた」と語った。「国旗は誰でも手が届くものだと感じていたんだ。皆、国旗が表す意味を知り、自分の子供たちに育ってほしい国を求める権利がある、とね。アメリカの理想と真実は近づいたり離れたりをくり返している。その隔たりを描き出すような音楽を作りたかった。理想と真実の間で何が起こっているか見極め、創造的な抗議の声を上げるために」

プリンスとスプリングスティーンは互いに相手の作品を称賛した。〝ボス〟は83年春の『1999』ツアーで、ある会場を訪れている。ザ・レヴォリューションのメンバーによれば、プリンスはマイケル・ジャクソンについて沈黙を守っていたが、スプリングスティーンのことはライヴ・パフォーマーとして尊敬しているとはっきり口にしたという。

『Purple Rain』と『Born in the USA』が君臨したのは、ポップ・ミュージックが最も輝いた瞬間だった。もちろん、熱心なファンを持つアーティストは他にもいたが、アメリカだけで1000万枚以上の売り上げを達成したのはプリンスとスプリングスティーンだけだった。壮大さを求める80年代の風潮がいつか終わるとしても、この2枚のアルバムが提供した共通体験と、信念を曲げなくても大ヒットするという証しは、人々にインスピレーションを与えた。

小説家のリック・ムーディは84年に関するエッセイで「あれは、アメリカの体験をふたつの視点で捉えたふたりの巨人が、それぞれのアルバムを出した夏だった」と書いている。「どちらの作品も人の心を強く揺さぶり、どちらのミュージシャンも米国政府が抱えるあらゆる問題への回答を求め闘っていた」

84年の夏は、ポップ・ミュージック界に新たな秩序が生まれたことを象徴するイベントで終わる。9月14日、ニューヨークのラジオ・シティー・ミュージック・ホールで開かれた、MTVの第1回ビデオ・ミュージック・アワードだ。最も多くの部門でノミネートされたのはハービー・ハンコックの「Rockit（ロックイット）」とポリスの「Every Breath You Take（見つめていたい）」だが、最優秀ビデオ賞はカーズの「You Might Think（ユー・マイト・シンク）」が受賞した（プリンスとスプリングスティーンのアルバムはリリース時期が遅かったため、どの収録曲のビデオも候補の対象にならなかった）。パフォーマーの中にはデヴィッド・ボウイやロッド・スチュワートの姿があり、ダイアナ・ロス、イギー・ポップ、ゴーゴーズ、カーリー・サイモンといった多彩な顔ぶれがステージに登場した。

しかし、テレビで生放送を見ていた人々の心に強く焼きついたのは、たったひとつの出来事だ。それは80年代のポップ・ミュージック界を統《す》べる四天王の最後のひとりが登場したことを、高らかに宣言するものだった。この夜、ウェディングドレスをまとったマドンナが、ステージの床で身もだえしてランジェリーをちらつかせながら、ニュー・シングル「Like a Virgin（ライク・ア・ヴァージン）」を熱唱したのだ。彼女はデビュー・アルバムのヒットですでにダンス／R&Bのリスナーを確保し（マドンナは明らかにこの層をターゲットにしていた。ファースト・シングルのジャケットに自分の写真を使わなかったのは、黒人向けラジオで放送されやすくするためだ)、ポップ・チャートのトップ10入りを果たしていた。しかし、ナイル・ロジャースがプロデュースした「Like a Virgin」で、マイケル・ジャクソン、プリンス、スプリングスティーンと並ぶ、時代を代表するミュージシャンになったのだ。

「83年、映画『パープル・レイン』を作っている時、プリンスがこう言ったの、『女性が登場して僕と同じことをしたら、彼女は世界を支配できる』」とスーザン・ロジャース。「それから間もなく、マドンナがプリンスとまったく同じことをして、世界を支配したのよ」

私はスプリングスティーンへのインタビューで、『ローリングストーン』誌が80年代特集号の表紙に彼を選んだことについて、どう思うか聞いてみた。すると彼は自分を含む〝素晴らしき4人組〟を引き合いに出してこう語った。「マイケル・ジャクソンでも、プリンスでも、マドンナでも良かったんじゃないかな。3人とも影響力がすさまじかったから。でも俺を使ったのは、そうだな、俺があの頃、強い影響力を持つことを目指してたからだろう。俺ははっきり意識して、曲やダンスで歴史を作る覚悟のある人たちを参考にしていた。進んで歴史を代弁するアーティストはいつの時代にもいる――例えばウッディ・ガスリー、ボブ・ディラン、エルヴィス、ジェームス・ブラウン、カーティス・メイフィールド、マーヴィン・ゲイ――80年代の俺は、彼らがつないできた鎖の輪のひとつを見つけるために、曲を作っていた。ああいう影響力を持ちたかったんだ」

84年は、こういった重要なアーティストたちが持つ影響力と、音楽で世界が結びついているという感覚が、頂点に達した年だった。ビートルズ、ボブ・ディラン、ローリング・ストーンズが最も創造的だった60年代でさえ、これほど大規模な共通認識はなかった。当時はまだ、普通の大人たちはロックに対して抵抗を感じていたからだ。だが一方で、84年はポップ・ミュージックのリスナーがあまりに増え、中心点が維持できなかったともいえる。1000万、1500万、2000万枚売れるアルバムが同時に存在したため、やがてポップ・ミュージックの世界は分裂し始め、さまざまなサブ・ジャンルの音楽が成長して、独自の経済を成立させるようになった。

売り上げ枚数だけ見れば84年より多い年もあるだろう。しかしフォーマットや価格は時代とともに変わっていくので、正確に比較するのはほとんど不可能だ。確かに、21世紀初頭に起こったティーン・ポップ・ブームでは、ブリトニー・スピアーズ、イン・シンク、バックストリート・ボーイズの作品がミリオンセラーになった。しかしこういったミュージシャンは、80年代の超大物スターたちのように、リスナー、ラジオ局、世代のクロスオーヴァーを成しとげたわけではない。人々の音楽の趣味は——文化全般にいえることだが——だんだん狭く、深くなり始め、84年のような大規模な共通体験とモノカルチャーは、二度と経験できなくなった。プリンスは「Uptown」で歌った「White, black, Puerto Rican/Everybody just a-freakin（白人、黒人、プエルトリコ人／皆思い切りハジけてる）」という目標を達成し、自分でも夢に見なかったほどの大スターになったのだ。

プリンスたちが世界を変えていた84年、ミュージック・シーンのパワー・バランスを塗り替えるもうひとつの動きが起こっていた。『Run-D.M.C.』の予想外の大ヒットにあと押しされ、6月、ニューヨークのラッパーとブレイク・ダンサーが、フレッシュ・フェスタと銘打った初の全米ツアーを敢行。27都市でパフォーマンスを行った。ヒップホップは79年にシュガーヒル・ギャングがヒットさせた「Rapper's Delight（ラッパーズ・ディライト）」以来、5年間着実にポップ・チャート入りを続けていた。新しく生まれたストリート・ダンスも、『ブレイクダンス』『ビート・ストリート』といった、内容は薄いが楽しめる〝ブレイクダンス映画〟で広く知られるようになっていた（ただし84年のロサンゼルス・オリンピック開会セレモニーで起用されたあと、斬新すぎるという声が多く上がったため、ダンサーたちは表舞台を去り、古巣のクラブに戻った）。しかし、黒人の男らしさを強調するラップが、アルバムやライヴ・チケットがよく売れるほど人気を集めたため、レコード業界は——ラップ自体がちゃんとした音楽かどうか、判断を保留していたが——このジャンルを金の稼げるビジネスにしようと動きだす。

この時まかれた種は数年後、見事に花を咲かせる。Run-D.M.C.が、エアロスミスのメンバーと彼らのオリジナル曲をリメイクした「Walk This Way（ウォーク・ディス・ウェイ）」でゴールド、同曲を収録したアルバム『Raising Hell（レイジング・ヘル）』でマルチ・プラチナを達成。続いてビースティ・ボーイズのアルバム『Licensed to Ill（ライセンス・トゥ・イル）』が全米1位を獲得した。その頃、84年に共同体験で結びついた人々は、すでにばらばらになっていた。表面的には、ヒップホップがリスナーを人種別に分けたように思える。しかしよく見ればわかるが、実際に分断されたのは、大胆で攻撃的な新しい音楽的・文化的なムーヴメントを受け入れた若い世代と、その動きを理解できない年上のリスナーだった。ヒップホップの勢いに押され、プリンスも調子を狂わせる。初めはこの新たなムーヴメントを拒絶し、次に流行に追いつこうとして、ラップを自分の音楽に取り入れたが、結果は成功とはいえなかった。

ラップの台頭の他に、84年にはある意味最も重要な動きがあった。音楽業界に技術革新の波が押し寄せたのだ。その影響はすぐにはわからなかったが、この1年の間に、音楽配信の世界でふたつの革命が起こる。ひとつ目はCDの普及だ。CDプレイヤーの販売がアメリカで始まったのは83年。しかしポータブル・

プレイヤーが登場し、車にCDプレイヤーが装備され始めたのが翌84年だった。フォーマットがより便利になり、カセットやレコードより音質も良くなったので、CDの人気は急上昇し、88年までにはレコードの売り上げ枚数を抜いた。これは音楽業界に莫大な収入をもたらすことになる。手持ちのレコードを全部CDで買い直す人々が続出したからだ。巨額な金が無尽蔵にわき、レコード会社に降り注いでいるような状態だった。

ふたつ目の革命はパソコンのマッキントッシュの登場だ。84年1月22日、スーパーボウルのテレビ中継の間に、アップル・コンピュータ社がおそらくテレビ史上最も有名なコマーシャルを放映した。『ブレードランナー』『エイリアン』のリドリー・スコット監督が手がけた60秒間のスポットCMが、全米に流れたのはこの1回だけだ。スポーツウエアを着た金髪の女性が、ディストピア的な灰色の世界を駆け抜ける――このセットは明らかにジョージ・オーウェルの小説『1984年』をイメージしたものだ――うしろから『スター・ウォーズ』に出てくるストームトルーパーのような兵士たちが追いかけてくる。巨大なテレビの前には、髪の毛をそられた無表情な人々が座り、スクリーン越しに指導者の演説を聞いている。女性は見事なフォームで大きなハンマーを投げる。割れて爆発するスクリーンの映像に重ねて、テレビ画面に文字が流れ、ナレーターがそれを読み上げる――「1月24日、アップル・コンピュータはマッキントッシュを発表します。84年が『1984年』のようにならない理由がこれでわかるでしょう」

その年世界一高いCM放送契約料となるスポット枠を買ったため、アップルは破産しかかった。しかし続く3ヵ月で、希望的予測を50パーセント以上も上回る7万2000台を売り上げる。よく知られるようにその後20年、アップルは決して順調な道のりを歩んだわけではなかった。しかし、CDブームがもたらす利益は永遠に続くとレコード会社が油断している間に、アップルは音楽業界の次世代を根本から変えるiTunesモデルを開発する。この音楽配信モデルで重要なのは、個人化がどんどん進むことだった。人々が聞く音楽は、ラジオが不特定多数に向けてオンエアする曲から、自分で作成したプレイリストの曲に変わったのである。

この音楽のデジタル革命により、ソーシャル・メディアの世界では、84年のスターたちが成しとげたように、年齢、人種、性別の境界を越える作品を創造するのは、ますます難しくなった。もちろんいつの時代にも、幅広い層にアピールする曲はある。２０１１年、アデルのアルバム『21』は、音楽がまだ長期的な影響を広い範囲に与えられることを証明した。またディズニー映画『アナと雪の女王』のサントラなどは、音楽と映画の融合が成功すれば、両方がさらに生き生きとし、多くの人の心を動かすことを示した。

しかし『パープル・レイン』は別格だ。このプロジェクトは、ＭＴＶの勢力の増大と斬新さを巧みに利用し、文化のクロスオーヴァーを完璧に予測して、アルバムと映画の両方でポップ・カルチャー史上前人未到の頂点を極めた。人種、性別、音楽スタイル、メディアの壁を突き抜け、84年の文化がすべて結実した奇跡の作品だったのである。

「『パープル・レイン』は、本当の意味で、あらゆる人種をひとつにしたの」とジル・ジョーンズは語る。「黒人映画でも、白人映画でもなかった。だからこそ世の中を大きく変えたんじゃないかな。プリンスはずっと前からそれを目指してたわ――だからあとは流れ星《チャンス》をつかまえれば良かったのよ」

「80年代には人種なんてあまり問題じゃなかったわ。皆イカれたヘアスタイルにしようと髪を伸ばしてたから、肌の色が黒か白か緑かなんてどうでも良かった――髪さえあればね」

Let Me Guide U

Chapter 9

僕が君を連れていくよ

アルバムと映画が全米1位のヒット作になったため、プリンスのもとには取材の申し込みが押し寄せた。しかし彼は沈黙を貫き、リサ・コールマンとウェンディ・メルヴォワンに自分とバンドのスポークスマンを務めさせる。

「プリンスは、私が進んでその役を引き受けるように仕向けたんだと思う」とウェンディ。「『僕は話下手だから、うまくしゃべれないよ。君は話がうまくて、説得力があるよね。僕が苦手なことを代わりにやってくれる、頭のいい人が必要なんだ』なんて言われたら、こっちは『オーケー、任せといて。何はしゃべって良くて何はダメか、教えてちょうだい』ってなるわよね。彼はいつも『真実を話すだけでいい』って言ってたけど——デタラメばっかり。あんなの真実じゃなかった。嘘もいいとこだったわ」

マネージメント・チームはウェンディとリサのために練習用のインタビューを設定した。ただしふたりにはリハーサルだと知らせなかった。「あるホテルにいた時、マネージャーたちがインタビューしたいっていう記者を数人呼んだの」とリサ。「マネージャーがどんな取り引きをしたのか知らないけど、とにかく記者たちが来て質問を始めた。時々スティーヴ・ファーグノリが割って入って、私たちに『いいか、向こうが今話したいのは別のことだぞ』と言ったり、『これを話せ』って耳打ちしたりした。彼は何回か口を挟んで、私たちが会社の方針と違うことを言わないように気をつけてたわ」

とはいえ、ほとんどの報道は無難なものだった。『パープル・レイン』ツアーの発表という大きなニュースが控えていたからだ。残念ながら、映画の音楽の興奮をツアーでそっくり再現することは難しそうだった。アポロニア6のゲスト出演は決まっていたが、ザ・タイム——前回と前々回のツアーでプリンスがかすむほどパワフルなステージを展開し、映画『パープル・レイン』では大きな注目を集めた——が分裂状態だったからだ。ザ・タイムについては、映画の公開前からさまざまなうわさが飛び交っていた。『ローリングストーン』誌のクリストファー・コネリーは、「Jungle Love」「The Bird」を収録した『Ice Cream Castle（アイスクリーム・キャッスル）』のレビューで、ザ・タイムは「プリンス・ファミリーの二軍の一番手なのか、プリンスの緊張をほぐす道化役なのか、彼のライバルなのか」と疑問を投げかけ、「ツインシティーズ〔訳注：ミネアポリスとセントポール〕の関係者によれば、モーリス・デイはすぐにでもソロに転向する模様」と報告している。

映画のプレミア・パーティーで演奏したあと、ザ・タイムは崩壊した。彼らに取って代わるのが、『ローリングストーン』誌にプリンスの〝本命の恋人〟と呼ばれたシーラ・Eだ。85年、ついに沈黙を破ってマスコミ（MTV）の取材を受けた時、プリンスはザ・タイムの分裂について残念に思っているだけだと話した。「彼らは、本当に正直に言うと、僕が恐れていた唯一のバンドだ。彼らは変わっていった……ゴジラみたいに。そしていろいろなことが起こって、潮の流れが変わり、風向きも変わって、皆がバラバラになった。でもあいつら全員を愛してることに変わりはない……もとどおりになってほしいと思ってるよ。僕にもライバルは必要だから」

プリンスはこのMTVのインタビューで、ザ・タイムは今でもプリンス・ファミリーの中で最高のバンドだと称賛した。「ジェシー、モーリス、ジェローム、ジミー、テリーは、史上最も偉大なR＆Bバンドのひとつを作り上げた。少し大袈裟かもしれないけど、僕は本当にそう感じているんだ。彼らほど破壊力のある人は他にいないよ。バンドが崩壊したのにはちょっと困ったが……ひとりひとりの幸せがいちばん大事だからね」。間もなく、モーリス・デイが映画会社の20世紀フォックスと「破格の数百万ドル、映画

3本」の契約を結んだと報じられた。

　ギタリストのジェシー・ジョンソンも独り立ちして、A&Mレコードとソロ契約を交わす。ザ・タイムの元メンバーふたり（キーボードのマーク・カーデナスとベースのジェリー・ハバード）もジェシーとともに移籍した。プリンスは残ったメンバーを集め、すぐさま新しいバンドの結成に乗り出す。ジェリービーン・ジョンソン、ジェローム・ベントン、〝セントポール〟・ピーターソンを中心メンバーに据え、ザ・ファミリーと名づけて、他のメンバーにはプリンス・ファミリーを起用。スザンナ・メルヴォワンがピーターソンとともにリード・ヴォーカルを取り、追加パートのサックスとフルートはアラン・リーズの弟エリックが担当することになった。

　9月、『パープル・レイン』ツアーの詳細が発表される。幕開けは11月4日、デトロイトのジョー・ルイス・アリーナ。同地では4公演の予定だったが、チケットが4時間で完売したため3公演が追加された（チケット価格は12ドル50セントから17ドル50セント。マイケル・ジャクソンが84年に行った〝ヴィクトリー〟ツアーは、これよりかなり高い30ドルだったため、激しい非難を浴びた）。

　プリンスとザ・レヴォリューションはまず小さな会場で、アリーナ用の仰々しいセットを使わず、ウォームアップ・ライヴをやることにした。デトロイトでサプライズショーを企画したが、情報がもれてやむなく断念。結局9月23日、収容人数がファースト・アヴェニューとほぼ同じシンシナティのクラブ、ボガーツでライヴを行った。これに先立ち、ラジオのスポットCMで、新バンド〝レッド・ホット&ブルー〟を迎えた〝パープル・レイン・ボール〟の開催が宣伝される。夜11時頃、ザ・レヴォリューションがステージに登場して90分のパフォーマンスを披露。アンコールにはアルバムの最後の3曲、「I Would Die 4 U」

「Baby I'm a Star」「Purple Rain」のメドレーを演奏し、その夜を締めくくった。

（ここで読者に、シンシナティは私の故郷であることを思い出していただきたい。84年9月、このライヴのわずか数週間前、私はこの街を離れて大学に入学した。プリンスが世界中から注目されているツアーのリハーサル・ライヴを――おそらく私が新しい友人たちと何度目かの『パープル・レイン』を観ている時――ここ数年間足しげく通ったクラブで行ったと聞き、私がどのように反応したかは、皆さんのご想像にお任せする。）

一方、大規模な本公演の計画も着々と進んでいた。ステージ・セットの費用は約30万ドル、ツアー・スタッフは最終的に125名まで膨れ上がった。30個の衣装ケースを含む荷物と装置をすべて積むため、トラック13台が用意された。またステージ・デザインの修正も必要だった。「最初のデザインはデカすぎて、プリンスは気に入らなかった」とマット・フィンク。「『これじゃあ親密な感じが出せない。うちのバンドには大きすぎる』って言ってたね。メンバー同士が離れすぎてたから、彼がセットを作り直させたんだ」

猫足のバスタブ――「When Doves Cry」のミュージック・ビデオに出てくるような、プリンスお気に入りのモチーフ――をイメージしたセットは、油圧リフトでステージから起き上がる仕掛けになっていた。フィンクによれば、衣装を着けて行う最終的なリハーサルのひとつで事故が起こり、あやうく大惨事になりかけたという。「プリンスが初めてあのセットを試した時のことさ。ボビー・Zの背中に足をかけて巨大な台に登って、バスタブの中であお向けに寝たんだけど、バスタブの背面が斜めになってて、リフトに固定されてなかったから――ファイバーグラス製の軽いバスタブだったんだ――突然それが滑りだして、プリンスが中に入ったまま、床に転落したんだ。すごい高さからだったね。8メートルか9メートルはあった。もちろん、その場にいた誰もが、息が止まるほどびっくりしたよ。プリンスはじっと横たわったまま動かない。『ああどうしよう、重傷じゃなきゃいいけど』って皆思ったが、どうしていいかわからなかった。全員プリンスに駆け寄って体をチェックしたら、幸いどこも骨折してなかったけど、ひどい打ち身になってた。それから彼は［ぼう然としている］ステージ・スタッフたちに顔を向けて、『おい、こういうことが起きるって考えなかったのか？』って言った――でも、あんな事故は誰も予想してなかったんだ」

ロブ・カヴァロによれば、『パープル・レイン』フィーバーの中でさまざまなことが起こったが、プリンスがいらだちを示したのは、その事故を含めわずか数回だったという。「プリンスがイライラしてるってわかるのは、何かうまくいかなくて、がまんの限界を超えて激怒した時だけだった」とカヴァロは回想する。「あの事故が起こったのは、ツアーが始まる2、3日前だったかな。スタッフは大きなミキサーの前に集合させられた。とても冗談で済ませられるようなことじゃないし、バスタブはちゃんと動かない。これが何を意味するか、私にはわかっていた――『準備不足だ。恥ずかしいと思わないのか』ってことだ。私とプリンスはステージを離れ、衣装デザイナーを含む全員がずらりと並んでいるところまでやって来た。プリンスとスティーヴ［・ファーグノリ］はそこに座っていた。彼は歩いてくると、テーブルに飛び乗り、パンツからアレを引き出すしぐさをして、［皆に］小便を引っかける振りをした。そしてこっちを見たから、私はたしなめた。『そんなことはやめろ。やろうなんて考えもするな』。すると彼は手を下ろし、台から降りて『お前たちは自分が何をしてるのかわかってない』と決めつけた。そこで私が『アース・ウインド・アンド・ファイアーのショーを見たことがあるか？　そもそもお前が私を雇ったのは、モー・オースティンが〝アースのコンサートがああいうふうなのは、ロブ・カヴァロのおかげだ〟って言ったからだろう』と返したら、プリンスは歩いていってしまったよ」

ついにツアー一行は出発し、プリンスが初めて売れた街のひとつ、デトロイトに到着する。ここでバンドのメンバーは、想像もしなかったような経験が待ち受けていることが、だんだんわかってきた。リサ・コールマンは回想する。「映画が公開されて、いろんなことが起こっている間も、実感がわかなくて――ただその渦の中にいるだけだった。でもデトロイトの最初のライヴは違ったわ。まずホテルが巨大で……」「超高層ホテルだったわ。てっぺんの階だったから霧に包まれてた。覚えてる?」とウェンディ・メルヴォワンは続ける。「皆、大興奮だったわね。窓からは、これから演奏するアリーナが見えた。紫の照明がついていて、すごく大きなパーティーみたいだったわ」

「あの時初めてボディーガードを雇ったのよ」とリサ。「プリンスはあちこち行ったり来たりしてて、別行動だったから、ちょっと〝何様〟な感じだったわね。リムジンで飛行機に乗りつけたりとか、そういうことをしてたわ」

ライターのクリス・コネリーは、デトロイトの初回公演について『ローリングストーン』誌に長文のレポートを掲載し、人種が入り混じった観客の反応を伝えた。客席は「黒人が大半を占めているのではなく、典型的な白人のロック・ファンだけでもない」と説明。次の文では「ほとんどが白人」と書いている。さらに、その夜は衣装替えが5回あったため「ショーの流れが滞り、いつもは自然体のプリンスがぎこちなく見えて、エレクトリック・ピアノの弾き語りで3曲演奏する際も、合い間に飛ばすジョークは少々お粗末だった――『生と死の違いは知ってるか? 神よ。一夜を過ごしたいか? ひと風呂浴びたいか?』――と報告。「アンコール最終曲の「Purple Rain」になる頃までに、観客の多くは会場を出ていった」

同じくライターのネルソン・ジョージも『ビルボード』誌で、パフォーマンスに納得できなかったと報告した。「プリンスは我々に多大な期待を抱かせた。彼は確かに魅力的だったが、このショーは期待外れだった」（ネルソン・ジョージは、プリンスがこのレビューに報復するために、復しゅう心に満ちた「Bob George（ボブ・ジョージ）」を作ったのではないかと疑っている。ネルソン・ジョージを激しく非難したと思われるこの曲は、94年の『The Black Album（ブラック・アルバム）』に収録された）。一方、ワーナー・ブラザース・レコードの広報担当だったボブ・メーリスは、デトロイト公演を次のように記憶している。「大きなアリーナであのパフォーマンスが実現したんだ。ぞくぞくするほどすごかったね……ステージのプリンスは本当に生き生きとしていて、素晴らしかったよ」

プリンスは『パープル・レイン』ツアーを通じて慈善活動を行った。その始まりがデトロイト公演だ。これ以降いくつもの都市の公演で、チケット売り上げの多くが、シカゴの教育者マーヴァ・コリンズが提唱するインナーシティー訓練プログラム〔訳注：学校教育から見放された都心部貧困層の子供たちに勉強の機会を与える事業〕に寄付された。11月末にはワシントンD．C．のギャローデッド・カレッジで、耳などに障害のある生徒たち2500人にパフォーマンスを披露。ツアー中、支援が必要な子供たちのために行った公演は、この日を含め4回だった。

チケットの売り上げは伸び続けた。『ローリングストーン』誌は前述のデトロイト公演レビューを掲載した同じ号で、「コンサート収益トップ10」の1位と2位に、『パープル・レイン』ツアーのメリーランド州ランドオーヴァー公演とフィラデルフィア公演を挙げている。11月28日、シングル「I Would Die 4 U」が発売。ポップ・チャートの8位までのぼった。バラードの名曲、B面の「Another Lonely Christmas

〈アナザー・ロンリー・クリスマス〉」は、プリンスが「drink[ing] banana daiquiris till I'm blind〈バナナ・ダイキリを酔いつぶれるまで飲みながら〉」、恋人の死をクリスマスに嘆く曲だ〈死因については「Your father said it was pneumonia/Your mother said it was stress〈君の父さんは肺炎だと言った／君の母さんはストレスだと言った〉」と歌う〉。

ツアーは最終的に32都市で98公演が開催された。「あのツアーはとんでもなく野心的なものだったね」とツアー・マネージャーのアラン・リーズは振り返る。「目指したのは、それまで誰も――カヴァロやファーグノリ、それに私と組んだジェームス・ブラウンを含め、どのパフォーマーも――体験したことのない何かをやることだった。飛行機で移動して、街に到着して、1週間占拠する。道路は閉鎖されて、ホテルのエレベーターには警備員が配置される。あんなふうにツアーしたのは初めてだった。雑誌でしか読んだことのないような状態で――ビートルズやローリング・ストーンズ並みだったよ」

30年後の今、『パープル・レイン』フィーバーの中にいた人たちの話を聞くと、誰の記憶もぼんやりしているようだ。「はっきり記憶に残ってるのは、俺にとってすごく重要だった街のコンサートだな」とマット・フィンク。「例えば、ライヴ・ビデオ用に撮影したシラキュースのショー。あれを覚えてるのは、重要だったからだ。会場はショーをやるには広すぎてね。ルイジアナ・スーパードームやマイアミ・オレンジ・ボウルもそうだった。ああいう大きなフットボール・スタジアムでプレイするのは勘弁してほしいよ。スラップバック・エコーがものすごいから、自分の音を聞こうとしてもうまく聞き取れないんだ。おまけに観客が9000人ぐらいいて、こっちに向かってずっと叫んでる。もう頭がグワングワンしてね。そういうバカでかい会場ばかり回るのには参ったよ」

入念にリハーサルが行われ、綿密な（あるいは綿密すぎる）計画も立てられていたが、すべてのショーが順調に進んだわけではない。アラバマ州バーミンガムでは、オープニングで上がるはずのステージの幕が途中で止まり、油圧リフトの不具合でプリンスの載った台がステージに上がらず、彼のギターが「Baby I'm a Star」のクライマックスで〝絶頂〟に達しなかった。おまけに氷雨を伴う嵐が迫っていたため、ツアー一行は大急ぎで街を出なければならなかった。アラン・リーズによれば、ショーの終了後にプリンスが彼のところへやって来てこう言ったという。「こんなことは今後一切起こらないって言ってくれ」

とはいえ、ほとんどのコンサートは大成功だった。「世界一のショーだったわ」とスザンナ・メルヴォワン。「世界一のバンドで統制も完璧にとれていた。照明監督のリロイ・ベネットが、実質的にもうひとりのメンバーでね。すべての波長がぴったり合っていたの。毎晩ステージを見るのが待ちきれなかったわ」

街から街へと移動しながら、プリンスは他のレコーディング・プロジェクトの手も決して抜かなかった。「『パープル・レイン』ツアー中、何度もスタジオに行ったわ。シーラのレコードを作っていたの」とスーザン・ロジャース。「私が録音スタジオを探して、前もって予約しておく。ショーが終わってからスタジオ入りよ。サウンドチェックに4時間、コンサートに3時間。それから真夜中か午前1時にスタジオへ入って、徹夜でレコーディングして、バスに乗って次の街へ移動して、翌日はコンサート。ビデオの編集もしたわ。テキサスのどこか、確かダラスで「Take Me With U」のビデオをやったの。あれは1日がかりの仕事だったわね。とにかく皆毎日働いていた」

「オフの時間はほとんどいつも、どこかで録音スタジオを見つけるか、録音トラックをレンタルしてついてこさせた」とアラン・リーズも言う。「ショーのかたわらでいつも何かしていたよ。それが良かったかどうかはともかくね」

ツアーでとりわけ感動的だったのが、クリスマス休暇の週に故郷ミネソタ州のセントポール・シビック・センターで行った5公演だ。ミネソタ州知事のルディ・パーピックがその1週間を州の〝プリンス・デイズ〟に認定。プリンスの両親がそれぞれ別の夜にショーを観に来た。会場に到着した母親は、自分の席に息子が置いたメモを見つける。そこにはこう書いてあった――「This one's 4 U（このショーはあなたのために）」（12月26日、プリンスはクリスマスの翌日にふさわしく「Another Lonely Christmas」を演奏した。彼がステージで同曲を披露したのはこの夜が最初で最後だ）。ミネソタの最終日、プリンスは感動を隠そうともせず「これは僕が今まで過ごした中で最高のクリスマスだよ」と客席に語りかけた。彼は自分のおかげで世界中の注目を浴びることになった大切な街に感謝を示し、夜をこの言葉で締めくくった。「僕らは永遠に君たちのものだ」


クリスマスの時期にミネアポリスにいた間、プリンスが感情的だったのにはもうひとつ理由がある。側近たちにも知らせていなかったが、『Purple Rain』がまだ全米チャートのトップを独走していたこの週に、次のアルバムを完成させたのだ。実際、収録曲のうち4曲は『Purple Rain』のリリース前にレコーディングを終わらせていた。

新プロジェクトの要になったのは、ウェンディとリサがプリンスに渡した1本のデモ・テープだ。録音したのはふたりのそれぞれの兄弟、デヴィッド・コールマンとジョナサン・メルヴォワン。フルートと弦楽器を交え、ゆらめきうねりながら進んでいく曲は、ビートルズの『Magical Mystery Tour（マジカル・

ミステリー・ツアー)』を連想させた。サウンドとフィーリングをプリンスはとても気に入り、この曲のサイケデリックな雰囲気を中心にしてアルバムを作り始める。こうして同曲をタイトル・ソングにして完成したのが『Around the World in a Day』だ。

ウェンディとリサは収録曲の大部分で制作に密接に関わった。プリンスがこの時期、本当の意味でコラボレーションに近いものを行ったのは、このふたりだけだ。「私たちはあの夏にアルバムを作り始めたの」とウェンディ。「その頃から曲のアイデアがどんどんわいてくるようになった」

プリンスは収録曲の「Paisley Park(ペイズリー・パーク)」で共同体《コミュニティー》のユートピアを描く一方、バンドの他のメンバーにはニュー・アルバムについて一切知らせていなかった(〝ペイズリー・パーク〟は、のちにプリンスがミネソタ州チャナッセン郊外に建てたレコーディング施設の名前として、また彼が立ち上げたレーベルの名前として有名になる)。「『Around the World』については、プリンスがレコーディングしてるなんて全然気づかなかったよ」とマット・フィンク。「俺は関わってなかったんだ。彼がまたひとりだけでやったことに、ちょっとがっかりしたよ――ウェンディとリサには参加させてたが。俺も仲間に入れてもらいたかったなあ。あの時はまあいいやと思ったけど、やっぱり、できることなら自分も関わりたいじゃないか」

『Purple Rain』ではザ・レヴォリューションを前面に押し出し、それが功を奏したが、プリンスは『Around the World』で再びソロに焦点を当てた。全9曲のうち6曲を実質的にひとりでレコーディング(ウェンディとリサがヴォーカルで一部参加)。フル・バンドで演奏した「Pop Life(ポップ・ライフ)」「America(アメリカ)」「The Ladder(ザ・ラダー)」はそれぞれ2月、7月、12月に分けて録音したので、ザ・レヴォリューションのメンバーがアルバム作りに気づかなかったのも無理はない（「The Ladder」とタイトル・ソングは、両方ともクレジットが父ジョン・L・ネルソンとの共作になっている。このことからわかるように、映画『パープル・レイン』で描かれた架空の人物と違い、プリンスの父はこの時期、息子の人生に積極的に関わっていたようだ）。

「『Around the World』を作るのはあっという間だったわ」とレコーディング・エンジニアのスーザン・ロジャースは証言する。「ミネアポリスにいたクリスマスの頃にたくさんミックスしたの。クリスマスイブとクリスマスの日、ツアーの移動に使っていた録音トラックを彼の自宅の車道にとめて、アルバムに収録する「Tamborine（タンバリン）」と「The Ladder」の作業をしたのよ」。84年のクリスマスの朝4時、『Purple Rain』に続くアルバムは完成した。

のちにデトロイトのラジオDJ、エレクトリファイング・モジョの電話インタビューで『Around the World』のレコーディング中どんな気分だったか聞かれ、プリンスは次のように答えた。「チクショウ、やってやるぜって態度だったね。つまり、僕は自分と、ファンと、僕を長年支えてくれた人たちのために作品を作っていて――彼らに何かをあげたかったんだ。僕の心の手紙みたいなものさ。すると皆が返事を書いてくれて、僕の感じていたことを自分たちも感じたと教えてくれるんだ」

しかし興味の中心が新しい音楽へ移ったとしても、プリンスはミネアポリスから次の公演地であるダラスへ直行しなければならなかった。側近たちは、プリンスがいつもの落ち着きのなさを見せ始めたことに気づく。「プリンスは飽きてたわね」とウェンディ。「ステージですべてを出し切ったのよ、いつもそうだった。でも燃え尽きちゃって、興味を失って、次に進んだってわけ」

「彼はあそこ〔訳注：ミネアポリス〕でいろんなことが当たり前に感じられて、少しの間、退屈しちゃったんじゃないかしら」とリサ。「そんなこと、それまで一度もなかったんだけど」

「創作意欲がなくなってしまったんだよ」と指摘するのはアラン・リーズだ。「音楽を演奏するのは、しばらくの間は確かに楽しかっただろう。だがプリンスはリハーサルの鬼だったからね。皆ツアーが始まるずっと前に、曲をプレイするのに飽きてしまったんだ――1年というもの、同じ曲を毎日リハーサルしていたから無理もない。スタッフも1年間、毎日聞き続けていたし」

「それに、基本的には映画をできるだけ正確に再現すると決まっていてね。観客のために、そうしなければならなかった。それが売り物なんだから。考えるまでもない、当然のことだ。だが同時に、セットリストが厳しく制限された。ショーはほとんど演劇みたいだったから、遊びの余地がまったくなかったんだ――衣装も、振りつけも、音楽さえ。そういった演劇的な面がすべて揃っていたからこそ、偉大な作品になったわけだが、あれは実質的にブロードウェイ・ミュージカルそのものだった。ただしアンコールは例外で、その時はプリンスものびのびと演奏できた。いくつもの会場でたくさんの残業手当をスタッフに払ったよ。その夜、プリンスが少しでも楽しめるのはアンコールだけだったからね。延々と何時間も続くこともあった」

ダラスの次の公演地、アトランタの2日目には、ツアーのハイライトのひとつに数えられるほど見事なショーがくり広げられた。その様子を記録したブートレグ版フィルムを、クエストラブが以前ニューヨーク大学の講義で使っている。映像を見ると、プリンスはハイテンションで、ザ・レヴォリューションを自在に操り、ジェームス・ブラウンお抱えの腕利きバンドのような最高の演奏を引き出している。宙返りを披露し、「The Bird」でジェローム・ベントンをステージに呼んで一緒に躍らせ、アンコールでは退場する振りを何度もしながら、観客をどんどんあおって熱狂させた。「キッドのためにもっと盛り上がれ！」と彼は叫ぶ。「さあ、僕らについてこられるのは誰だ？」。同じことのくり返しに飽きていたかもしれないが、プリンスはまだ自分とバンド・メンバーを奮い立たせ、ほぼ完璧なパフォーマンスをすることができた。

しかし『ロサンゼルス・タイムズ』紙のロバート・ヒルバーン（82年の『1999』リリース時、プリンスがマスコミに対して口をつぐむ前、最後にインタビューした著名な評論家）は、ショーは演劇的な面が強調されすぎだと批判した。「プリンスのパフォーマンスはセルフ・パロディーに近づいた。セクシーな仮面《ペルソナ》を着けて観客にこびを売り、彼らを魅了しようとしている」と書き、「パープル・レイン・ツアーでプリンスが見せるわざとらしい性的な振る舞いは、彼がロック界のボー・デレク〔訳注：アメリカの女優。演技力よりも肢体の美しさに焦点を当てた映画に多く出演〕になりつつあることを意味する」と懸念を表明した。

一方、各都市で発生するセキュリティー問題や、至るところで待ち受ける熱狂ぶりは、ツアー一行の誰にとっても予想外だった。「プライバシーのかけらもなかったよ」とマット・フィンクは振り返る。「ホテルから出られないし、レストランに行けばたくさんの人に囲まれる――どこにいても見つかってしまうんだ。皆でアトランタのショッピングモールにいた時、ブルース・スプリングスティーンもちょうどそこをぶらぶらしていてね。あっちはお忍びで、ホームレスみたいな格好をしてた。俺たちは彼にばったり会ったから『やあ、ブルース、元気にしてるか？』ってあいさつした。それからレストランに入ったら、誰かが俺たちに気づいて、たちまち情報が広がって、あっという間にドアの外に人だかりができて、レストランから出られなくなっちまった。あれには参ったたね」

「プリンスはいつも〝これはすごいことになるぞ〟というふうに大袈裟に振る舞っていたが、それがどういう意味か、日常生活にどんな影響が出るのか、考えたこともなかったんじゃないかな」とアラン・リーズ。「私は頭が固いから、伝統的な音楽ビジネスの範囲でしか考えられなかった――〝オーケー、プリンスはどデカいアルバムを作るだろう。それはクロスオーヴァーなリスナーに受け入れられて、バンドはアリーナで演奏することになる〟。でもああいう事態は予想していなかったね。モーテルや道路を封鎖するなんて」

「ワシントンD.C.で、ウォーターゲート・ホテルに泊まった時のことだ。プリンスはいつもどおり、ヘアスタイルを整えに行った――スタッフが1日貸し切りにできる美容院を見つけておいたんだ。美容師たちに金を渡して全員追い払い、新聞紙を窓に貼り付けて、1時間、彼が店の設備を独占できるようにした。でもどういうわけか情報がもれた。店主が〔訳注：宣伝のために〕しゃべったんだろう、抜け目のないやつだったから。ツアーで私のアシスタントを務めていた妻のグウェンとホテルにいたら、誰かが電話をかけてきて『テレビを見てるか？　とにかくチャンネルを回してみろよ』と言うじゃないか。テレビをつけたら、D.C.のあらゆるローカル局が美容院の前に中継車をとめて、ウィスコンシン通りは封鎖されていた。警察がやったんだ。そこら中の建物から人が出てきて道路や歩道を埋め尽くしていたからさ！　そういうわけで誰ひとり、あんな事態を予想していなかったよ。どういうことになるかなんて、誰も本気で考えていなかった」

年が明けて85年になると、プリンスはさらに公演を追加し、イベントへの出演を増やさなければならなかった。『Purple Rain』がいくつもの賞にノミネートされたからだ。結果として、ふたつのグラミー賞（デュオ／グループによる最優秀ロック・パフォーマンス賞、映画／テレビ特別番組用の最優秀アルバム／作曲賞）を受賞。さらに名誉あるアカデミー賞の最優秀作曲賞を贈呈された（アポロニアは後年、ある夜の思い出を語っている。『パープル・レイン』の編集用フィルムを観たあと、プリンスに「『あなたはこの映画でアカデミー賞をとるわよ――演技じゃなくて、音楽でね』って言うと、彼は……椅子から滑り降りて、ちょっとふざけてから、『そう思う？』って聞いてきたわ」）。

プリンスはどのショーも有効に利用して、世界中に自分を強く印象づけた。グラミー賞授賞式のパフォーマンスでは、周りで踊る人々の中に小人を登場させた。ブリット・アワードの演奏では、巨体のボディーガード、ビッグ・チックがステージに加わった。ピンクのフェザーボアを肩にかけたプリンスは、受賞スピーチで「神に感謝します。よい夜を」としか言わなかった。アカデミー賞授賞式で彼の名が呼ばれると、ウェンディとリサの手をつかんで演壇まで連れていき、受け取ったオスカー像をウェンディに渡した。

「もちろん、プリンスと一緒だと、どのテレビ出演も、びっくりさせたり、奇抜だったり、衝撃的だったり、とにかく何か目立つ演出が必要だったわ。だからサウンドチェックでは、皆そこにいちばん注意するようになったの」とリサ。「次の授賞式では「Baby I'm a Star」なんかをどんなふうにパフォーマンスするか、皆であれこれ考えた。プリンスはそれにエネルギーを注いでたわね――そういうのをすごく楽しんでたみたい。すべてを把握していて、たくさん計画を立て始めて、絶好調だったわ。あらゆることに大満足していた――自信過剰なくらいだったわね、いろんな意味で。ちょっと幻滅だったかな。『僕は何でもできる』『何をやってもクソ野郎どもは文句言わないさ』って偉そうなんだもの」

「彼にはいろんな人格があって、すごく意地悪にもなれた。私たちが〝スティーヴ〟って呼んでたやつは、遊び友達としては最高だったわね」

「〝スティーヴ〟とは一緒に夜を過ごしたり、ブドウを食べたり、食料雑貨店に行ったりしたわ。すごく魅力的な人だった」とウェンディも言う。

「〝スティーヴ〟の時は、アイスクリームを買ってスニーカーをはいてたわね」とリサ。「でも次の瞬間には『おい、クソ野郎ども――』って感じよ」

ウェンディが口を挟む。「ジョージ・ジェファーソン〔訳注：70年代半ばから80年代半ばにかけて人気だったコメディー番組『ザ・ジェファーソンズ』の主人公。成功した黒人男性で、人生を楽しんでいる一家の長〕にもなれたわね。見ているこっちは『もう、カンベンして』だったけど」

「あの時点で、こういう状態は長く続かないってわかってたわ」とスザンナ・メルヴォワンは振り返る。「プリンスは自分を最高のスターにしてくれるものを見つけたけど、その勢いを止めることはできないこともわかっていたの。どんどん気難しく、迷信的になっていった。自分のイメージをしっかり保つように、型を壊さないようにっていうプレッシャーが強くなって、追いつめられてしまったの。毎日そういうふうに生きていくのってつらいわよ。プリンスはあのキャラクターになり切らなければならなかった。自分でも『こいつはいったい誰だ?』ってなるわよね。そばで見ていて時々怖くなるくらいだったわ」

それまでたまってきたうっぷんが一気に爆発したのが1月28日、ロサンゼルスでアメリカン・ミュージック・アワードの授賞式に出席したあとのことだ（プリンスは10部門、シーラ・Eは2部門、ザ・タイムが1部門にノミネート）。その数日前には『Purple Rain』から最後にシングル・カットされた「Take Me With U」がリリース。同アルバム収録曲をB面にした唯一のシングルである（「Baby I'm a Star」の別ヴァージョン)。トップ10入りを果たせなかったのもこのシングルだけで、25位止まりだった。

その日は音楽業界史に刻み込まれる重大な1日だった。授賞式が終わってから、世界的なトップ・ミュージシャンたちが、パーティーに行かず、ツアーにも戻らず、ハリウッドのA&Mスタジオに集結して、アフリカ救済のキャンペーン・ソング「We Are the World(ウィ・アー・ザ・ワールド)」をレコーディングしたのだ。作曲はマイケル・ジャクソンとライオネル・リッチー、プロデューサーはクインシー・ジョーンズ。スティーヴィー・ワンダー、ボブ・ディラン、レイ・チャールズ、ブルース・スプリングスティーンといった伝説的なミュージシャンたちが参加したこの曲は、アメリカ史上例がないほどの速さで売り上げを伸ばし、7月にフィラデルフィアで開かれたライヴ・エイドでの大合唱は、大きな感動を呼ぶことになる。

もちろんプリンスも前もって声をかけられていた。しかし彼は辞退し、違う形でプロジェクトに貢献したいと申し出ている。「ある日、ふたりだけでプリンスのホームスタジオにいた時のことよ」とスーザン・ロジャース。「彼にクインシー・ジョーンズから電話があったの。『We Are the World』に参加しないかっていう誘いだった。私はプリンスの受け答えしか聞こえなくて――コントロール・ルームで待っていたから――彼は丁重に断ってたわ。長い会話だったわね。プリンスは『その曲でギターを弾けないかな?』と尋ねていた。断られたみたいで、最後には『わかったよ、じゃあシーラを行かせてもいいか?』ってことになって。それから『アルバムになるなら、1曲提供させてもらえないか?』って聞いたの。向こうは承諾したみたいだったわ」

授賞式は移動の足の確保とスケジュール調整でてんやわんやだった。その夜、式のあとで何が計画されているか、誰もが噂していた。「私たちは完全にかやの外で、情報がほとんど入ってこなかったの」とリサ。「だから私はその日まで「We Are the World」って曲があることさえ知らなかった。皆がステージ裏で『今夜会いましょうね、いい?』とか話してるのを耳にして、『いったい何の話をしてるのかしら?』って思ったもの」

「プリンスは激怒したわね」とウェンディ。私たちに向かって「『誰も絶対あそこへ行くんじゃないぞ。僕は許さないからな』って感じだった」

プリンスのマネージャーたちは土壇場まで彼を説得して、セッションに参加させようと試みた。「アメリカン・ミュージック・アワードの授賞式で、プリンスはずっと私に『やるならギターだけだ』と言い続けてたよ」とカヴァロ。「そこでクインシーに電話をしたら、『クソいまいましいギターなんか弾いてもらう必要はないね!』と怒られてね。だから『わかったよ、プリンスの体調も悪そうだし』と返事をしておいた。それから彼がインフルエンザにかかったっていう話を広め始めたんだ。本人にはバックステージでこう言い含めておいた。『お前が病気になったって言うつもりだ――もし今夜出かけてそれを見られたら、ニュースになるぞ。〝大金を作るロック・レジェンドたちをしり目にプリンスはパーティー〟とか何とか、マスコミの書きたいように書かれるからな。今だって疑われてるんだ。部屋に戻ってじっとしてろ、病気の振りをしてな』。『わかったよ』とプリンスは返事をした。それなのに、皆でアメリカン・ミュージック・アワードの会場から、サンセット通りのイカれたクラブへ直行したんだ。行きがけの駄賃に、彼のボディーガードのマヌケ野郎が誰かを殴って、それをマスコミが書き立てた。そういうわけさ」

3部門で受賞して「Purple Rain」のパフォーマンスを熱演したプリンスは、会場をあとにし、取り巻きを連れてウエストウッド・マルキス・ホテルへ大急ぎで戻った——少なくともしばらくの間は。

「私たちはプリンスに必死で頼んだよ。授賞式で何が起ころうと、A&Mスタジオへ行ってレコーディングに参加しないなら、街へ打ち上げにくり出すわけにはいかないってね」とアラン・リーズ。「ファーグノリと私で説得にかかった。『なあ、世間がお前に注目してるんだぞ、わかってるのか？　とにかくいい子にしてろ。今夜、世界の2大イベントが、そのレコーディング・セッションとお前の行動なんだ。皆どうしてふたつが別々に起こったのか、知りたがるぞ。だから賞をもらってホテルでおとなしくしてろ。いつもみたいなクラブめぐりは禁止。ボディーガードをふたり連れて、女の子たちを追いかけ回すなんて、ありえないからな。今夜はだめだ、セッションが終わるまでは』」

「そんなわけで夜中の2時ぐらいまで何事もなかった。ロブ〔・カヴァロ〕と彼の妻のヴィッキ、それに私と妻のグウェンが、プリンスの部屋を最後に出たと思う。その夜は晴れの舞台だったから、見張ってる間は彼はすごくご機嫌だったね。2時か2時半頃、彼をひとり残して皆自分の部屋へ戻った。そうしたら4時か4時半頃かな、電話が鳴った。ボディーガードのチックだった。『よう、起きてくれよ！』『何事だ？』『あのなあ、俺たち「人気クラブの」カルロス&チャーリーズにいたんだけど、ビッグ・ラリーが、あのボディーガードがさ、拘置所に入れられちまった。保安官につかまって』。私はそれまでにも、ツアーでミュージシャンが逮捕されたり、そういうトラブルは経験してたよ。でもあんなにデカいスキャンダルは初めてだった。こんなことが起こるなんて信じられなかったね」

UPI通信はその夜について、プリンスが起こしたトラブルと「We Are the World」セッションの生き生きとした様子を比較し、「国境を越えた連帯意識が高まった夜、喧嘩っ早いボディーガードたちは暴力に訴えた」と伝えた。一方USAフォー・アフリカの発起人のひとり、ケン・クラーゲンは「プリンスが参加すれば、この作品はもっと売れただろう」と言ったとされる。『ロサンゼルス・タイムズ』紙はのちに世論を代表し、プリンスの行動によって「多くの人が、彼をごう慢で不愉快なやつだと思うようになった」とまとめた。

周りの人間がしりぬぐいをするはめになった。「当時は私がインタビューを全部引き受けてたから、どうしてプリンスが［レコーディング・セッションのために］あそこにいなかったのか、皆に聞かれたわ」とウェンディ。「本当の理由を言うわけにはいかなくて。言ったら彼がさんざん責められるってわかってたから……そこで『録音トラックに乗ってどこかにいたから、セッションに間に合わなくて』とかデタラメを並べてごまかさなきゃならなかった。とても言えないわよね。『どうしてかっていうと、プリンスは自分が超カッコいいと思ってて、クールな振りをしたかったのよ。それに「We Are the World」なんて曲はサイアクだと感じてて、〝ああいうクソ野郎ども〟の近くにはいたくなかったの』なんて」

「さんざんだったわ。プリンスが私たちを無理やりカルロス&チャーリーズへ連れていって、クソいまいましいパーティーをさせたの。自分がこう考えてたのをよく覚えてる。『こんなの間違ってる。絶対おかしい』ってね。皆いたたまれなくて。バンドのメンバー全員がビビってた。その時感じたのよ、何かがここで変わろうとしている、彼の根性がねじ曲がっていくって。自分は何をしても許されるっていう意識ね。まるでキャンディーをもらいすぎた子供みたいだった」

リサは少し違う意見だ。「プリンスは自分に酔ってただけじゃないのかな。彼はいろんな雑誌を読んでたけど、ニュース雑誌の『タイム』には興味がなかった。読むのは音楽誌やファッション誌ばかり。だから世界情勢とか政治とか——全然知らなかったの。波長が合わなかったのね。そういうのを目指してはいなかった。プリンスが彼自身の目標になったのよ。それだけの話」

「We Are the World」のレコーディングを蹴ったのは誤った判断だったかもしれない。しかし思い出してほしいのは、プリンスが慈善活動も兼ねたツアーの真っ最中だったということだ。シカゴのマーヴァ・コリンズのプロジェクトに寄付した金額は25万ドル。その他にフード・ドライヴ〔訳注：保存食の寄付を募る助け合い運動。集めた食料は食料銀行へ運ばれ、そこから施設や低所得家庭に配られる〕を何度も行い、支援が必要な子供たちのために無料コンサートを4回開催した。プリンスはのちに、クラブでのパパラッチとのトラブルを彼の視点から描いた「Hello（ハロー）」を作曲。これは『Around the World in a Day』収録の「Pop Life」のB面として7月にリリースされた。

85年末にＭＴＶで語った時、プリンスはかなり謙虚な姿勢を見せている。「僕らはＵＳＡフォー・アフリカの運動をしている人たちと話をした。あのアルバムに僕が1曲提供したのはクールだって言ってくれたよ」とプリンスは語った。「向こうにとっても僕にとっても、それがベストだったね。僕は知り合いに囲まれている時がいちばん強いんだ。だからあそこへ出向いて参加するより、友人と音楽をやった方が良かったんだよ。同じ部屋に偉大な人たちがあんなにたくさんいたら、僕は黙り込んでしまったと思う。あの特別な〝外出〟に参加した人全員を尊敬しているから、感情的なしこりを残したくない……」「「Hello」のテーマは、飢えた子供たちがいてはいけない、僕らのレコードは断固として訴える、ということなんだ」

アメリカン・ミュージック・アワード授賞式の5日後、収容人数が8万人を超えるニューオーリンズのスーパードームで満員の観客を前にショーを終えたあと、プリンスは「4 the Tears in Your Eyes（フォー・

ザ・ティアーズ・イン・ユア・アイズ)」をレコーディングする。USAフォー・アフリカのアルバムに提供する曲だ。「録音トラックをあそこにとめて、サウンドチェック中にプリンスが録音したの」とスーザン・ロジャース。「チェックが済むとすぐ、彼はトラックに戻ってきて、一緒に徹夜でオーバーダビングして、完成させて、ミックスまで終わらせた。次の日もトラックで徹夜。この夜もショーがあったのよ。彼はおなかをすかせてて『ここに何か食べる物ない?』って言うから、私はトラックを出て2階へ行った。ある部屋をのぞくと、片づけをしてる人たちがいたわ。ケータリング・パーティーが終わったところで、残り物のハムやパン、ピクルス、ポテトチップ、ぬるくなったソーダなんかがあった。それを捨てようとしてたから、少しもらえないか尋ねたら、『どうぞご自由に』って言ってくれたの。だから2枚の紙皿に料理を盛ってトラックに戻り、残り物でサンドイッチを作って、彼と一緒にぬるいソーダで流し込んでから、曲を完成させた」

「その少しあと、『ピープル』誌でこういう記事を読んだのを覚えてるわ。「We Are the World」のセッションで、皆シャンパンを飲んでキャビアを食べたんですって。新聞はプリンスを『よくあんな態度がとれたものだ。飢えている子供たちのことはどうでもいいのか』と責めたけど、私はこう思った。『いいえ、子供たちのためにおなかをすかせたのは彼の方よ。一晩中起きていて、硬くなったパンとぬるいソーダで満足して、あなたたち〔訳注:USAフォー・アフリカ〕のレコードのために曲を作ったのに。彼はキャビアもシャンパンも口にしなかったわ』。でもそんなこと言えないでしょう。プリンスに『何か言ってやらないの?』と聞いたら、『いや、もし何か言ったら、叩かれるからな』って答えたわ」

USAフォー・アフリカのアルバムはたちまちチャート・トップにのぼりつめた。「4 the Tears in

Your Eyes」に対する評論家たちの反応は好意的だったが、この曲がラジオでオンエアされることはあまりなく、チャリティー・プロジェクトにもほとんど貢献しなかった。プリンスが名誉を挽回できるチャンスは失われたのだ。カヴァロは当時を振り返り、「We Are the World」での失策が、プリンスのキャリア全体の重大なターニング・ポイントになったと指摘する。「参加したスーパースター全員がプリンスについてひどいことを言っていた。彼らがマスコミに何かしゃべったかどうかは知らないが、とにかく皆怒り狂ってたね」

「あの時から、人々はプリンスの偉大さを疑うようになったんだろう。否定的な報道がいったん広まると、その影響が消えるのに20年はかかるからね。ブルース・スプリングスティーンみたいなやつが、昔みたいに、プリンスは偉大な人物だって話したら、プリンスの評価はさらに上がったはずだ。でもあの時は、皆引いてしまったんだよ。『あそこに行って、たった2行の歌詞を歌う代わりに、どこかのダンス・クラブに行くなんて、どれだけバカなんだ』って感じでね」

2月2日、公開コメディー・バラエティー番組『サタデー・ナイト・ライヴ』の冒頭で、この状況をちゃかすショート・コントが演じられた。まずMTVのビデオ・ジョッキー、マーク・グッドマン（演じたのは番組キャストのリッチ・ホール）が、問題の経緯を簡単に説明する。「ご存知のとおり、プリンスは偉大なるUSAフォー・アフリカのビデオに出演しませんでした。ボディーガードたちが、ハリウッドのレストランの外でプリンスのファンを叩きのめし、警察につかまったため、彼らを拘置所から救い出すのに忙しかったからです」。しかしこの「スクリーンの君主《サルタン》」は、世界から飢えをなくすためのビデオを自ら作ったのだ。プリンス（同ビリー・クリスタル）は「We Are the World」の替え歌を歌い上げる。

I am also the world,
I am also the children,
I am the one who had to bail them out,
Now ain't that givin'!
It's a choice I made!
The kids will have to wait,
There's got to be another way to get on MTV.

僕も世界の仲間
僕も子供たち
僕こそが彼らをムショから救い出さなければならなかった
でもそれが当然のことだからやったわけじゃない！
僕が選んだ道なんだ！
子供たちよ待っておくれ
ＭＴＶに出る方法は他にもあるのだから

番組のキャストたちが演じるブルース・スプリングスティーン、ポール・サイモン、ウィリー・ネルソンがスタジオに入ってきて、歌おうとするが、そのたびに〝プリンス〟がふたりのボディーガード（ミスター・Tとハルク・ホーガン）に合図を送り、他のミュージシャンを部屋の外へ放り出させた。

Why Must We Play This Game?

Chapter 10

なぜ僕たちはこのゲームをしなければならないんだ？

新しくできた親友のキースと私は、首を長くしてチケットの発売日を待っていた。雪が激しく降っていたのか、それともただ雪が積もっていただけなのか忘れてしまったが、とにかく冬の真っただ中だった。チケットを確実に手に入れたいなら、コネチカット州ニューヘイヴンのレコード店、カトラーズのドアが開くのを待ちながら、歩道で寝ることになるのは、ふたりとも十分承知していた。3月にはロングアイランドのナッソー・コロシアムで6公演が行われる。カトラーズに割り当てられる席数は少ないに違いない（チケットのオンライン販売が始まるずっと前の話だ。席を確保できるかどうかは、近くの店で実際のチケットが何枚売られるかにかかっていた）。

当時私はイェール大学の1年生。寮の向かいの部屋に住む大親友のキースは、私と同じくらいの『パープル・レイン』狂だった。そこで一緒にチケット購入大作戦を決行することにした。彼が夜の当番で、他の熱心なファン数人とともに店の外に並び、凍りつくほど冷たい歩道で寝る。私は朝の5時か6時に交代し、店が開くのを待つ。完璧だ。しかし当日――9時か10時か、そんなことはどうでもいい――ドアの鍵を開けた店員に、カトラーズでチケット販売はありませんと宣告された。ダフ屋にチケットが渡るのを防ぐためだと思うが、数ブロック先にあって、地元の映画館の券しか扱わないような小さなチケット売り場に、プリンス行きの黄金の切符1束が配給されたのだ。

私はキースの寝袋をつかみ、売り場を目指して大学の構内を駆け抜けた。チケット待ちの列が再び出来てみると、さっきよりひとりかふたり前の順番になっていたと思う。購入したのは確か6枚。手持ちの現金でぎりぎり買える枚数だった。副業でチケットの仲介屋をやっている上級生と交渉して、こちらの2階席4枚と引き換えに、アリーナ中央の席を2枚手に入れた。あとの2枚は少し高値で転売したと記憶している。もともとそういう計画だったと思うが、あらかじめ誰かと話をつけていたのか、チケットを購入してから買ってくれる人を探したのか、どうやって取り引きをまとめたのか、記憶に残っていない。とにかく準備は整った。正規のチケット代にほんの少し上乗せしただけで、満足のいく席をふたつ確保できたのだ。

しかし実際にショーへ行くのはまた別の問題だった。Xデーは85年3月23日。春休み中だったので、私たちはしばらく大学構内の寮でぶらぶら過ごし、出発の日が来ると、列車に乗ってマンハッタンへ向かった。夜は友人のディッキー一家のアパートに泊めてもらった。当日、会場があるユニオンデール市行きのロングアイランド鉄道は異様な雰囲気だった。乗客のほとんどが紫のものを身に着けていたからだ（私はこの日のために誰かから紫の細いネクタイを借りておいた）。車両全体が歌い、踊っているようだった。プリンスの言葉を借りるなら、誰もが期待のあまり〝錯乱状態《ディリリアス》〟だった。

30年近く経った今、ショーの細かい部分まで思い出すのは難しい。なぜかいちばんはっきり覚えているのは、プリンスがひとりでピアノに向かっている場面だ。彼は「Raspberry Beret（ラズベリー・ベレー）」を演奏した。シングル・リリースされるのはまだ数ヵ月先だったが、耳にした途端、これも大ヒットするに違いないと感じた。「1999」のB面、哀切な「How Come U Don't Call Me Anymore（冷たい素振り）」も弾き語りした。この曲が大のお気に入りだったキースと私は熱狂した。メイン・セットの最終曲は「When Doves Cry」。タイトルと歌詞にちなんでアリーナには数羽のハトが放たれ、ミュージック・ビデオを再現するためステージには鏡とバスタブが置かれていた。

いちばん素晴らしい瞬間は最後にやって来た。アンコール1曲目は「I Would Die 4 U」と「Baby I'm a Star」の長いジャム。何人かのホーン隊が入り、前座のシーラ・Eがパーカッションで加わって、演奏は延々と続いた。アンコール2曲目は、もちろん「Purple Rain」だ。最高としか言いようがなかった。会場の照明がつき、ほとんどの観客が出ていっても、私たちは席を立たず、その夜の興奮に浸りきっていた。どのぐらいそうしていただろうか。客席が明るいままだというのに、プリンスとザ・レヴォリューションがのんびりした歩調でステージへ戻ってきて、リリース前の「America」のロング・ヴァージョンを演奏した。プリンスがのちに「純粋な愛国心を歌った」と説明するこの曲も、核兵器がもたらす終末を警告している。キースと私は空っぽの席を何列も乗り越え、ステージから10列ほど離れた椅子の上に立って踊った。あんなに幸せだった瞬間は今まで生きてきた中でも数えるほどしかない。

当日のセットリストを思い返してみると——少なくとも他の公演の記録を読む限り——あれは当たりの夜だったようだ。ツアー初日のデトロイトは13曲だったが、そこからコンサートはどんどん長くなっていた。この日までにほとんどの会場で演奏されたのは、おそらく18曲か19曲。ところが私たちは、ピアノの弾き語りとおまけのアンコールのおかげで23曲を聞くことができたのだ。もちろんその中には『Purple Rain』収録の全9曲が含まれていた。

18歳の私にとってそれは至福の一夜だった。しかし実情を知ればもっと違う感想を抱いたかもしれない。ツアー開始以来、この時点までに90近いショーをこなしたプリンスは、うんざりしていらだちを募らせていた。98年には音楽ジャーナリストのトゥーレに当時の心境を語っている。「『パープル・レイン』のショーを75回もやったんだ。同じことを何度もくり返し——スパイス・ガールズのコンサートに行くような若者《キッズ》たちを相手にだよ。僕はキレたね。『できない！』って言ったんだ。でも彼ら（訳注：プロモーターやマネージャー）はギターを僕に押しつけた。ギターは目に当たって皮膚が切れ、血がシャツにしたたり始めた。『ステージに行かなくちゃ』とは言ったけれど、こういうこと全部から逃げなきゃいけないってわかってたよ。もうこのゲームはできない、とね」

「ツアー中に破たんが始まったの」とウェンディ・メルヴォワン。「プリンスは気分の浮き沈みがすごく激しくて、もともとそういう傾向があったんだけど、あの期間はバンドのメンバーにとてもつらく当たったり、自分のマイクに息を吹きかけたってだけでテックをクビにしたり。そういうことに異常なくらいこだわるようになって、ちょっと気まぐれがすぎるようになり始めた。単に疲れ果てたせいだと思うわ。あんなに疲れてるのに、それを認めようとしないの。病気の一種よね。自分ではわからないのよ」

「プリンスはあの頃もまだ、自分がリーダーであるべきだって思い込んでたわ」とリサ・コールマン。「でもある時、私と話していて『助けを求めるタイミングは知るべきだね』って言ったのよ。彼がそんなことを口にするなんて信じられなかった――『あなた誰？　プリンスをどこに隠したの？』なんて思ったわ。でも彼がそれに気づいて本当に良かった」

ウェンディが付け加える。「自分がそんなことを言ったなんて、今なら否定するわよ」

スザンナ・メルヴォワンも当時を振り返る。「プリンスとは丸1年会わなかったの。その間に彼はビッグなロックスターになって、映画スターになって、欲しい女の子は誰でも手に入れて、短気で欲張りになった。毎晩よ。ショーが終わるたびに、皆ホテルの彼の部屋へ行って、ショーのビデオを見なくちゃいけなかった。ダメ出しをされるためにね。どんどん『お前はこうしろ』『僕があれをしている間にこれをするんだ』ってエスカレートしていって、部屋にいる人が誰も息ができなくなるまで続いた。ツアーを始めた頃みたいに愉快なムードじゃなかったわ」

ツアー・マネージャーのアラン・リーズも、『パープル・レイン』ツアーが続くにつれ、皆にプレッシャーがかかっていくのを感じる。ツアー序盤のショーに満ちていた意気揚々とした雰囲気は、すでに薄れ始めていた。「最初は全員が一緒に冒険の旅をしていた。ちょっとした事件や些細な問題は起こったが、これだけは言える。スタッフからバンドのメンバー、さらにジェシー・ジョンソンやジェローム・ベントンのように不満を抱いていた人たちさえ、誰もがひとつのアイデアを共有していた――〝ここにいる皆は、自分たちの想像をはるかに超えた、特別な車に乗り合わせている。台なしにしないようにしよう。これは金を出しても手に入らないチケットだから。スーパーボウルへ行くのは大変だが不可能じゃない。でもここには二度と来られないかもしれないんだ。だからうまくいかなくても楽しもう〟という感じでね」

「団結力が強いから、ツアー日程が進むにつれ、どのツアーでもそうなんだが、現実を離れて仲間だけの世界になる。すごく孤立した環境になるんだよ、特にあれほどセキュリティーに気を遣うツアーだと。どこへ行っても、何百人もの人たちがプリンスを追いかけてくる。本人が話をしないから、マスコミは私たちをつかまえようとする。つまり彼らは、いつもなら無視するようなプリンス以外の人全員に向かってわめくんだ。マスコミは何とかネタを手に入れようと必死だったよ。外へ出て――どの街でもいい、ノースカロライナ州のシャーロットとか――新聞の朝刊を手に取ると、紙面のトップに記事が載っている。娯楽欄じゃなくて本当の1面だよ。現地スタッフの誰かがケータリングの運転手に情報をもらしたんだろう。楽屋にM&M'Sのチョコがあった、なんて話が延々と書かれている。飛行機から降りれば、真っ先に人だかりが目に入る。『あいつら私のことを話してるんだな。こっちの一挙手一投足を書いてるんだ。クソ、気味が悪い』なんて思ってしまうよ。それより悪いのは、プリンスが記事を読んで電話をかけてきて、『何だこれは。お前がマスコミと取り引きしたのか?』と責めることだった」

当時いちばん不満を募らせていたのはマーク・ブラウンだ。彼は以前、プリンスがウェンディを取り立てたことに憤慨していた。本人のかつての談話によれば、映画『パープル・レイン』の制作中、プリンスから「マーク、これが終わったら、お前は二度と働かなくていい」と言い渡されたという。しかしツアーの頃は給料の額に強い不満を抱いていた。週給がわずか2200ドルだったのだ。彼はツアー中、酒におぼれるようになる。「俺も若かったからね、何もかも荷が少し重すぎたんだよ」

プリンスはひとりでレコーディングを行うのと並行して、シーラ・E、ザ・ファミリーなどのサイド・プロジェクトも進めた。長いツアーの単調さを破るように、彼はアイデアを次々と出していく。創作意欲の赴くままに作品を作ってきたプリンスが、映画撮影に打ち込んだ直後、同じことを6ヵ月間、夜ごとにくり返すのだ。ストレスがたまるのも無理はない。「映画作りにすごく時間がかかったから、プリンスはペースをちょっと崩してしまったのね。だから何をしても、もう渇きをいやすことはできなくて、何をするにも〝もっと速くもっと速く〟って感じだった」とジル・ジョーンズ。「レコードを完成させたら、すぐ次に取りかかる。彼は眠れなくて、何かに駆り立てられていた。そのうち皆が『こんなにたくさんのアイデアを彼はどこから思いつくんだ? どこから刺激を受けている?』って不思議がったぐらい。あんなふうに生きるのは無理よ、ただの逃避だもの。プリンスは楽しんでたようだけど、ああやって何とか心のバランスを取る必要があったんじゃないかな」

この頃から、『Around the World in a Day』収録曲のいくつかがセットリストに加わり始めた。別の変化もあった。ショーの中で、神との対話に重点が置かれるようになったのだ。いくつかの会場で、プリンスは全能の存在に打ち倒されたように床に崩れ落ち、コンサートは罪のあがないを必死で願う調子に変わった。「彼にとって重要なのは、もう性的なものではなく、神だったんだ」と広報係のハワード・ブルームは指摘する。

ブルームの考えでは、プリンスがステージで演じた心理劇は、単なる神の救いを求めるあがきではなく、家族と音楽も関係していたという。「プリンスは頭上から降ってくるような神の声の持ち主だった。その声を聞くと、プリンスが父親との闘いを再体験していることが、僕にはわかった——あれはプリンスの内なる声なんだ。子供のプリンス、父親に反抗する青年、それから父親と一体になったプリンス。才能のないミュージシャンの父親に同化したプリンスと、その父親に反抗するプリンスがいるんだよ」

プリンスはまた、気まぐれにバンドの顔触れを変えるようになった。いちばん大きな変化は、アラン・リーズの弟でサックス奏者のエリック・リーズを起用したことだ。ツアーで2番目に訪れた街、ノースカロライナ州グリーンズボロの会場で、エリックは「Baby I'm a Star」のソロを任される。やがて別の曲でも参加するようになり、ツアー中盤には実質的にザ・レヴォリューションのメンバーになった。

「あの日のことは絶対忘れないよ」とアラン・リーズ。「ある朝、サンタモニカ・シビック・センターでチャリティー・コンサートをやったんだ——本物の朝公演だよ。プリンスは短いセットリストを演奏して、ステージから引っ込んで、アンコールを待っていた。そしてこう言ったんだ、『エリックにステージへ出て「Purple Rain」のイントロを吹くように言ってくれ。ウェンディのソロの代わりだ』。いつもは彼女のギターであの曲が始まっていたんだ。特にああいうカジュアルなショーでは、プリンスがステージに戻ってくるまで、3分か4分弾くこともあった。でもプリンスはさらっと言ったんだよ。『彼に伝えろ、エリックにやらせるんだ』ってね。私がウェンディとエリックの板挟みになるってことはまったく気にせずに」

「スタッフ全員がウェンディに目をやって、『彼女の顔、見たか?』なんて言い合っている。『いいぞ、行け、エリック!』とけしかけるやつもいた。まるでスキャンダルだったね。あの頃、映画の『パープル・レイン』が大ヒットしたおかげで、ウェンディは周りから一目置かれるようになっていた。彼女は大きな成功を収めたから、それは否定できない。無名の人に腹を立てるのは簡単だが、もう彼女は有名人だった。その変化はあっという間だったね」

85年2月21日、ロサンゼルスのザ・フォーラム6公演の間（ある夜のアンコールでは、マドンナとブルース・スプリングスティーンがふたりでステージに加わった）、1日の休みを利用して、プリンスはワーナー・ブラザース・レコードの事務所を訪れる。ウェンディ・メルヴォワン、リサ・コールマン、ジョニ・ミッチェル、そしてカフタン〔訳注：長袖で丈が長いゆったりした服〕を着たプリンスの父親が一緒だった。一行は会議室の床に座り込み、ワーナーの担当者を集めて、初めて『Around the World in a Day』を聞かせる。「メジャーなアーティストがあんな小さなレーベルに作品を管理させるのは、本当にすごいことだったのよ」と元レコーディング・エンジニアのスーザン・ロジャースはEメールで指摘する。「ワーナー側は誰もあらかじめコピーをもらっていなかったかもしれない。スタジオで1曲につき1本ずつカセットのコピーを作って、そのままプリンスに渡していたから。彼とバンド・メンバー以外の人用にコピーを作ることはほとんどなかった」

誰に聞いても、アルバムに対する反応は熱狂的なものだったという（ただしレーベルでいちばんビッグなスターが突然来訪したのだから、冷静な対応は難しかっただろう）。しかしこのプロジェクトの成功を疑う声も多く上がった。ワーナー側は1回聞いただけで、『Purple Rain』から大きく方向転換したことがはっきりわかったはずだ。超絶ギターが聞こえず、ポップなサビもほとんどなかったからだ。「Raspberry Beret」と「Pop Life」はラジオに売り込めるかもしれないが、「Tamborine」や「Temptation（テンプテイション）」などは感情よりも知性に訴える実験的な曲だった。とはいえこの時点で、どの曲がシングル向きかなどと検討する必要はなかった。プリンスが、『Around the World』の前宣伝は一切しない、ファンにはひとつの作品としてアルバムを聞いてほしい、と宣言したからだ（ワーナーのクリエイティヴ・マーケティング・チーフ、ジェフ・エイロフは『ロサンゼルス・タイムズ』紙のインタビューで「これは私が担当した中でいちばん仕事が楽なアルバムになるだろう」と述べた。「ある意味、とても新鮮だね——マーケティング戦略を根本からひっくり返すわけだから」）。

プリンスの興味は、もはやニュー・アルバムに移っていた。これは彼の中で『パープル・レイン』プロジェクトに対する熱が冷めてきたことを意味する。セットリストの中核は相変わらず『Purple Rain』の収録曲で、アルバムが売れ続けているにも関わらずだ。これが最大の問題だった。当時ワーナー・ブラザーズ・レコードの広報担当だったボブ・メーリスは、「うちの宣伝部長は、『Purple Rain』のプッシュにストップがかかるんじゃないかって、すごく心配していたね」と言う。「次のアルバムのリリースをもう少し待てば、『Purple Rain』がもっと売れるのははっきりしていた。それが今も続くプリンスとワーナーの争いに発展していったんだ」

「『Around the World in a Day』は洗練されたレコードだったと思うよ。すべてがよく考えられていた」

とアラン・リーズ。「わかりやすすぎるものは一時的にヒットするかもしれないが、長い目で見ればそれはいいことじゃない。ツアー・マネージャーを引退してプリンスのレーベルを運営するようになった時、作品をどうやったらもっと素早く市場に出せるか、彼とほとんど毎日話し合ったよ。こんなことを言われたな。『こういう曲は新聞だと考えているんだ。次の日には時代遅れになってしまうからね。そういうのは演奏しても刺激を感じない。僕の頭はどんどん前に進んでいく。だからもっと速く動く機械が必要なんだよ』」

「確かにプリンスの中では『Purple Rain』が終わったんだと思う。いちばん大事なのは〝どうやってこれに続くか〟だってことを彼もわかっていた。『Around the World』は評価が分かれるが、2匹目のどじょうを狙って『Purple Rain 2』を作るなんてありえなかったんだ」

しかしロブ・カヴァロの思惑は違った。アルバムという形ではなく、ハリウッドに次のチャンスを求めたのだ。映画『パープル・レイン』は結果的に大ヒットしたが、ワーナー・ブラザース・ピクチャーズはもともと成功を危ぶんでいたため、プリンスの次の映画の権利は買っていなかった。そこでカヴァロがワーナーと交渉し、ダスティン・ホフマンのようなスターに負けない大きな契約をまとめたという。興行収入のうち、かなりの割合がプリンスに入る条件だった。

「そしてプリンスに言ったんだ。『仕事を取ってきたぞ』ってね」とカヴァロ。「『ワーナーは続編を欲しがってる。お前はやりたくないだろうが』――そこは私も理解していた――『だが『パープル・レイン2：ザ・タイムのさらなる冒険』が作れるんだぞ』。これは私が考えたタイトルで、ワーナーがどう呼ぶつもりだったかは知らないよ。『映画はキッドが「Purple Rain」を歌うショーの夜から始まる。観客の中にラスベガスから来たスカウトが何人かいるんだ。彼らがいちばん興味を示したのがプリンスで、次がザ・タイム。皆その月にベガスのクラブに出演する』。私が大まかなストーリーを話した。『ザ・タイムがベガスへ行く、お前もベガスへ演奏しに行く――だからお前の出る場面もひとつあるな――ザ・タイムがバックステージに来てお前にアドバイスを求める。彼らは警察とトラブルを起こしているからだ。マフィアとも。彼らの友人はショーガールだけなんだ』。これで私が思い描いていた映画がわかるだろう。ビッグで超大規模なやつだ。ディーン・マーティンとジェリー・ルイスの〝底抜けコンビ〟みたいな。きれいなネエちゃんたちとか、面白おかしく強調したギャングとか、そういうのがたくさん出てくるやつさ。だがプリンスは、そんなの自分に対する侮辱だと言ったよ」

「モーリス・デイは『パープル・レイン』でスーパースターになっただろう」とカヴァロは続ける。「だから私はモーリスと映画を作りたかった。でも本人には『もうあんたと仕事をしてるわけじゃない。俺を道化役にしたのはそっちだろ』と切り返された。だから言ってみたんだ。『いいや、お前はコメディアンだ。リチャード・プライアーは道化役か？　違うだろう？　それに、お前は音楽でスーパースターになれると思ってるのか?』。彼はハイになり始めて、自分はプリンスにサポートされてるんじゃなくて、利用されてる、なんて言い出したよ。ザ・タイムはあの映画でビッグになったから、彼らが主役の映画契約をして、続き物を作ることだってできた。私はそう信じていたんだ」

周囲からいちばん過大な期待をかけられたのはモーリス・デイかもしれないが、『パープル・レイン』プロジェクトのせいで虚像の自分しか見えなくなってしまったのは、彼だけではなかった。プリンスが周りのミュージシャン全員に植えつけた自信と恐れ知らずの心が、裏目に出たのかもしれない。「俺の中で変わったのは、自分がスターだって思い込むようになったことだ。自意識過剰と言ってもいいね」とマット・フィンク。「思い上がってたわけじゃないよ——『俺を見ろよ、世界一のキーボード奏者だぜ』なんて——でもプリンスは、俺たちがどんなに素晴らしいか、よく口にしてたからね。『世界一のバンドにいるのはどんな気持ちだ？』なんて。モハメド・アリ並みの世界チャンピオンみたいな扱いだった。俺はそういうのを受け入れようと思ったことはなかったし、そうなるつもりもサラサラなかった。でも気づいたら、そういうふうに振る舞って、自分で信じ込んでたんだ」

アラン・リーズも、ザ・レヴォリューションのメンバーは「あのプロジェクトで重要な役割を果たしていると、すごくうぬぼれてたね……自分たちはビートルズの再来だと思い込んでいたよ」と言う。しかし、バンドに重すぎる期待をかけた責任は、メンバーとリーダーの双方にあると感じているようだ。

「ああなった背景は、彼らが自己完結したバンドだって、プリンスがメンバー全員に思い込ませたことだ——『もうプリンスとそのバック・バンドじゃない。僕らは〔訳注：ひとりひとりが優れたミュージシャンの〕コモドアーズだ。僕はリーダーのライオネル・リッチーだけど、僕ら皆でコモドアーズなんだ』。驚いたことに、皆それを信じたんだよ。私はそれを横から見ていてこう言ったものさ。『気をつけろよ、いいか？　世間の人たちはお前らの名前を叫ぶ。映画に出てるからさ。それはわかる。でもマーティン・スコセッシ監督はオファーの電話をかけてこないじゃないか。自分は映画俳優だって？　完全に転身したわけじゃないだろう。ギターを弾くのをやめるなよ』。だが彼らはプリンスの言葉を信じ込んでいたから、終わりが来て、プリンスが飽きて、素の自分が取り残されると、バカにされたような気がしたんだな……亭主に裏切られた女房みたいなものさ。彼らはそういうふうに反応した。本当にショックを受けてたね。私は『そんな夢、いつかは覚めるってわかってただろう?』と思ったが」

3月の何日か――おそらく私がナッソー・コロシアム公演を見た頃――プリンスはバンドのメンバーを集めた開演前のミーティングで、ツアーは4月7日、マイアミのオレンジ・ボウル公演で終わりにすると告げた。彼らを待ち望む人々が待つヨーロッパにもアジアにも行かない、とにかく海外遠征はしないというのだ。

「プリンスはツアーにまったく興味がなかった」とマット・フィンク。「どうしてか尋ねると、『もう十分さ。とにかくやりたくないんだ』の一点張りだ。『じゃあこれからどうすりゃいい?』と聞いたら『そうだな、僕は2年間休みをとるよ。そうすればお前たちはやりたいことをやれるだろう。ソロ・プロジェクトならできるし、その期間の給料は払うからのんびりしてもいいし』。それで話は終わりってわけさ」

「それからツアーが終わるまでの3ヵ月で、プリンスは『Around the World in a Day』をリリースできるようにした。俺たちにちょっと休みをくれて、自分は次のプロジェクトに戻る準備を整えたんだ。それに取りかかるのはもっとあとになるって、前には言ってたのにさ。俺としては、ヨーロッパで『パープル・レイン』ツアーをやりたかった――少なくともヨーロッパの部だけはね。でもプリンスはそれを望んでいなかった。そういう意味で、俺はちょっとがっかりしたよ」

ザ・レヴォリューションのメンバーは意気消沈した。一方、マネージャー陣は腹を立てていた。『パープル・レイン』プロジェクトで一生に一度あるかないかの大成功を収めたのに、それをさらに大きくするチャンスを、プリンスはふいにしようとしているのだ。「プリンスに言ったよ。『マイルス・デイビスになりたくて、自分のやりたいことをやるなら、それもいいさ』」とカヴァロ。「『だがポップ・ミュージック業界で売れたいなら、このクソったれなレコードを今出すのはやめておけ。意味がないからな』。言い負かすことはできなかったが、プリンスは何か思うところがあったようだ。『マイルス・デイビスとエルヴィス・プレスリーの両方になることはできないぞ』とくぎを刺してやったよ」

「マネージャーたちは『お前はチャンスを失おうとしてるんだぞ。考え直せ』って騒ぎ立てたわ」とリサ・コールマン。「『どうして今、こんなヒッピーみたいなものを出すんだ？』なんてね。プリンスがツアーをやめたことに本気で怒ってたわ。私も少し混乱してた」

「私たち、どうして急に変わったのかしら？」とウェンディは当時考えたという。「これは間違ってるって感じた。たくさんの人を遠ざけることになるのよ。私はスタッフが大好きだったし、ちょっと待って、そんなに急がないでって思ったわ」

マーク・ブラウンによれば、ツアーの終わりに、バンドのメンバーはそれぞれ１万５０００ドルのボーナスを渡された。「あれは侮辱だったね」

マイアミの最終公演の前、スティーヴ・ファーグノリは「これを最後のライヴ出演として、プリンスは無期限の活動休止に入る」と発表。ファーグノリがなぜ休暇をとるのか尋ねると、プリンスは「はしご《ラダー》を探すためさ」と答えた。さらに説明を求めると「４月に雪が降る時だってあるだろ」と返されたという。彼は意図的に――あるいは嫌みを込めて――ぼかした言い回しをしたが、実は彼の答えは、次の2枚のアルバムに入れる曲のタイトルだった（訳注：『Around the World in a Day』の「The Ladder」と『Parade（パレード）』の「Sometimes It Snows in April（スノウ・イン・エイプリル）」）。

『パープル・レイン』ツアーは最終的に、１７５万人近い観客を前に32都市で行われ、チケットだけで約

3000万ドルを売り上げた。一方、ツアーを6ヵ月近く続けてから突然中止したプリンスとは対照的に、ブルース・スプリングスティーンは前へ進み続けた。『Born in the USA』ツアーは15ヵ月で150を超える公演を実施。アメリカ各地のアリーナを回ったあと、オーストラリア、アジア、ヨーロッパへ遠征し、故国へ戻っていくつものスタジアムをわかせてから、10月2日にようやく幕を閉じる。

プリンスはツアー最後の日まで世間を騒がせた。マイアミの宗教指導者たちが、オレンジ・ボウル公演の日は復活祭にあたるため、5万5000人の観客を集めてショーをするのには賛成しかねる、との見解を表明したのだ。この日に最終日を設定したのがどのプロモーターにしても、プリンスの勝利を高らかに宣言するツアーが、キリスト復活の日に終わるのは、いかにもふさわしく感じられた（彼が最初に企画した映画の名が『ザ・セカンド・カミング〈訳注：キリストの再臨の意〉』だったことを思い出してほしい）。『1999』ツアーの終盤、プリンスが実現不可能に思える『パープル・レイン』プロジェクトに情熱を注ぎ始めてからほぼ2年。これですべては終わったのだ。

ツアーの最終日、プリンスは「僕の人生で最高に幸せな日々だったよ」とステージから語りかけた。ショーの締めくくりの言葉は「僕はもう行かなくちゃ。いつ戻ってくるかはわからない。神は君たちを愛してるって知ってほしいな。主は僕ら皆を愛してるんだ」だった。

ショーのあと、プリンスとシーラ・Eはマイアミのクラブで開かれた打ち上げパーティーに出席する。ふたりとも髪型はベリーショート。プリンスが言葉を交わしたのは、人気テレビ・ドラマ『特捜刑事マイアミ・バイス』のスター、ドン・ジョンソンだけだった。何かと世間を騒がせたツアーだが、最後に汚点がもうひとつ加わる。チケット売り上げ収入のうち160万ドルの紛失が発覚し、プロモーターのひとりが横領の罪で起訴されたのだ。

マイアミ公演からわずか2週間後、宣伝らしい宣伝はほとんどしないまま『Around the World in a Day』がレコード店の棚に並び、たちまちチャート1位を獲得した。『Purple Rain』の売れ行きもまだ好調で、ニュー・アルバムの登場で影が薄くなったとはいえ、85年末までトップ200辺りの順位をキープする。ニュー・アルバムのリリース後、プリンスはあいかわらずインタビューに応じず、公の場に姿を現さなかったが、85年末、突然マスコミ出演を決め、MTVでこう語っている。「しばらくツアーの予定はない。他にやることがたくさんあるからね」。しかし間もなく彼はステージに復帰する。86年の春から夏にかけ、全米のあちこちで1回限りのショーを行い、8月12日にはロンドンから本格的なツアーを開始した。次のアルバム『Parade』と、自ら監督した映画『アンダー・ザ・チェリー・ムーン』を宣伝するためだ。しかし残念ながら映画は大失敗に終わった。

MTVの同じインタビューで、『Purple Rain』で驚くほど人気が出たあと、その反動は心配していないかと聞かれ、プリンスはこう答えた。「僕は刑務所に住んでるわけじゃないからね。何も怖くないよ。自分の周りにどんな壁も築いてないし、他の皆とまったく同じさ。愛と水がないとしおれてしまうんだ。反動を恐れていないのは、いつも言ってることだけど、僕の習慣を大切にしてくれる人たちがいるから。僕も彼らの習慣を尊重してるよ」

「自分をスーパースターだなんて本気で思ってはいない。僕は小さな街に住んでるし、これからもそのつもりだ。自由に歩き回って、自分自身でいられる。僕の望みはそれだけさ。そういう人間になろうとしているだけなんだ」

Thank U 4 a Funky Time

Chapter 11

最高の時間をありがとう

『パープル・レイン』プロジェクトの成功について、プリンスはこう語ったことがある。「ある意味、良かったというよりは悪影響をもたらしたね……僕のイメージが固定されてしまった」

プリンスが『パープル・レイン』ツアーをなぜ突然中止したのか、大きな疑問は今も残る。彼はその後、刺激と謎と驚きに満ちた活動を続けていくのだが、ツアー中止の決断はさまざまな形で彼のキャリアに影を落としている。プリンスは、スタジアムを満員にしてアルバムを2000万枚売り上げるアーティストよりも自由に活動できるように、活動の規模を小さくしたのか？　逆に、自分がやればあらゆるものがビッグになると信じたのか？　彼が目指したのは、世界一のカルト・アーティストか、それとも世界的なスーパースターか――ロブ・カヴァロが指摘するように、マイルス・デイビスやエルヴィス・プレスリーになりたかったのか？　あるいは、胸に渦巻く矛盾した思いに耐えきれなくなったのか？

ある意味、創造の自由と商業主義の対立は、アーティストが昔から直面してきた難問だ。しかし、アルバムが全米チャート1位を6ヵ月独占し、ハリウッドの重役陣だけでなく、自分の周りの人々さえ〝望みゼロ〟と断言した映画プロジェクトを、成功に導いたのだ。そこにおごりがなかったとは言い切れない。だがプリンスはこういった過大な称賛におびえ、あんなにも急いで逃げ出したのだろうか？　それとも、もてはやされたせいで、今や自分は何をしても正しいと思い込んでしまったのか？

「こういう見方もできるわ。〝『パープル・レイン』のおかげで望んでいたスターになれた。そしてもう『パープル・レイン』は卒業だ。今はスターなんだし、この状態は続くだろう〟」とウェンディ・メルヴォワン。「プリンスはそんな感じだったと思うな。〝ビビっちゃってこんなの続けられないよ〟なんて弱腰になるより、その方が彼らしいでしょう」

「それが私には悲しかった」とリサ・コールマン。「子供の頃は、ああいうスターや有名なミュージシャンのことを、あれこれ考えるわよね。偉大な才能のおかげで世間に認められるのは何人か、先に認められるから偉大になるのは何人か。自分の売り込みにどれだけ力を注げばいいのか、自分の活動にどれだけ打ち込めば偉大になれるのか。このふたつ〔訳注：創造性と商業主義〕が両立することってほとんどないの。プリンスは素晴らしいミュージシャンよ。でもそれだけじゃいられないのよね。彼はどちらを選ぶか、決断したことがないんじゃないかな。それが今でも壁として立ちはだかっているのよ。彼の急所ってとこね。彼は『パープル・レイン』のあと、宣伝活動やポップスターであることと、自分の中にある芸術的才能を、一致させることができなかったんだと思う」

マット・フィンクの見方はこうだ。「『パープル・レイン』の最後の方で、プリンスはこう感じたのかも。『休まなくちゃ、もういっぱいいっぱいだから。事態が大きくなりすぎてしまった。あと始末は他の人たちに任せて、しばらく距離を置く必要がある』。皆はいつか自分に飽きて、別の趣の作品に関心を移す。そういうものだってことをプリンスは理解してたんだ。だから『よし、やりとげたぞ、これこそ僕がやりたかったものさ』と満足して、次に『しまった！　これから何をすればいい？』ってことになったんだろう。自分の栄光に満足していられなかったし、ツアーの序盤以降は前に進もうと焦って、その栄光を利用することもできなかったのさ」

「プリンスは自分がどう感じているか、きちんと俺たちに説明したことは一度もなかった。面と向かって『やりすぎてしまったんじゃないか、すごく心配なんだ。このまま行くのは、僕らのキャリアにとってそんなに素晴らしいことじゃないのかもしれない。今が頂点で、ここからは下《くだ》るばかりだから』なんてね。

『Around the World in a Day』を出した時、ひと言ふた言、口にしただけさ」

『Purple Rain』の勢いにあと押しされて――より正確には、全速力の勢いに押されて――『Around the World in a Day』は200万枚以上を売り上げた。『Purple Rain』を除けば、現時点（2014年）までいちばん商業的に成功したレコードである。プリンスは当初、このアルバムからシングルはリリースしないと主張していたが、結局「Raspberry Beret」と「Pop Life」がシングル・カットされ、両方ともトップ10入りを果たした。『ニューヨーク・タイムズ』紙のロバート・パーマーは、アルバムを「プリンスの最高傑作――今のところは」と絶賛。一方『ローリングストーン』誌のジョン・パレルズはそれより控えめな調子で、プリンスは「いまだに奇妙な魅力で人を惑わす」と書いている。

しかしリスナーの想像力をかき立てるという点で、『Around the World』は『Purple Rain』の足元にも及ばなかった。『Purple Rain』には女の子とギターに熱中する若者のエネルギーが満ちあふれていた。そこに引きつけられたファンの多くが、『Around the World』の陽気な雰囲気と知的な歌詞に混乱したのだ。だがそれこそプリンスの狙いだったように思える。本人はかつてこう語った。「レコードの売り上げみたいなことは、全然問題じゃないんだよ。そのおかげで住む家に困らないし、僕がつるんでるやつら全員のポケットを金で満たせるんだけどね！　金はもともと音楽から生まれたものだから、金は金、魂は別物ってことを、皆にぜひわかってほしいな」

ある意味、これはとても賢い戦略だった。ワーナー・ブラザース・レコードの元広報担当、ボブ・メーリスが指摘するとおり、大成功した『Purple Rain』と競ったり、さらに上を狙ったりしても、負けるのはわかりきっているからだ。マイケル・ジャクソンは次のアルバムで『Thriller』を超えるという目標を掲げ、1億枚の売り上げを目指した。しかし『Bad（バッド）』が87年にリリースされると、結果は600万枚で、大きな期待外れとされた。一方ブルース・スプリングスティーンは『Born in the USA』ブームの直後に離婚。個人色が強く、音楽的には地味な次のアルバム『Tunnel of Love（トンネル・オブ・ラヴ）』を出し、もう1本ツアーを行ったあと、バック・バンドのEストリート・バンドを解散する。再結成するのは10年以上経ってからだ。「当時『Purple Rain』のようなヒット作は奇跡みたいなものだった」とボブ・メーリス。「音楽シーンにはスターが勢揃いしていたんだ。もう1枚レコードを出して、その出来が同じくらい良かったとしても、成功するかどうかは状況次第だった。すごく期待外れな結果に終わる可能性も否定できないからね」

だが同時に、『パープル・レイン』熱が冷めやらぬ中でプリンスが下した決断は、彼がどんな攻撃にも傷つかず、自分に自信を持っていたことの表れでもある。誰もが疑う中、彼は映画の成功を信じ続け、結局それは正しかった。だから自分が間違えることなどありえない、と考えたのだろう。しかし次のプロジェクトとして、自ら監督した映画『アンダー・ザ・チェリー・ムーン』は欠点だらけだった。南フランスで撮影されたこの美しいモノクロ映画には、プリンスのパフォーマンス映像がほとんどなく、主役のふたり（プリンスとクリスティン・スコット・トーマス）はまったく好感を持てない性格で、しかも最後にはプリンス演じる主人公が死んでしまう。サントラの『Parade』には映画と同じタイトルさえつけられなかった。制作費1200万ドルをかけた『アンダー・ザ・チェリー・ムーン』は酷評され、興行収入は1000万ドル止まりだった。

「私にわかってるのは、『パープル・レイン』とツアーの成功っていう名声に食われたあと、プリンスは二度と浮き上がれなかったってことさ」と元マネージャーのロブ・カヴァロは言う。

リサ・コールマンとウェンディ・メルヴォワンは、『Parade』でプリンスとさらに親密に共同作業を行った（ちなみに『Parade』は名盤だ。私が素晴らしさに何年も気づかなかったのは、あのひどい映画との関係のせいだろう）。ウェンディは大ヒットしたシングル「KISS」のミュージック・ビデオで準主役まで務めた。スツールに腰かけギター・パート（実際にはプリンスがレコーディング）を弾く彼女の周りで、踊り、ポーズを決めるプリンス。映画『アンダー・ザ・チェリー・ムーン』でやらなかったパフォーマンスのすべてが、このビデオに詰まっている。しかし彼らのコラボレーションはこれが最後ではなかった。「私たち、別の存在になっていくみたいって思ってた。私たちふたりとプリンスよ」とリサ・コールマン。「3人で作曲したり、共同で作業する時、それまでとは違う特別な何かを感じたの。本当に素晴らしい体験だったわ。ミネアポリスで一緒に暮らすための家を探し始めたんだけど、プリンスが突然、それでいいのかって疑問を持ち始めた。彼はまた変わり始めたのね。それから私たちをクビにした。自分は別の方向に進みたいからって言って」

プリンスの創作意欲が衰えたわけではない。実際、3つのアルバム――『Dream Factory』『Camille』と3枚組の『Crystal Ball』――に取り組んでワーナー・ブラザースに企画を提案し、最終的には87年、2枚組の『Sign "o" the Times（サイン・オブ・ザ・タイムズ）』をリリースした。このアルバムをプリンスの最高傑作と讃えるファンは多い。『Purple Rain』ほど緻密な構成ではないが、さまざまな要素を自在に取り込み昇華させていて、プリンスの才能の幅広さと奥深さを知らしめる1枚だ。プリンスとたもとを分かつ前のウェンディとリサが数曲に参加。最後から2曲目の「It's Gonna Be a Beautiful Night（ビューティフル・ナイト)」(クエストラブによれば〝プリンスの曲の中でいちばんお気に入り〟)はザ・レヴォリューションとのライヴ録音で、エリック・リーズとアトランタ・ブリスがホーン、シーラ・Eがパーカッション、スザンナ・メルヴォワンとジル・ジョーンズがコーラスで加わっている。いうなれば『パープル・レイン』プロジェクトのメンバー全員に贈る別れの曲でもあったのだ。しかしアルバムはチャート最高6位にとどまり、売り上げ枚数も100万枚に達しなかった。

『Sign "o" the Times』と同タイトルのライヴ・ドキュメンタリーも作られた。プリンスと共同で監督を務めたのはアルバート・マグノーリだ(ヨーロッパ・ツアーの映像の質が悪かったため、大部分を映画用の防音スタジオで撮影)。彼はやがてスティーヴ・ファーグノリに代わり、プリンスの右腕になる。「プリンスとうちのマネージメント・チームが仲たがいしてね。互いに相手を訴訟した挙句、彼が金を払って私を追い出したんだ。あれにはほんとに腹が立った」とカヴァロ。「まあ私も辞めたかったし、金額もそれまでのパートナーシップに見合うもので、独立資金としては十分だったね。私は自分のやりたいようにやりたかったんだ。まあ、私は80年代の人間だから、コカイン漬けでね。頭がイカれてたのさ」

89年1月、マグノーリはプリンスのマネージャーに就任。しかしプリンスが3作目の映画プロジェクト『グラフィティ・ブリッジ』にのめり込んだため、彼も離れていった。映画はまたもや大失敗に終わる。

プリンスはあまりにも移り気で、誰の言うことにも耳を貸さなかった。だから『パープル・レイン』で達した高みに再びのぼることができなかったのだろう。しかし彼がそうなった原因の一部は、バンド・メンバーやマネージャー陣をはじめとする彼の取り巻きにある。プリンスはそういう人間を次々に切って捨てた。代わりの人を入れるとしても、前任者と同じように作曲に貢献できて、自分に向かってノーと言えそうな人間は、決して選ばなかった。

「プリンスは昔のチームを絶対雇わなかった。あいつらは天才集団だったのに」と言うのは元広報係のハワード・ブルーム。「あんなにすごいブレーン陣に囲まれたアーティストなんて、他にいるかい？　まるで〔訳注：リンカーン大統領と優秀な閣僚たちを描いた〕『リンカーン』（ドリス・カーンズ・グッドウィン著、平岡緑訳、中央公論新社、２０１３年）の世界だったよ。80年代のプリンスを作り上げたのはプリンスだけじゃない。創造力のピークにある人間が集まったチームのおかげさ。彼らは創作的な才能をすべてプリンスに注ぎ込んだ。彼はそれに値する存在だった」

「試合のどの段階でも、今いる場所より高いゴールを目指さなくてはいけない。そのためには自分の周りに、耳に痛い真実を言ってくれる人間が何人か必要なんだよ」

「あのチームには当時、すさまじくパワフルな人間が集まってたわ」とウェンディ。「全員が、プリンスをなりたい自分にしてあげられる手腕を持っていた。きっとそのせいでうまくいかなかったのね。だからプリンスはあれ以来、ずっとチームを持っていないんじゃないかな。プリンスも若かったから、『このイカれた手ごわいやつらを思いどおりに操ってやる。挑戦は受けて立つさ』なんて思えたのよね。あの頃はそれが彼の必殺兵器だったのよ」

　さかのぼって86年夏、シーラ・Eとホーン隊を加えた拡大版ザ・レヴォリューションは、『Parade』ツアーのアメリカの部に続き、ヨーロッパと日本へも遠征する。ショーは『パープル・レイン』ツアーよりファンク色が強く、プリンスのダンスが増えた代わりに、ギターを弾く場面が減っていた。ツアー終了後、彼はバンド・メンバー全員を故国へ帰す。

86年10月、『ミネアポリス・スター・トリビュート』紙が「ザ・レヴォリューション解散」と報じた。

モーリス・デイが車から降りてくる。コートをのどのところでしっかり押さえ、歩道を見渡す。その周りをバンドのメンバーが取り囲む。スーツケースを持った〝執事〟も隣に控えている。華やかな80年代は高く膨らませていた髪を、今は短く刈り上げているが、引き締まった体型は昔と変わらない。まるでデジャヴだ。映画『パープル・レイン』の冒頭で、存在もしないファンの群れからジェローム・ベントンに守られながら、自宅の玄関を駆け下りて車に乗り込むシンガーの姿と重なる。

しかし今回、モーリスはタイムズ・スクエアの真ん中で42丁目の歩道を横切り、ナイトクラブのB.B.キングスへ入っていく。〝モーリス・デイ&ザ・タイム〟として2セットのショーの1回目に出演するためだ。他にオリジナルのザ・タイムから残っているメンバーは、ドラムのジェリービーン・ジョンソンとキーボードのモンテ・ムーアのふたりだけである。大寒波に襲われた2014年1月の夜。収容人数550人の会場はチケットがほぼ完売――少なくとも1回目のショーは。8時2分、ザ・タイムがステージに登場。演奏はきっかり60分だ。自分たちのヒット曲のショート・ヴァージョンをメドレーでつないでいく。モーリスのトレードマークの高笑いは今も健在だ。数曲ごとに鏡を持ってこさせて髪型をチェックし、観客の期待に応えている。

ライヴ中、モーリスがあの映画のことを口にするのは一度だけ（観客に向かって「1984年に戻ろう。『パープル・レイン』のあの黄色いタクシーに飛び乗って。皆覚えてるだろ?」）。しかし映画でパフォーマンスした2曲は、今でもショーのクライマックスだ。セットリストの最後は「The Bird」のロング・ヴァージョン。袖へ引っ込んでから数分後、ステージに再び登場し、アンコールで「Jungle Love」を熱演する。30年経ってもこの2曲は彼らのドル箱なのだ。

80年代後半、ソロになったモーリス・デイは「Fishnet（フィッシュネット）」と「The Oak Tree（オーク・トゥリー）」をヒットさせた。90年にはザ・タイムを再結成。「Jerk Out（ジャーク・アウト）」はR&Bチャートの1位を獲得し、彼らにとって最大のヒット・シングルになった。モーリスは映画俳優としても成功する気満々だったが、こちらは実現しなかった。コメディアンのリチャード・プライアーが監督した『ムーヴィング』と、アンドリュー・ダイス・クレイ主演の『フォード・フェアレーンの冒険』に端役で出た他は、すぐ打ち切りになったABCのシットコム『ニュー・アティチュード』で役をもらったぐらいだ。アトランタではトヨタの販売特約店のコマーシャル・シリーズにも起用された。

2001年に公開されたケヴィン・スミス監督のカルト・コメディー『ジェイ&サイレント・ボブ帝国への逆襲』では、主役のふたりがいちばんお気に入りのバンドとしてザ・タイムを挙げている。また映画のエンディングで、ジェイソン・ミューズ演じるジェイが「世界一のバンド、モーリス・デイ&ザ・タイム！」と紹介すると、バンドが登場して「Jungel Love」を演奏する。この映画に出演したあとも、ザ・タイムはメンバー交代をくり返しながら活動を続けている。2008年のグラミー賞受賞式ではパフォーマンスを披露した他、リアーナのバック・バンドを務め、2011年には〝ジ・オリジナル・7ヴ《セ》ン〟の名でニュー・アルバム『Condensate』をリリースした。

トリプル・スレット・ツアーでザ・タイムがプリンスと肩を並べ、満員のアリーナで演奏していた時、あるいは全米No.1の映画でコメディー俳優として注目を集めた時、モーリスが夢見たキャリアと現実は違うかもしれない。だが『パープル・レイン』制作の後半でプリンスとの仲がこじれ始めてから、もしあのままドラッグに頼り続けていたら、さらに悪い将来もありえたはずだ。

他のミュージシャンもモーリス・デイと同じ道をたどった。『パープル・レイン』のおかげで一度はスーパースターになった彼らは、今でも音楽で生計を立てている。ザ・レヴォリューション時代の名声に頼っているとしても。

ボビー・Zはミネアポリスのラジオ局で毎週土曜の夜、音楽番組の司会を担当。「ミネソタの音楽シーンで最高の曲」をかけることに情熱を注いでいる。マット・フィンクは地元のミュージシャンをプロデュースする他、依頼を受けてホームスタジオで作業を行い、プリンスのカヴァー・バンドをはじめいくつかのグループで活動。マーク・ブラウンはサンフランシスコのベイエリアで活躍中だ。彼はザ・レヴォリューション解散後、マザラティというバンドを結成してペイズリー・パークとレーベル契約。フェイスブックに最近、新生マザラティのメンバー募集とオーディションの通知を投稿した。いちばん興味深いキャリアをたどってきたのはウェンディ・メルヴォワンとリサ・コールマンだ。作曲者として映画とテレビの世界で実績を積み、2010年には『ナース・ジャッキー』のテーマ曲で、エミー賞のテレビ・シリーズ向けメイン・タイトル・テーマ音楽作曲賞を受賞。金を稼ぐためツアーに出ることもなく、ロサンゼルスのセッション・ミュージシャンだったそれぞれの父親と同じような生き方をしている。

「ウェンディとリサは、自分の力であれだけのことを成しとげてきた。誇れることだよ――プリンスとの共演は二度となかったが、彼女たちの経歴は立派だ。とてもいい仕事をしている」と言うのはアラン・リーズだ。彼自身はプリンスが立ち上げたレーベル、ペイズリー・パークの代表を退いたあと、マックスウェル、ディアンジェロといったアーティストのマネージメントを担当してきた。「他のやつらはあのバンドが分相応だったね。それはちっとも悪いことじゃないが、〔訳注：ザ・レヴォリューション時代の〕前もあとも、実のあることをやったのはひとりもいない。批判してるんじゃないよ。彼らは一生に一度のチャンスをつかんで、大金を稼いだ。ボビーと、それから特にフィンクの場合、投資がうまくてね、一生暮らせるぐらいに増やしてたよ。プリンスはすごく気前が良かったし、ボビーとフィンクは上手に運用したから、今では楽しみのために働いていているんだ」

2000年6月、ボビー・Z、マット・フィンク、マーク・ブラウンは、プリンスの42歳のバースデー・パーティーに出席し、彼と一緒にステージに上がってジャム・セッションを披露した。超大手プロモーターのSFXエンターテインメントから、ザ・レヴォリューションの再結成ツアーをやらないかという大きなオファーがあった時、ウェンディが元メンバーを説得して全員やる気にさせたが、プリンスは断った。

それから数年、彼らとプリンスの連絡は途絶える。2004年、ザ・レヴォリューションの元メンバーたちが、ロサンゼルスのクラブ、ハウス・オブ・ブルースに姿を見せた。その日はプリンスが出演していたが、彼は昔の仲間を無視し、他のミュージシャンをステージに招いて演奏に加わらせた。しかしショーのあと、プリンスはギターテックに命じてウェンディを呼び、タヴィス・スマイリーがホストを務めるPBSのトーク番組に一緒に出ないかと誘う。その日はプリンスの別人格のひとつ〝スティーヴ〟が顔を出したようだ。「初めて会った時のプリンスだったわ」とウェンディ。「私とリサの家の親子式ベッドで過ごした、あの夜の彼だった」

2011年、ボビー・Zがミネアポリスで心臓発作を起こし生死の境をさまよう。ほぼ1年後の

2012年2月19日、ザ・レヴォリューションの元メンバー全員がファースト・アヴェニューに集結し、ボビーの回復を祝うチャリティー・コンサートを開いた。ギターのウェンディ・メルヴォワンとデズ・ディッカーソン、キーボードのリサ・コールマンとマット・フィンク、ベースのマーク・ブラウン、サックスのエリック・リーズ、ドラムのボビー・Zが、満員の観客を前に、80年代のプリンスのヒット曲を90分間演奏した。「懐かしいな。昔を思い出すわ」とウェンディはステージからフロアの人々に語りかけた。

このイベントについて地元紙『スター・トリビューン』は次のように報じている。「崇高な募金活動をさらに盛り上げるため、ザ・レヴォリューションのメンバーひとりひとりが、映画『パープル・レイン』をドラマチックに再現した。会場はなごやかな雰囲気に包まれた」。万が一プリンスがその気になって立ち寄った場合に備え、ギターが1本用意されたが、彼は現れなかった。

2014年、年中行事となったファースト・アヴェニューのチャリティー・コンサートに、アポロニアが〝VIPホスト〟として参加。映画の撮影が終わって以来、初めてミネアポリスを訪れる。ボビー・Zとマット・フィンクに地元のミュージシャンを加えたショーのあと、アポロニアはペイズリー・パークを訪問した。プリンスは彼女を連れてレコーディング施設を案内し、〝パープル・レイン・ルーム〟を見せた。壁にかかった絵の中にはアポロニアの肖像画もあった。そして夜遅く、サードアイガールとともにサプライズのミニショーを開く。ただしレコーディングしたばかりの新曲「This Could Be Us」は含まれていなかった。この曲のタイトルは、キッドとアポロニアがバイクに乗った『パープル・レイン』のいちシーンの写真に、〝THIS COULD BE US…〟(これは僕たちかもしれない)という文字をあしらってインターネットで拡散された有名な画像にちなんで名づけられた。

朝4時42分、アポロニアはフェイスブックにこう投稿している。「新曲を聞いたの。もう最高！　彼はステージの自分のそばにステキな椅子を置いてくれた。私はそこに座って、あらゆる音、あらゆる動き、あらゆるヴォーカルにくぎづけになってたわ。1曲終わるたびに歓声を上げて力いっぱい拍手した……そして、プリンス……私の心臓はまだドキドキいってる」。この文は数時間後に削除された。

バンドのメンバーは幸い何十年も音楽畑を歩き続けてきたが、アポロニアのキャリアは彼らのような一本道だったわけではない。『パープル・レイン』の直後、テレビ・シリーズ『ファルコン・クレスト』に何回か出演。88年にはソロ・アルバムを出すがほとんど注目されなかった。その後はオリジナル・ビデオに何本か出て、エクササイズ・ビデオも作る。さまざまなリアリティー番組にも出演したが、中でもいちばん見ものだったのは、カルメン・エレクトラと隣同士の家で暮らす『MTVクリップス』だろう。カルメンこそ、アポロニアの〝セクシー路線〟の後継者として、プリンス・ファミリーに加わった女性のひとりだったのだ。アポロニアは現在、コテロ・エンターテインメントというマネージメント会社の経営に専念している。この本のためにインタビューを申し込むと、自分で本を執筆中なので遠慮させていただきます、という丁重な断りの返事をもらった。

ジル・ジョーンズは87年にセルフタイトル・アルバムをリリース。この作品は、プリンスが手がけた中でも特に興味深いサイド・プロジェクトとされるが、長い間絶版になっている。ジルはさらに数枚のアルバムを出し、ヴォーカルとしてシックとともにツアーをしたあと、ロサンゼルスに戻って実業界に足を踏み入れた。

アルバート・マグノーリは、ライヴ・ドキュメンタリー『サイン・オブ・ザ・タイムズ』と映画『バットマン』（89年）サントラのミュージック・ビデオでプリンスと共同作業した他、86年には『パープル・レイン』の舞台をそのまま体操の世界に置き換えた青春ドラマ『愛と栄光の旅立ち／アメリカン・デュエット』を監督。テレビ映画も何本か手がけ、シルヴェスター・スタローン主演の『デッドフォール』（89年）では共同監督を務めた。

『パープル・レイン』関係者のうち、あの映画がキャリアの頂点ではなかった人物がひとりいる。ロブ・カヴァロだ。プリンスとたもとを分かったあと、マネージメント会社を設立。グリーン・デイ、シール、アラニス・モリセットなど、超売れっ子ミュージシャンを担当した。映画会社も立ち上げ、『12モンキーズ』『シティ・オブ・エンジェル』といったヒット作を制作。98年にはブエナ・ビスタ・ミュージック・グループ（のちにディズニー・ミュージック・グループ）の会長に任命され、ウォルト・ディズニー・カンパニーが所有する音源の管理と音楽出版事業（訳注：曲の著作権管理やプロモーションを実施）を統括。２０１２年に引退し、今は悠々自適な生活を送っている。今回のインタビューの間、何度か電話がかかってきたため、私に断って席を立ち、妻と豪華客船クイーン・メリー2で出かける大西洋横断の旅について、最後の打ち合わせをしていた。

そして御大プリンスだ。『Purple Rain』以降リリースしたアルバムは25枚（どの作品をカウントするかで数は増減する）。制作した映画は3本。アリーナを回る大規模なショーから、小さな会場で開くサプライズ的なライヴまで、ワールド・ツアーを何度も敢行。また、1億ドル相当ともいわれる契約を交わしたあと、関係が悪化したワーナー・ブラザース・レコードへの抗議をこめて、ステージ・ネームを発音不可能なシンボル（原型が『パープル・レイン』のバイクにペイントされている）に替え、“SLAVE”（奴隷）

という文字を顔に描いたことは、あまりにも有名だ。この騒動でプリンスは世間の笑いものになり、キャリアに多くの傷を残す。しかし21世紀に入り、作品のデジタル化権の保護とデジタル配信が音楽業界のスタンダードになった今考えると、プリンスは誰よりも早く著作権をめぐる複雑な問題に気づき、世間の目をそこに向けさせたといえる。

「僕らが欲しいのは」とプリンスは２００４年、私に語った。「ビジネスを実行するための、いちばん簡単で、いちばん効果的な方法さ。ギターを手に取るみたいに、ごく自然にやりたいんだ。シリコンバレーでは皆ジーンズをはいて出社するだろう。そういうのがクールで、美しくて、生きるってことなんだ。そうあるべきなんだよ」

「誰にも支配されないことで素晴らしいのは」とプリンスは続けた。「スケジュールを渡されて『お前はこれをやるんだ』って言われないことだね。精神のはたらき方がまったく違う。いつも何かに反応する必要がない。自分が創造的なモードになっていると感じられる。そのおかげで、生きて、若いままでいられるんだよ」

わかりやすい哲学だ。共感さえできる。しかし、いちファンとして、プリンスにいらだちを感じるのも事実だ。彼はできるだけ多くの音楽を生み出したいという衝動に突き動かされている。次々に出すアルバムが、ファンが当然期待する高いレベルを維持しているなら、話は別だ（あるいは「とにかく、音楽は自由であるべきだ」と言い切ってしまえばもっと楽だろう。プリンスが1億ドルの契約をしたあと、94年に私に語ったように）。しかしあまりにも長い間、プリンスは寄せ集めのようなアルバムを性急に出し続けている。ファンはそのペースに追いつけず、理解することさえできない。彼がやっていることのほぼすべてを、現時点で過大評価したり、逆に過小評価したりするのは簡単だ。『Purple Rain』の100分の1でもいいから、彼が綿密な編集を行い、作品に集中してくれたら、傑作の生まれる確率が上がるだろう。だがそんなスローなペースを強いれば、彼の頭脳は空回りして過熱した挙句、ショートしてしまうに違いない。

当のプリンスはそんなことに興味がないようだ。「音楽がどのように生まれるかっていうのは、アーティストに任せるべきじゃないかな?」と1994年、私に語った。ステージ・ネームを変えた直後で、強迫観念を強めていた頃だ。「結局はただの曲だし、僕らの考えが形になっただけだ。人の考えを抵当に取ることは誰にもできないさ。そこを皆すっかり勘違いしてるから、アーティストの意欲がそがれてしまう。アメリカでは、自分たちで考えているほど僕らは自由じゃないんだよ」

この発言を聞くと、まるで――プリンスに比肩する数少ないアーティストのひとり、スティーヴィー・ワンダーのように――彼がヒット・シングルを作曲するのに疲れ、放っておいてもあふれてくる音楽の才能に飽きてしまう日が、いつか来るのではないかと思ってしまう。90年代初頭から、彼のアルバムはすべて新しいジャンルを模索する実験か、未完成のスケッチのように感じられる。プリンスの本当の関心はビジネスに向けられていたようだ。彼は自分の考えを、『パープル・レイン』プロジェクトのような型にはまった表現方法でさえ、一切明らかにしていない。例外は、2001年のアルバム『The Rainbow Children(レインボー・チルドレン)』に宗教的メッセージを込めたこと、そして96年の『Emancipation(イマンシペイション)』で子供の誕生を楽しみに待つ心境を歌ったことだ。しかし生まれた息子は頭蓋骨に非常に珍しい奇形があり、すぐにこの世を去った。続いてマイテ・ガルシアとの結婚も破たん。この痛ましい出来事が、彼の心のいくつかの扉を永遠に閉ざしてしまったのかもしれない。

「プリンスをやる気にさせる引き金はいろいろあったけど、いちばん効果があったのは『パープル・レイン』ね」とウェンディ・メルヴォワン。「彼はそれを上手に利用した。興奮してたもの。50歳を超えた今では、そういうのにワクワクしないだろうし、〝引き金〟には一切関わりたくないんでしょう。まったく違う人間に変身して、聖書を読んでタワ言を説教するようになってしまったのよ」

それでも時折、創作意欲がわくのかビジネスが目的なのか、プリンスは突然発奮し、大勢のリスナーの心をとりこにする。例えば、1989年に映画『バットマン』からインスピレーションを受けて作ったアルバム。これはサントラとしても大ヒットし、いくつかのヒット・シングルを生んだ。94年にリリースした繊細なバラード「The Most Beautiful Girl in the World（ザ・モスト・ビューティフル・ガール・イン・ザ・ワールド）」は、プロモーションとツアーの効果もあり、プリンスにとって英国で初のチャート1位に輝いた。2004年のアルバム『Musicology』では、一般的なファンがどういうサウンドを求めているか、彼は少なくとも理解していることを示し、再びチャート上位に食い込んでツアーも行っている。2007年のスーパーボウル・ハーフタイム・ショーでは、さらに高い新次元を目指せることを証明した。こうやって見ると、プリンスは自分で望めばいつでもポップスターとして復活できるように思える。しかし彼が次に活動を再開するまでの期間はどんどん長くなってきている。50代半ばの人間にとって、トップ40入りを争う世界は厳しすぎるのかもしれない。

『パープル・レイン』をプリンスの歴史から消し去ることは不可能だ。だがもしできたら、私たちはそれでも彼を世界的なスーパースターだと思うだろうか？　それとも実験好きなポップ・ミュージシャンで、最近『ザ・ニューヨーカー』誌が書いたように、無数の後進に道を示す〝世界一のインディー・アーティスト〟とみなすのだろうか？――それはアーティストを志す者なら誰もがうらやむ姿のようにも思えるが。

「プリンスには、他の人が足元にも及ばないような大きなカルト的魅力がある」とアラン・リーズ。「〝カルト〟というのは普通〝小規模〟なことを意味するからね。マディソン・スクエア・ガーデンを3公演連続でソールドアウトできるようでは、〝小規模〟じゃないんだ。どれだけ多くのレコードをヒットさせても、ガーデンのチケットを3公演売り切れないミュージシャンは大勢いる。でもプリンスは、何が起ころうと、自分は見る価値のあるアーティストだと周りを納得させてきた。今どんなレコードを出しているか、バンドに誰がいるかは関係ない。そんなのはしょっちゅう変わるし、今では誰も気にしないからだ」

「ポール・マッカートニーみたいな人は確かにすごいよ。連続3公演を実現できて、3日ともセットリストを変えて、毎晩同じ高いレベルを維持する。でもそうじゃなくて、『ヒット曲を聞きたい』と誰かに言われても、自分のやりたい曲をやって、それがあまりにも素晴らしいから、聞いている方はヒット曲なんてどうでもよくなってしまう、そういうアーティストもいるんだ」

30年経った今も、プリンスは新たな音楽を作り続け、若いミュージシャンとのコラボレーションに積極的だ。『パープル・レイン』が彼の最高傑作であることはこれからも変わらないが、プリンスはこのプロジェクトで自分のイメージが固まることを拒絶し、〝懐かしのスター〟に成り下がるのを拒んできた。ファンたちが彼に望むことは、まだいくらか、いや、たくさんあるだろう。彼の中でまだ創作意欲の炎が燃えていることを期待して、多くの人々が次の作品を待ち望んでいるのだ。

「プリンスが何周年記念みたいなことをしたがらない理由がわかったよ」とクリス・ロックは言う。「レジェンドであると同時に現役のアーティストではいられないからさ。殿堂入りしながら演奏はできないだろう。

あそこに入るのは引退した人ばかりだ。そんなことより俺はプレイしたいし、プリンスもきっとそうだと思うね」

『パープル・レイン』プロジェクトは、歴史に残る何かを作り上げたのだろうか。それとも、時代の求めるアーティストが、時代にふさわしい曲を作り、(入念に計画、実行されたとはいえ)さまざまな要素が偶然重なって、爆発的エネルギーを発しただけなのか。

この作品はカルト映画の傑作とされ、長年にわたって上映がくり返されてきた。ブルックリンのプロスペクト・パークでは何千もの人々がスクリーンに合わせて熱唱し、サンフランシスコのカストロ・シアターでは映画のキャラクターに扮したドラァグクイーンたちが席を埋め尽くした。パンク・キャバレーというジャンルで活躍するシンガー・ソングライターのアマンダ・パーマーは、2013年の大みそかにニューヨークのクラブ、ターミナル5で開かれたショーで、ザ・レヴォリューションにインスパイアされた衣装をバンド・メンバー全員で身に着け、アルバム『Purple Rain』を通して演奏した。また84年にはスティーヴン・アイヴォリーがプリンスの簡単な伝記を書き、「『パープル・レイン』は今後ずっと、ロック・ファンお気に入りのカルト映画として愛され続けるだろう。70年代に大ヒットしたロック・ミュージカル『ロッキー・ホラー・ショー』のように」と予言している。

「あんなにすごい映画なのに、ずいぶん過小評価されてると思うね」とカヴァロ。「皆は(訳注:ロック映画の傑作というと)『レッド・ツェッペリン/狂熱のライブ』なんかを挙げるが、私に言わせれば『パープル・レイン』みたいなのは今までに観たことがないよ」

他のミュージシャンによる模倣作品も多い（出来の良し悪しには差がある）。マライア・キャリーの失敗作『グリッター　きらめきの向こうに』と、エミネム主演でヒットした『8 Mile』は、実質的に『パープル・レイン』とまったく同じ映画だ。古典的な型どおりの筋立て（負け犬のスターが、恋人の心をめぐってライバルと争いながら、自分にしかない才能を世間に認めさせようと奮闘する）には、新鮮味が感じられないが。また『パープル・レイン』があれほど人々を魅了したのは、プリンスの謎めいた雰囲気と近づきがたさのおかげだが、現代のメディア界ではそれがまったく通用しない。ミステリアスな感覚は、ラップが追求する〝リアルさ〟に取って代わられてしまったし、ソーシャル・メディアの普及により、新進ポップスターの個人情報はあっという間に暴かれる。

しかし84年のフィーバー以降の10年間で、スパイク・リー（『パープル・レイン』にインスパイアされたと明言）をはじめとする若い黒人の映画監督、映画に進出して成功したヒップホップのスター、『ボーイズン・ザ・フッド』や『ニュー・ジャック・シティ』といったブラック・ムービーが増えたことを考えると、『パープル・レイン』の大成功をきっかけに、黒人アーティストの活躍の場が広まったように見える。もちろん音楽も同じだ。アウトキャスト、レニー・クラヴィッツ、アリシア・キーズ、ファレル・ウィリアムス、ダフト・パンク、ビヨンセ、ベックなど、彼らのドラム・サウンドからバラードのような歌い方まで、『パープル・レイン』の影響は想像以上に強く、そして長く続いている。

アラン・リーズによれば、この30年間ツアーの仕事をしてきたが、ツアー・バスに乗っていると、必ず誰かが『パープル・レイン』のＤＶＤをプレイヤーにセットするという。「ライターでもプロデューサーでもローディーでも、若い頃に心をぐっとつかまれた瞬間がある。そして『現実的な仕事なんかしたくない、これこそ自分がやりたいことだ』と決意するんだ。私と今一緒に働いている人たちにとって、プリンスの時代、つまり80年代のプリンスだね、それがインスピレーションであり、目標なんだ。それが彼らの心を動かして、こういうことをやりたいって気にさせたんだよ」

「『パープル・レイン』は、周りに期待されることをやらなくてもいいって教えてくれた」とダリアス・ラッカーは言う。バンドでロック・チャート1位、ソロとしてカントリー・チャート1位を獲得したミュージシャンだ。「黒人だからR&Bだけを歌わなきゃいけないとはかぎらない。プリンスの影響で、自分が何を歌えるか、何になれるか、誰にも指図されないぞって決めたんだ。彼にあこがれたね。昔はプリンスになりたかった——皆をノックアウトするあの小柄な青年にね！」

「プリンスは若者たちの心をがっちりつかんでいる」とクリス・ロック。「年を重ねると、影響が違う方面に向かうんだ。音楽だけにとどまらないってことさ。例えばスパイク・リーやアイス・キューブ。彼らはビッグなアルバムを出して、映画も成功させてる。映画の『friday』なんてアイス・キューブのアルバムそのものだろ、『パープル・レイン』と同じように。プリンスがいなかったら俺は存在しなかった。まあ、今そんなこと言われたって、彼は嬉しくないかも。あっちはエホバの証人の信者、こっちはしがないコメディアンだからな！」

「プリンス以来、こんなことをやった人間がいるか？」とアルバート・マグノーリ監督。「いや、ひとりもいない。音楽を映画の世界に持ってくのはすごく難しいんだ。映像に置き換えるのがね。映画だといろんなことがわかりすぎてしまうから」

元レコーディング・エンジニアのスーザン・ロジャースは、プリンスはまったく異質な存在だったと力説する。特にブレイクした頃は、彼と肩を並べる他のスターたちとはっきり一線を画していたという。「マイケル・ジャクソン、マドンナ、ブルース・スプリングスティーン、ローリング・ストーンズ、エルトン・ジョン。彼らにはプロデューサーやセッション・ミュージシャンがついていた。最高のプレイヤーが揃っていたのよ。でもプリンスは、作曲もアレンジもプロデュースも、すべてひとりでこなしながら、こういう一流ミュージシャン全員と競い合っていたの。たったひとりでよ」

「パティ・スミスが『ジャスト・キッズ』(にむらじゅんこ・小林薫訳、河出書房新社、2012年)に書いてたわ。ニューヨークのアート・シーンについて。たくさんのアーティストがいた、あれこそ本物のシーンだったって。でもこのシーンは、たったひとりの男性が、自らシーンになるために、自分でライバルを創造したものだった。こんなこと、他に誰がやれる?」

映画『パープル・レイン』から生まれたタイトル・ソングは、独立した作品として今も生き続けている。長年にわたりプリンスの代表曲とされ、本人のショーのハイライトを飾ってきた他、さまざまなジャンルのアーティストに思いがけない場所でカヴァーされている。マルーン5のアダム・レヴィーンは、人気ラジオ・パーソナリティー、ハワード・スターンの60歳のバースデー・パーティーで「Purple Rain」を歌った。またこの曲を何年も前から時々セットリストに加えているフィッシュは、2012年7月4日のアメリカ独立記念日に、ロングアイランドにあるジョーンズ・ビーチ・シアターのライヴで、「Purple Rain」を演奏してから国歌の「The Star-Spangled Banner(星条旗)」へなだれ込んだ。

「『Purple Rain』は挑戦しがいのある曲よ」とカントリー・シンガーのリアン・ライムスは言う。「私は何か新しいものを追求して、自分自身と世界中に、これまでやってきたよりもっとたくさんのことができるって証明したかった。あの曲はずっと前から私のコンサートのメイン・ソングのひとつよ。ファンたちが歌ってと叫ぶの。ロック調にしたり、アコースティックでやったり、私が変わるにつれて、あの曲も変わっていく。私の音楽の旅は続くけれど、あの作品はいつまでも、いちばん影響力が強い曲のひとつだわ。そして私は永遠にプリンスの熱狂的なファンよ」

84年、若きトーリ・エイモスはあの映画を初めて観てすぐ、カクテル・ラウンジのライヴのセットリストに「Purple Rain」を加えた。それ以来この曲は彼女のショーの定番だ。「賛美歌を聞いたような感じだった。宗教体験みたいなものね。私に語りかけてきたのは、本当にそういうものかも。私は教会で育ったからわかるのよ」と言う。「罪悪感じゃなくて慈悲の心にあふれていたわ。聞く人の目を開いて、自分が誰かを傷つけているかもしれないって気づかせてくれる。あんな出会いは初めてだったわ。感情を抑えながら、傷つきやすさを表現できる曲だった」

「『Purple Rain』を聞いて、私の心の中で何かが目覚めたの。特にエンディング近く、プリンスがすごく高い声で歌うところで。お葬式の音楽じゃなくて、教会のミサで歌うレクイエムみたいに聞こえた。初めて耳にした時、涙が止まらなかったわ。あの曲は私の中の何かを呼び覚ましたの。記憶、悲しみ、切望。いろいろな感情が一斉に揺さぶられた」

「映画全体にノックアウトされたけど、プリンスが「Purple Rain」をプレイした時、がつんとやられたね」とダリアス・ラッカー。彼も自分のコンサートでよくこの曲を演奏する。「アルバムを手に入れて、3回目に聞く頃には『こいつは「Hey Jude（ヘイ・ジュード）」を書いたんだ。完璧なロックのバラードを』って感じだったよ。それからずっとこの曲を歌いたかった。フーティー［・アンド・ザ・ブロウフィッシュ］

でやろうかって話もあったんだけど、なかなか実現しなくて。でもある日、バック・バンドのやつらに「Purple Rain」をやろうと考えたことあるかって聞かれたんだ。あるよ、大昔からさ、でもカントリーのショーではうまくいかないんじゃないかな、と答えた。そしたら皆が口を揃えて『もちろん、うまくいくさ』って言ったんだ」

「あの曲をやるのはすごく好きだね。でもショーに来る人は、俺にそういうのは期待しないと思ってた。今じゃプレイするのは止められないよ。あの曲はもうやらないつもりだってツイッターに投稿したら、それを読んだ人たちから抗議が殺到したんだ。とにかく毎晩、あの曲をやるのを心から楽しんでる。最初のいくつかのコードを聞くだけですごく幸せな気持ちになるんだ」

「Purple Rain」はカラオケの世界でも大人気だ。２０１３年にカラオケ文化の研究書『Turn Around Bright Eyes（こっちを向いて 輝く瞳を見せて）』を出したロブ・シェフィールド（『ローリングストーン』誌）は、プリンスの曲の中でいちばんよく選ばれるが、歌いこなすのは難しいと指摘する。「誰かが挑戦しても、紫のヘッドライトに照らされて立ちすくむ鹿みたいに見えることがある。歌と歌の間の長いポーズでね。気後れせず、ああいう間《ま》で持ちこたえることを要求される曲なんだ。自分の中のカリスマ性をかき集めて。「Purple Rain」を歌う時は、ギターなしでも手持ちぶさたに見えないようにして、長い時間立つことになる。だから歌に徹底的に入り込む必要があるんだ。気軽にお遊びで歌っていいような曲じゃない」

シェフィールドによれば、「Let's Go Crazy」や「Darling Nikki」に挑戦する「驚くほどたくさんの」人々を見てきたが、プリンスの曲の中では「Purple Rain」がいちばん自由に歌えるという。「「When Doves Cry」や「Raspberry Beret」だと、カラオケで歌っているうちに、どこかでプリンスの物まねになりかねない。彼の歌い方がメロディーやリズムと完全に一体化しているからね。でもその点で「Purple Rain」はもっと〝一般的《スタンダード》〟だから、オリジナルのヴォーカルをコピーしていると思われないように歌えるんだ。プリンスらしさはたくさん残せるが（あの曲に挑戦する人ほぼ全員が「that means you, too!」のところをプリンスっぽく歌うね、たいていエアギターを弾きながら）、歌の出来は、いかにプリンスらしく歌えるかどうかで決まるんじゃない。平凡で普通な声に向いた曲なんだよ（我々カラオケ・ファンの大部分が持っているような声さ。もちろん私も含めてね）」

金曜日の朝、ニューヨーク大学。レコーディング・スタジオ並みの設備が揃った教室で、クライヴ・デイヴィス・レコード音楽学部の授業「レコード音楽のテーマ：プリンス」を受けるため、20人ほどの生徒が集まった。講義要綱によれば、このコースの目的は「プリンスの音楽とビジネス手法における喜びと矛盾の研究」だ。ひとり目の講師はアミール・〝クエストラブ〟・トンプソン（深夜トーク番組『トゥナイト・ショー』のハウス・バンドも務めるザ・ルーツのリーダーとして、毎週授業のあとはライヴへ直行）。ふたり目はハリー・ウェインガー。彼はグラミー賞受賞歴のあるリイシュー・プロデューサーで、ユニバーサル ミュージック グループのカタログ部門（訳注：所有する音源や映像を管理）、UMe（ユニバーサル・ミュージック・エンタープライズ）のA&R（アーティスト&レパートリー）担当副社長を務めている（ウェインガーは長年にわたり、ジェームス・ブラウンやモータウン・レコードが残したソウルの貴重な音源のリイシュー・プロジェクトを監督）。今日のテーマは「「Baby I'm a Star」：プリンス、80年代にメインストリームへ進出」。生徒たちはまず抜き打ちテストで歓迎される（例えば「『パープル・レイン』に出演した女性ギタリストと女性キーボード奏者は誰か」「『パープル・レイン』でザ・タイムがパフォーマンスしたダンスの名前を答えよ」)。

授業ではダンス音楽番組『ソウル・トレイン』に出演したザ・タイムのビデオを鑑賞。続けてクエストラブが、ここ数年でドラム・マシンの技術がどれほど進化したか、実演を交えて説明する。64年のT.A.M.I.ショーの記録映画『ビート・パレード』に収められたジェームス・ブラウンの名パフォーマンスと、『パープル・レイン』ツアー中に撮影されたプリンスとザ・レヴォリューションの未公開映像を比較する。プリンスの場合、公式ミュージック・ビデオさえ授業で上映するのは難しい。YouTubeに投稿されるとすぐ、彼の指示で映像が削除されるからだ。おかげでウェインガーは授業の間際になってから、「1999」のビデオを手に入れるためだけに、クリップ集『THE HITS COLLECTION／ザ・ヒッツ・コレクション』のＶＨＳ版を注文しなければならなかった。

生徒たちはミュージシャンの卵や音楽の専門家を志す人ばかりだ。彼らはヴァニティ6のお色気たっぷりのステージ映像を観てくすくす笑う。高尚な質問(「プリンスのビジネス手法は、彼がサポートしていたザ・タイムのようなグループではどのように有効にはたらいたか」)や、無邪気な発言が飛び交う(ポリスの曲をかけたが誰もバンドの名を知らなかった)。しかし「Purple Rain」がファースト・アヴェニューで初演された時の映像をクエストラブが流すと、生徒たちはうっとり見入る。この映像も、違法投稿者とイタチごっこをくり広げるプリンスの目を免れず、翌週にはネットから削除されるのだが。

『パープル・レイン』の名は、音楽史にくっきりと刻み込まれている。クエストラブとウェインガーが授業でこのプロジェクトを称賛するのは当然なのだ。プリンスの他の輝かしいキャリアをおとしめるわけではないが、この作品は永遠にプリンスの最高傑作だ。彼自身の創造性と野望、そしてさまざまな文化的動向、こういった無数の流れが合流して、奇跡のような大河が生まれた。その素晴らしい成功のあと、リスナーが細かく分かれていったことを考えると、『パープル・レイン』で皆の心がひとつになったような体験は二度とできないだろう。

プリンスは言葉でも行動でも時々否定するが、心のどこかで自分は歴史に貢献したと感じているのは明らかだ。2004年、深夜にロケットタウンの楽屋でインタビューをするうちに、プリンスはだんだん自分の殻の中に閉じ篭《こ》もっていった。彼は話を終わらせようとしている。これから、まだ出待ちをしているファンにエホバの証人のパンフレットを配り、リムジンに飛び乗って、ナッシュヴィルの夜の中へ走り去るのだろう。しかし最後にもうひとつだけ、言っておきたいことがあったようだ。

「若い頃は、自分が世界の中心だと思うよね。でもあとになって、自分はその一部にすぎないと気づく。世界はどんどんひどくなっていくだけだ。僕と僕のスタッフは、音楽について話すのがとても好きだけど、もっと深い話になると、未来について語り合う。子供たちに何を残せるかってことをね」

しかしこの考えに反対するもうひとりのプリンスがいる。こちらの彼は主張し続けるだろう。伝説的なプロ野球投手、サチェル・ペイジの言葉を借りて「振り返るな、何かに追いつかれるかもしれない」と。プリンスは最近、長い間確執が続いていたワーナー・ブラザース・レコードと和解し、ワーナーが所有していた原盤権をついに取り戻した。このニュースを聞いたファンは驚くと同時に喜んだが、プリンス本人は自分が唯一知っているやり方で祝った。記念すべきその日の夜、新曲を公開したのだ〔訳注：iTunesで配信〕。この感動的なバラード「The Breakdown（ザ・ブレイクダウン）」を聞き、多くの人がすぐ、プリンスは何年かぶりに原点に回帰したと称賛した。曲に込められたメッセージは明らかだ。マスター・テープの権利を取り戻すチャンスを、確かに彼は何十年も待ち望んでいたが、音楽は常に前へ進み続けなければならない。いつまでも。

だが、あるいはこれも、ただのショーの一部なのかもしれない。『パープル・レイン』が、ファンタジーと現実の境界をあいまいにし、謎めいたスーパーヒーローを生み、ひとりのアーティストと彼の音楽の間に何も、そして誰も入り込めない世界を作り上げたのは、ミネアポリス出身の若者に世界を征服させるための、ひとつの要素にすぎなかったように。

94年、サンフランシスコのクラブＤＶ８で、プリンスはグラス入りのポートワインを2杯注文し、私に棒付きキャンディーを薦めた。タバコは吸わないと思ったから、と言いながら。そして椅子から身を乗り出し、共謀者めいた口調でこうささやき、グラスを掲げて乾杯した。

「オズの魔法使いに」

謝辞

何よりもまず、プリンスに心からの感謝を捧げる。彼は昔を振り返り過去を語ることを固く拒み続けているので、本書の企画に参加してくださいと頼むことさえ遠慮したが、彼の音楽が私に無上の喜びを与えてくれることに変わりはない。長年の間に、何度か彼と言葉を交わす機会があり――いくつかはこの本にも書いた――とても緊張したが、常に至福を味わわせてもらった。会うたびに思う。プリンスはとてつもなくファンキーな人物だ。

そして、本書のために話を聞かせてくれたすべての方に感謝を。誰もが親切で、忍耐強く、快くインタビューに応じてくれた。こちらが望む以上の力添えをいただいたリサ・カンクラーツ・コールマンには、特にお礼を申し上げる。ソーシャル・メディアの発達により、関係者の足跡をたどるのがかなり簡単になったとはいえ、レナータ・カンクラーツ、シャリン・サマーズ、エビー・マクファーランド、オルガ・マクリアス、ロリ・ナフシュン、デヴォン・ワムボルドの仲介がなければ会えなかった人もいた。デヴィッド・プリンス、デヴィッド・ブレンデル、ローズアン・ワレン、貴重な人脈情報と文書の提供をありがとう。

アリス・ベザンソンに愛と感謝を捧げる。彼女は調査、テープ起こし、事実との照合、編集作業のサポートなど、面倒な仕事を一手に引き受けてくれた。君がいてくれて本当に良かった。君がこれからどんな冒険に挑戦しても、この感謝の気持ちはずっと変わらない。

サラ・ラジンはいつもどおり、有能なエージェントであり、良き友人、頼りになる相談役だった。またサラの同僚、マニュエラ・ジェセルとアナ・クーにもずいぶん助けてもらった。

アトリア・ブックスでは、今回もピーター・ボーランドが私に絶対の信頼を寄せてくれ、サポートと励ましを提供し、進むべき方向を示してくれた。奇妙な提案ばかりする私を導いてくれてありがとう。同じくアトリアのジュディス・カー、ダニエル・ローデル、ダニエラ・ウェクスラー、デヴィッド・ブラウン、そしてフリーの原稿整理編集者ポリー・ワトソンも、心強い支えだった。

私は長年にわたり、『ローリングストーン』『スピン』『ヴァイブ』『トラックス』といった雑誌や、Amazonやmsm.comなどのサイトで、プリンスについて書く機会に恵まれてきた。私にチャンスを与え、文章を手直ししてくださった出版物やネット媒体の編集者の方々にも感謝を。

シンシナティ・カントリー・デイ・スクールの84年卒の同級生、イェール大学の88年卒業生。『パープル・レイン』への愛をリアルタイムで共有してくれてありがとう。

次の方々にはさまざまな形で助力いただいた。ハル・ブルックス、マイク・エリコ、キース・ハモンド、マイク・パランツィーノ、ディック・シューマッハー、ダン・ケアリー、ジニファー・ゴールドスミス・アダムス、シア・マイケル、エミリー・ゼムラー、ロブ・ジョンソン、シャーリーン・ベンソン、ブラント・ルーク、ジョアンナ・シュレーゲル、アンジ・チャンドラ、サム・クレイマー、エリサ・ガードナー、アンソニー・デカーティス、ジョー・アンジオ。

そして私に力を与えてくれた最愛の家族、アーウィン、ジャネット、シャロンに、この場を借りて感謝を捧げる。スザンナ・マクエルフレッシュとアダム・ライトへ――ふたりへの愛情は日に日に募っていきます。そして、この本を手に取ってくれた、とてつもなくファンキーな読者へ。

May U Live 2 See the Dawn――どうか夜明けを見られますように。

〈翻訳参考資料〉

翻訳にあたり次の資料を参考にさせていただきました。

書籍（五十音順、アルファベット順）

『現代思想 ２０１６年８月臨時増刊号 総特集・プリンス １９５８―２０１６』（青土社、２０１６年）
『ジャスト・キッズ』（パティ・スミス著、にむらじゅんこ・小林薫訳、河出書房新社、２０１２年）
『プリンスの言葉 Words of Prince』（New Breed with Takki 著、秀和システム、２０１６年）
『プリンス論』（西寺郷太著、新潮社、２０１５年）
『プリンス PRINCE：A POP LIFE』（デイヴ・ヒル著、野辺山静・沼崎敦子訳、CBS・ソニー出版、１９９０年）
『CROSSBEAT Special Edition プリンス』（シンコーミュージック・エンタテイメント、２０１６年）

インターネット（五十音順、アルファベット順）

ローリングストーン日本版（http://rollingstonejapan.com/）
ワーナーミュージック・ジャパン（http://wmg.jp/）
allcinema（http://www.allcinema.net/prog/index2.php）
NPG Prince Site（http://www.npg-net.com/prince/index.html#）
partymind（http://www.partymind.org/index.html）その他多数

特別寄稿

白人音楽をとことん分析しつくした、ファンクの総帥、プリンス

鷺巣詩郎

「Unapologetic Blackness」

なんでもかんでも学術的に分析しようというBBCの姿勢には恐れ入る。世界中が「BBCが取り上げ、定義してくれる」と期待する……こんなメディアは他にない。同局で特集された『The Story of Funk』の冒頭「ファンクとは？」に対して紹介されたひと言がこれだ。「あらがえない黒さ」とでも訳そうか……ファンクは黒人のアイデンティティというわけだ。それについて日本人の鷺巣詩郎がどうこう書く理由をわからせるには、この結論を先に書いてしまうのが一番だろう。それは「白人が聴いてこそ、白人を制してこそのファンク」そして「世界が聴いてこそ、世界を制してこその黒人音楽」ということだ。

宗教、人種、民族的に、過剰な気遣いが世界中に広がっており、アメリカでは「メリークリスマス」と挨拶もできないご時世だ。しかし、こと音楽に関してそういう縛りが少ないのは、なにより幸せというほかない。音楽にあって黒人音楽をどうとらえるのかというのは、黒人ではない者もふくめ皆がどうとらえるのかという意味なのだ。そしてそれは、双方向インタラクティヴに完璧なコミュニケーションが可能な、われわれミュージシャンにとって最大のテーマでもある。

さて、ファンクを語り、プリンスを語るうえで、黒人10人、白人10人の知り合いミュージシャンにアンケート・メールを出してみた。アンケートの内容は以下のとおりだ。

Q1.「Funk」の定義とは?
Q2.「Funk music」の定義とは?
Q3.（貴方にとって）「Funk musician」の象徴は誰?
Q4.「Funky」は「Funk」の形容詞だと思うか? 否か? その理由は?

白人でもクラシックのミュージシャンには問わず、黒人音楽に通ずる、いわば黒人音楽好きな白人ミュージシャン10人に絞り、またあえてプリンスの名は出さず、ファンクについての質問でプリンスをあぶり出そうとした。じつは「こう来るだろうな」との予測ありきで投げた質問でもある。結果、ファンクに対する黒人と白人の面白いように真逆な、ひじょうに興味深い返信ばかりとなった。10人全員を紹介するスペースはない。象徴的な黒人2人と白人1人の回答をここに掲載しよう。

Q1.「Funk」の定義とは? に対する回答

◎黒人① ファンクとは魂にみちた、心が震えるようなグルーヴとかヴォーカルのこと。スタイル、テンポ、音楽、文化、国籍や肌の色では定義できないもの。コスモポリタンなものだね。

◎黒人②　ファンクは凄いリズムやグルーヴを感じさせる音楽のこと。ファンキーな音楽っていうのはダンスにぴったりの強いビートがあるもの。

◎白人　ファンクとはクールな黒人音楽の本質。ポップであることはあったとしても、ほとんどないと思う。ファンクは感情でプレイされるものだが、そういう感情なしにファンクを作り出すことは不可能に近い。ファンクは「書かれる」ものではなくて、素晴らしいミュージシャンたちが同じターゲットに向かって演奏することで作り出されるもの。そういう気持ちがあってはじめて得られるものだ。

黒人①は、肌の色では定義できない、と。黒人②は、音楽的だが、おなじく黒白の限定はなし。しかし白人ミュージシャンは、黒人音楽の本質とまで言い切り、黒人に限定。さらにポップでも……と口籠るのは、それを許容してない証拠。感じたままに演るのがファンクだが、ファンクである確固たる認識がないなら、演ってる音楽をファンクにすることは不可能だ、と。まわりくどいが黒人音楽に対する白人の本音が吐露されている。黒人がやるなら意のままだが、まかり間違って白人がやるなら、それなりの覚悟をもってやれよ、ということだ。

すでに痛快なほど顕著!!　黒人がユニヴァーサルで観念的なとらえ方をする一方、白人はすごく限定的、条件もきびしい。

ファンクは「書かれる」ものではないとの白人の指摘は示唆に富んでいる。これは「譜面に書けない」

という意味もあるにはあるが、そんなことより「白人が計算づくで書けたり、演れたりする音楽じゃない」と言いたいのだ。なのに今度は「演奏者全員が同じ目標を追え」と逆説的な限定までしている。誤解なきように。これは「The J.B.'s の演奏は譜面にできないが、エリントンのはできる」と言っているのではない。なぜなら The J.B.'s の演奏も譜面に書けるからだ。その再現性も相当高い。筆者は経験済みだ。この白人の主張は、こう言い換えれば一番理解しやすい「ファンクは完コピできない」と。

Q2.「Funk music」の定義とは？ に対する回答

◎黒人①　ファンク・ミュージックは感触というか、感じるものだから、ロック、ポップ、クラシック、メタルやフォーク・ミュージックにもあるものだ。ひとつのジャンルに分類してしまえるものではないよ。

◎黒人②　すべての楽器が曲のリズムに何かを与えていて、そのたくさんの音がすべてしっくりくる場所にぴったり収まっていること。ソリッドなドラムやベースのこと。

◎白人　　小節のはじめの1拍目のアクセントだね。

黒人①は、さらに白人ウェルカム状態。しかも古今東西（笑）

黒人②は、またも音楽的で、すごく良いことを言っている。日本にはあまりない考え方で「収まるべき場所に収まることの正当性」という欧米の概念。適材適所とは全然違う。建物の1階に受付、2階にレストラン、3階から客席があってこそホテルは成り立つ、みたいな「理想の雛形」のこと。日本人にも絶対必要な「良いリズムの基本概念」でもある。自信がないのか日本人はすぐリズム「感」のほうを気にしすぎる。どこが突っ込んでる、モタってるとかより、もっと基本の「あるべき姿の構築」にこだわったほうがよい。

黒人①より②のほうが器楽的なのだが、じつは①が楽器奏者で②は歌手。「こう演奏して欲しい」と求める立場ということか。

白人はここでも音楽的に一刀両断。この「1拍目のアクセント」と「小節内のシンコペーション多用」は黒人による分析でもファンクの音楽的定義の一番大きなひとつとされ、BBCでも取り上げられた。他の黒人ミュージシャンからも同じ回答は多々あった。義務教育的にとらえているのもまた白人らしい。

Q3. (貴方にとって)「Funk musician」の象徴は誰?

◎黒人① モーツァルトからベートーヴェン、ジェームス・ブラウンからプリンス、マディ・ウォーターズからレッド・ホット・チリ・ペッパーズ、マイケル・マクドナルドからデヴィッド・ボウイ、ビートルズからスティーヴィ・ワンダー、レッド・ツェッペリンからフランク・ザッパ、スティーヴ・ヴァイまで、みんなファンクのDNAを持ってると思うよ。

◎黒人② ジェームス・ブラウン、ジョージ・クリントン、シック、カメオ、リック・ジェームス、ギャップ・バンド、プリンス、アース・ウィンド・アンド・ファイアー、タワー・オブ・パワー、ルーファス、パーラメント。

◎白人 ジョージ・クリントン。誰が何と言おうと絶対に。

黒人①の回答、そのフロム・トゥが最右翼から最左翼となっているのが興味をひく。「A：B＝X：Y」だとすればスティーヴィはベートヴェン並みというわけだ。プリンスとザッパが同軸というのも、その宇宙観が読めるし、そういうアヴァンギャルドの象徴としてスティーヴ・ヴァイも挟みこんでいる。この回答自体ファンクじゃないか!!

黒人②は時代順だが、象徴的なのはEW&F以降、洗練度の高い黒白バンドが並んでいるところ。そして黒人①も②も、基本的には黒白混合。スライ・ストーンが自らのファミリーストーンを「メルティング・ポット」と称したのにも似て、そこに「Black sophistication」があると信じるからだ。誤解なきように。あくまでBlack sophisticationであってSophisticated blackではない。

しかして白人ミュージシャンは、ジョージ・クリントン限定（笑）

黒人①も②も、それこそQ1.の白人の回答で否定された「書ける」クラシック「書ける」EW&Fなどを挙げているのだから、黒白真逆すぎて大笑いだ。さらに逆説的に、白人が言う「ファンクは『書かれる』ものではなく、素晴らしいミュージシャンが同じターゲットに向かって演奏することで作り出される」のファンクをクラシックに置き換えてみるがよい。それこそクラシック音楽の本質ではないか！　つまり、黒人はファンクで「音楽の本質」を表現しようとしているのだ!!

こうしてクラシック音楽の中に潜んだファンク性まであぶり出してしまうのが、音楽という社会の中で「黒人のはたす大きな役割」であり、いちばんプリンスが長けていた才能もここにある、と筆者は考える。

Q4.「Funky」は「Funk」の形容詞だと思うか？ 否か？ その理由は？

◎黒人①　Funkがもとになったサウンドは沢山あって、そういうものはFunkyと言えるよね。Funkの特徴を持ってるから。でも、だからといって必ずしもFunkというひとつのものではないね。

◎黒人②　いや、それは動詞だ。Funkyっていうのは心地いい音の感触とかグルーヴを表してるんだよ。

◎白人　FunkyはFunkから派生した言葉だけど、黒人音楽がもとになった音楽に幅広く使われるようになったと思う。誰かが「Funkyな音楽」という言葉を使ったとしても、オレが満足ゆくほどのPファンクが聴けるはずはないだろうし。ジャズファンク、ソウルファンク、ニューファンク、ファンキーハウス、ファンクロックなど、いろいろなファンクがあるけど、添加物のない純粋なファンクじゃないとオレは満足できない！

黒人①が言いたいのは、Funkらしい何かがあればそれはFunkyだ。でも逆算してもイコールにはならんぞ、と。ここではじめて①がロジックに語るのは、やはり巷でのあまりのFunky濫用を意識してのことだろう。

黒人②の回答はサイコー。いわゆるミュージシャン用語や隠語文化を広めた黒人たちに言わせれば、それはもう動詞であると。I funky～You funky～でいいじゃないかと。②がとことん音楽的なのは、しょせんミュージシャン用語だと達観しているところ。

白人は、白人音楽にも広く使われてるようだが、オレは「Pファンク命」と、またもや言い切ってる。

ふたたび書く。予想どおりとは言え、ここまで黒白100%真逆であるとは……そして黒人の見事なまでの世界観、宇宙観……ジョージ・クリントンが、人類に聖なるファンクを伝道するべく（地球征服もたくらむ）エイリアンにみずからを仕立てたが、逆に白人は「征服されたがっている」というわけだ。そう、大好きなファンクに。

マイケル・ジャクソンも、プリンスも世界制覇を目指した。誤解を恐れずに書く。白人を征服しようとしたのだ。そのために彼らは、徹底的に白人音楽を分析する必要があった。

黒人にとっての「おらがファンク観」は、われわれ日本人にとっての演歌観に似てはいないか？ 酔うと思わず唄っちゃう……でもＪ－ＰＯＰじゃない、浪曲まで行かない、歌謡曲もいいけど……演歌でしょやっぱ、みたいな。14歳の孫に「歳とったらわかるって」とついつい言い放つ66歳のおっさんも、黒人家庭のブルーノ・マーズ好きの14歳に「オマエも60過ぎたらＪＢ最高って思うようになるって」と諭《さと》すおじいちゃん（きょうびＪＢはジャスティン・ビーバーらしいが）もメンタリティは同じではないか？ 歌謡曲の中の演歌は、黒人音楽の中のファンクと同じ位置づけではないか？

日本人も演歌を語らせると「日本の心だ」とかユニヴァーサルで観念的なとらえ方がまずあって、音楽的な分析はどうしても後付けになる。自分たちだけの音楽だから、説明も分析もしなくても自然体だからなのだ。先にも書いた比例式「A：B＝X：Y」で言えば「ファンク：黒人＝演歌：日本人」「C＝白人」だ。きっと白人が演歌を分析したら「音階の特性（ヨナ抜き音階）」とか「ハモらないユニゾン文化」とか「平坦な和音構成」とか、音楽的な特徴を嬉々として挙げるだろう。実際ファンクを分析するピーター・バラカンと、J－POPを分析するマーティ・フリードマンはそっくりだ。「A：B＝X：Y」がここにもあてはまる。

平岡正明による『山口百恵は菩薩である』（1979）という名著がある。そういう論調や考察はあって大いに結構だ。がしかし本来それは、あくまでカウンターとしての考察であるべきで、音楽的な特徴というメインストリームの考察があってこそ成り立つ。しかし40年経った今も皆無なのは本当に情けない。萩田光雄の特徴を紐解いてこその山口百恵だろうが!! 筆者はその必要性をずっと叫びつづけている。もちろん伊福部昭、團伊玖磨、芥川也寸志が日本の音楽について書いたりしているが、ロックならロックミュージシャンが、J－POPならJ－POPミュージシャンが音楽的にしっかり自分たちの音楽を分析することが、まず必要なのだ。

ちなみにBBCの『The Story of Funk』という特集番組には、当事者ミュージシャンとして、御大ジョージ・クリントン、The J.B.'sのリーダーのフレッド・ウェズリー、スライ&ザ・ファミリー・ストーンのラリー・グラハム、EW&Fのラリー・ダン、カメオやクール・アンド・ザ・ギャングのメンバーも登場し、内側から当時の音楽的（ここが重要）逸話、当事者だけが知りうる音楽的な説明と分析、ときには実演までも決して怠らない。

ここまで引っぱり出すのがBBCであり、またBBCだから当事者も出ようという気になる、良い「ニワトリと卵」の関係だ。そして今現在ＢＢＣが躍起になって探しているのは、誰あろうプリンス本人の過去のインタヴューであり、周囲の当事者たちによる音楽的な談話も並行して、周到に集め回っているに違いない。そう、制作せんとしてしるのは、まさしく『The Story of Prince』!!

《パープル・レイン》については、さまざまな角度からの音楽分析が可能だ。時代を象徴するメガヒットゆえ、たとえプリンスをまったく知らないクラシックのミュージシャンでも、純邦楽の囃子方でさえ一家言を持つはず。じつは後付けでヒットの要因やその音楽的特徴をいくつか抜粋することなど、同業者にはいとも簡単なのだ。だからこそ、どんどんやるべき。何度も言うが、日本ではやらな過ぎる。

本書冒頭でも触れられる和音もそう。[B♭ add9][B♭ sus2]は和音構成音は同じだが意図は異なる。和音を展開してどの音を最上音にするかで、その響きは著しく違うからだ。モダンジャズでは昔からある白人的な手法だが、この和音をポップスにアダプトした筆頭はデイヴィッド・フォスターだ。まずホール&オーツやチューブスとの仕事でとても効果的に使い、その後シカゴ、ＥＷ&Ｆ、クインシー・ジョーンズとの仕事でも成功を決定づける使い方をした。こうしたアイコン和音（流れの中ではなく象徴的に使う）の嚆矢《こうし》は《The Long and Winding Road》。冒頭、タイトルを唄う旋律を受けて「ジャ ジャー ジャ ジャー」と鳴る、あのオーケストラ和音だ。非常に戦略的で、ドミナントの代理和音としてではなく、なんと曲頭の「印象的な打音目的」だけで、しかも主旋律と同等に[A♭/B♭]という分数和音を組み込んでいる。ポップス史上初の、革命的な和音提示である。フィル・スペクターがオーケストラで上積みした理由もここにある。全米No.1で衆目（耳）にさらされた意義もとてつもなく大きい。

《パープル・レイン》に話を戻そう。それがウェンディ・メルヴォワンのアイデアであれ、このプログレッシヴかつピアニスト的な和音をギターで鳴らそうと選択したのはプリンスだ（ウェンディの父親はシナトラとも仕事をしたジャズ・ピアニストのマイク・メルヴォワン）。いかに巧妙に白人音楽を分析していたかを、ここに証明しよう。

イントロ4小節は、唄い出し4小節とまったく同じ和音。厳密に書くと[B♭ sus2]→[Gm7(11)]→[F sus2]→[E♭ add9]なのだが、ベースが無く根音の鳴らないイントロ1小節目だけは、ギターの構造上[B♭ sus2/D]という分数和音に聴こえて、それが「初陣」らしく響いて特徴的……これがアラン・ライトの指摘だ。それも然りだが、筆者が注目したいのは元来「I→VI→V→IV＝[B♭]→[Gm]→[F]→[E♭]」という、いたって単純な循環進行に独自のお化粧をほどこした、プリンスの美的センスあふれるアプローチについてだ。

この4小節は長三和音で表記すると単純きわまりない[B♭]→[Gm]→[F]→[E♭]だ。そこでプリンスは第一に、[B♭]のドミナントであるFの単音をリードに保持して聴かせるべく、[Gm]と[E♭]の構成音に含まれない4個目のF音を加え[Gm7][E♭ add9]とした。第二に、トーナルセンターを根音から長二度上のCにずらして設定した。これがじつに非凡!! 誰もができる芸当ではない。この曲の導入部のハイライトだ。トーナルセンターもまたモダンジャズにおけるもっとも先進的な考えかたで、くわしくは省《はぶ》くが、根音と同等の主権を「意図的に」与えたのだ。プリンスはその音を16分音符でマシンガンのように連打して唄いはじめる。毒をもって毒を制するがごとく、白人の叡智で白人を制しようとしているのだ。和音の構成音ではない不協音が執拗に強調される幕開けは、ギターを一発かき鳴らして唄うフォーキーさを凌駕してアヴァンギャルド……さぞや鋭く聴く者に刺さるだろう。結果［B♭］に4個目のC音が加わり［B♭sus2］となり、［Gm7］には5個目の11thまでが加わり［Gm7(11)］となり、とどめは根音から長二度の響きを徹底して［F］の長三和音にG音まで加え［F sus2］とした。単純な循環がついに［B♭sus2］→［Gm7(11)］→［F sus2］→［E♭add9］に生まれ変わった瞬間だ!!

最後に、どうしても触れたいのがプリンスと楽聖クレア・フィッシャー（1928−2012）との奇跡の相性についてだ。フィッシャーがどれほどのピアニスト、どれほどのオーケストラ・スコアの書き手であったか……それは、かのハービー・ハンコックにもっとも影響を与えた音楽家だと説明するのが一番だろう。プリンスとフィッシャーは『パレード』（86）で出会い『バットマン』（89）を経て『Rave Un2 the Joy Fantastic』（99）で、とてつもないケミストリーを引き起こす。カウント・ベイシーとサミー・ネスティコ、バーブラ・ストライザンドとホルへ・カランドレッリ、マイケル・ブレッカーとクラウス・オガーマン、ミニー・リパートンとジェレミー・ルボックなど、主役とアレンジャーお互いの才能がぶつかり合うことで起こる信じがたい奇跡だ。名演はこんなところにもあった。

白人音楽を研究しつくした黒人アーティストの2大巨頭マイケルもプリンスも今はいない。今後はたして、黒人にも白人にも訴求する、その時代でもっとも新しく、かつてないファンクを創造しうる黒人ミュージシャンは生まれ出ずるだろうか？　世界征服の野望を、音楽的に実践しようと企《くわだ》てられるほどの黒人アーティストは登場するだろうか？

ＢＢＣは後継者にファレル・ウィリアムズを挙げたが、マルチ・ミュージシャンとしてのポテンシャルは低く、正直プリンスに遠くおよばない。現存する後継者などいない。しかしそれはすなわち、これから出てくるということ。かならずや出てくる、というのが筆者の結論だ。この世に黒人がいるかぎり。ファンクがユニヴァースであるかぎり。

二〇一七年　如月

■ コンサート・ツアー名（年代順）

■ テレビ出演

■ 雑誌・新聞名

■ バンド名（五十音順）

■映画・ドキュメンタリー（五十音順）

■人名（五十音順）

索引

■ アルバム名（アルファベット順）

■ 曲名（アルファベット順）

プリンスとパープル・レイン
音楽と映画を融合させた歴史的名盤の舞台裏

初版発行　2017年4月1日

著　　者　アラン・ライト
訳　　者　川村まゆみ
デザイン　高橋力（m.b.llc）
編集協力　村田誠二
日本版制作　田渕浩久（DU BOOKS）

発 行 者　広畑雅彦
発 行 元　DU BOOKS
発 売 元　株式会社ディスクユニオン
東京都千代田区九段南3-9-14
編集　TEL 03-3511-9970　FAX 03-3511-9938
営業　TEL 03-3511-2722　FAX 03-3511-9941
http://diskunion.net/dubooks/

印刷・製本　中央精版印刷

ISBN978-4-907583-46-0
Printed in Japan

DU BOOKS

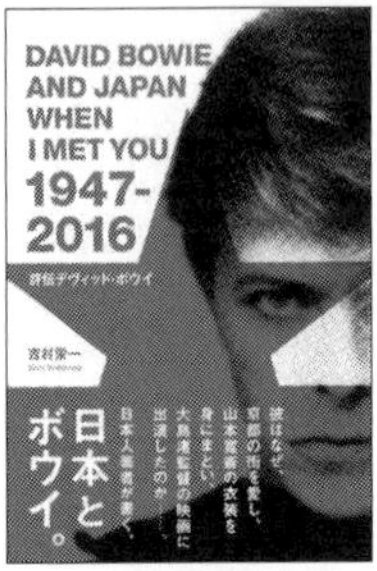

評伝デヴィッド・ボウイ

日本に降り立った異星人（スターマン）

吉村栄一 著

日本を生涯愛したロック・スター。ボウイのオリジナル・アルバムのライナーノート執筆を手掛ける著者が、特に日本とのかかわりについて大きくページを割いた本格的な人物評伝。今明かされる、坂本龍一、サンディー、高橋靖子ら、日本人クリエイターたちとの交流秘話とは？　秘蔵カラー口絵16ページ、全アルバム・ディスコグラフィー＆企画盤・重要映像作品の詳細解説付。

本体2200円＋税　四六　392ページ（カラー口絵16ページ）

ファンクはつらいよ　ジョージ・クリントン自伝

バーバーショップからマザーシップまで旅した男の回顧録

ジョージ・クリントン＋ベン・グリーンマン 著　押野素子 訳

黒人音楽と20世紀ポップミュージックの、最大の功労者にして、ジャンルを越えた音楽性と人気の秘密。ファンクミュージックの開拓者、Pファンクの総帥が、全宇宙史上、はじめて語った抱腹絶倒の一大叙事詩。The New Yorkerの編集者にして小説家ベン・グリーンマンとの共同執筆により、全米ベストセラーとなった自伝の翻訳。

監修・解説：丸屋九兵衛

本体3000円＋税　四六上製　528ページ（カラー口絵32ページ）

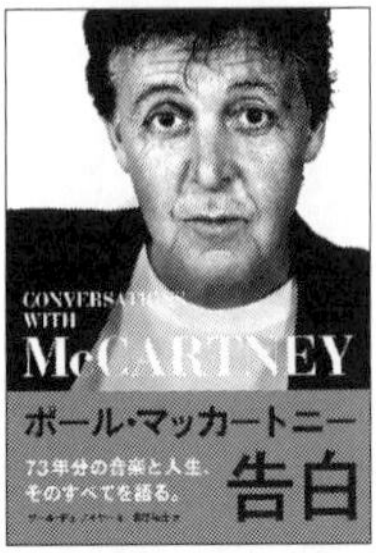

ポール・マッカートニー　告白

ポール・デュ・ノイヤー 著　奥田祐士 訳

本人の口から語られる、ビートルズ結成以前からの全音楽キャリアと、音楽史に残る出来事の数々。曲づくりの秘密やアーティストとしての葛藤、そして老いの自覚……。

70歳を過ぎてなお現役ロッカーであり続けるポールの、リアルな姿を伝えるオーラル・ヒストリーの決定版！

ポール・マッカートニーとの35年以上におよぶ対話をこの一冊に。

本体3000円＋税　A5　540ページ　好評3刷！

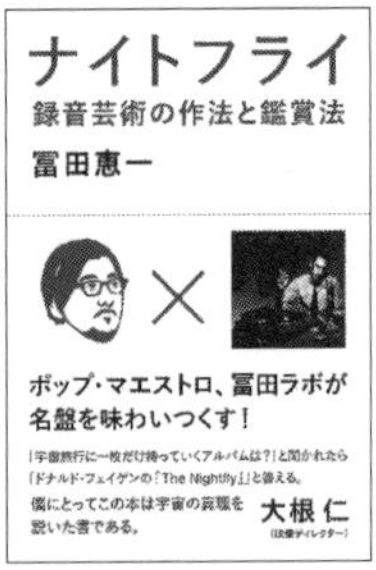

ナイトフライ　録音芸術の作法と鑑賞法

冨田恵一 著

「intoxicate」「サウンド＆レコーディング・マガジン」など各誌で絶賛。

「音楽」の聴き方が変わった！ と大反響。

音楽プロデューサー・冨田恵一（冨田ラボ）による初の音楽書。

ポップ・マエストロが名盤を味わいつくす！

「僕にとってこの本は宇宙の真理を説いた本である」── 大根仁（映像ディレクター）

本体2000円＋税　四六　296ページ　好評3刷！